经济管理仿真综合实验教程

何　旭　主编

科学出版社

北京

内 容 简 介

　　本书是在历经数年的经济管理综合实验课程教学改革与探索的基础上编写而成的，是经济管理类多专业协同的实验课程——经济管理仿真综合实验课程的参考用书，通过本书能够实现真实竞争模拟和多专业协同，达到培养学生专业综合能力的目的。本书共分为3篇、16章，主要内容包括经济管理仿真综合实验课程的学习理念与考核评价，商业计划书、政府工作手册、商业银行计划书、电子商务企业策划书等的撰写方法，以及企业及经济社会外围服务机构的模拟实战指导。

　　本书可作为高等学校本科生，特别是经济管理类专业学生的教学用书，也可作为相关人员的参考用书。

图书在版编目（CIP）数据

经济管理仿真综合实验教程 / 何旭主编． —北京：科学出版社，2014
ISBN 978-7-03-041295-9

　Ⅰ．①经… 　Ⅱ．①何… 　Ⅲ．①经济管理 - 系统仿真 - 实验 - 高等学校 -
教材 　Ⅳ．① F2-33

中国版本图书馆 CIP 数据核字（2014）第 140273 号

责任编辑：李淑丽 / 责任校对：张小霞
责任印制：肖　兴 / 封面设计：华路天然工作室

科 学 出 版 社 出版
北京东黄城根北街 16 号
邮政编码：100717
http://www.sciencep.com
文林印务有限公司印刷
科学出版社发行　　各地新华书店经销

*

2014 年 8 月第　一　版　　开本：787×1092　1/16
2016 年 8 月第三次印刷　　印张：18 1/2
字数：445 000

定价：38.00 元
（如有印装质量问题，我社负责调换）

编委会名单

主　　编　何　旭

参编人员　（按姓氏笔画为序）

马晓琳　王文超　毛　欣　吕　虹

李　江　李　欣　李小天　李晓玉

时启国　何　颖　张梦娜　贾凤玲

唐文杰　梁景禹　曾宇航

前　言

《国家中长期教育改革和发展规划纲要（2010—2020 年）》把我国高等教育带入一个新的历史时期。未来十年，我国的高等教育要实现发展理念和人才培养模式的"两个重要战略转变"，更加重视教育质量，办学特色更加鲜明，人才培养、科学研究和社会服务及国际竞争力进一步增强。改革与发展的核心和最鲜明的特征是"质量提高"，着力点和突破口是人才培养模式的变革，"坚持德育为先、能力为重、全面发展"。

目前，我国高等教育已迈向大众化发展阶段，随着人才市场竞争对大学生能力培养的迫切要求，开设增强大学生能力培养的相关课程是学生的需求，也是社会的需求。美国博耶大学本科生教育委员会于 1998 年发表的专题研究报告，提出了 10 项改进大学本科生教育的措施，其中之一就是营造基于多专业、多学科协同的实验环境，呼吁在本科生教育的最后一个学期或几个学期，能通过一门课程充分地利用前几年学到的知识与技能，集中在一个项目上，培养学生发现问题的能力、应用既有知识和技能解决问题的能力、批判性思维能力和沟通表达等综合能力。对一个人来说，个人能力的全面发展在人的全面发展理论中是一个重要的价值目标，因为人的全面发展归根到底是个人能力的全面发展。因此，高校要坚持以社会需要为导向，坚持能力为重的价值取向，加强课程结构和培养模式的改革，提升大学生的综合能力。

经济管理仿真综合实验课程，是贵州财经大学以学生综合能力及专业能力培养为最终导向，所设立的一门经济管理类多专业协同的实验课程。课程通过搭建多方位高仿真的虚拟经济社会环境，设计动态市场竞争模型模拟市场主体间的合作、对抗，自主研发智能信息平台支撑复杂实验环境，并采用自主式、非线性的实验教学方法强化教学效果，建立一个基于学生能力培养的综合实验教学平台，对于促进学生综合能力及专业技能的培养，对实现学校"儒魂商才"的人才培养目标，具有十分重要的促进作用。

由于教学内容的独特性和跨专业的综合性，在多方支持下，我们编写了这本《经济管理仿真综合实验教程》，作为参加本课程的各专业学生的指导和参考用书。

本书由贵州财经大学设计和从事经济管理仿真综合实验课程的教研团队编著，全书由何旭主编，时启国、贾凤玲、李小天、吕虹、何颖、李晓玉、毛欣、李欣、张梦娜、马晓琳、王文超、唐文杰、梁景禹、李江、曾宇航等参与了各章节的编写及资料收集整理工作。

由于编者水平有限，书中不足之处，还请广大读者批评指正，以不断改进。

编　者

2014 年 5 月

目　　录

第一篇　导　论

第1章　经济管理仿真综合实验课程学习理念

> 有商业的地方，便有美德。
>
> —— 孟德斯鸠

在本章，你将了解到以下内容：
—— 商业的发展，以及商业能力的培养是最大的公益
—— 儒魂商才主要指什么
—— 知识、技能、能力与素质有什么不同
—— 经济管理类专业的学生应该注重培养自己的哪些能力或技能
—— 怎样才能培养和提升自己的能力（技能）
—— 非线性思维与自主式学习是如何促进上述能力培养目标的实现的

1.1　商业与公益道德

正如孟德斯鸠所说，"有商业的地方，便有美德"。确实，商业的繁荣和发展，将大大提升资源使用的效率，并有助于最终向民众提供满意及低成本的产品和服务。但长期以来，人类社会几乎都本能地痛恨商业和商人，认为"无商不奸"。于是，就出现了这样的怪象，人类一面享受着发达的商业社会所带来的数千年历史上从未有过的富足安逸的生活，一面痛骂着商业和商人，以此为"政治正确"，占据道德制高点。这种对商业和商人的绝大多数误解，如哈耶克所言，是出于"一种原始的本能"，这种休戚与共和利他主义的本能只能适用于原始的小团体内，而扩展秩序中的规则与把小团体结合在一起的本能直觉是相互冲突的。其实，我们对商业和公益慈善稍加深入对比和分析即可发现，正是基于表面利己的商业，我们才能做到最好地服务于他人，服务于全社会的共同利益。

亚当·斯密在《国富论》中告诉我们，通过市场这只看不见的手，可以有效地把众多经济人（逐利者）整合在一起，实现社会的有效运转、资源的合理调配。同时，现代商业也强调一方面为客户提供满意的产品或服务，一方面获得正常的利润，以达成双赢。从这个角度说，商业比公益（或慈善）还要好，商业最核心目的就是服务于他人，但免费的公益活动（或慈善）并非如此。在公平的竞争环境下，在众多相竞争的选择中，要让消费者选择某一商家，高高兴兴地掏出钱来，唯一的办法就是尽其所能满足消费者最迫切的需求，唯有最能满足消费者的人才是最赚钱的人。商人既然是以营利为目的，必然会以满足消费者为其最大的追求，调动他所能采用的一切手段，时时刻刻关注消费者千奇百怪、变化多端的需求，并据之调整行为，提供相应的产品和服务。

但免费的公益或慈善与此相反。既然是免费，不要求从所服务的对象那里获取回报，那么，服务的提供者其行动方式的设计通常不是以服务对象的各种需求为核心，而是"我要去做什么事"，"我想去做什么事"。即使慈善家或公益人诚心实意地要"为人民服务"，

但因为缺少了市场价格这一至关重要的信号，他们缺乏指引，不知道怎样做的效果才是最好。人的需求是无限的，而能满足需求的手段是有限的。公益或慈善常常面临需要帮助的人太多，而手上的资源太少的窘境。这种窘境是必然的，因为没有价格信号，很难人为地为许多看上去都非常迫切的需求进行排序。

同时，由于商业是财富之源，那么需要消耗财富的公益事业必然要有商业作为物质基础，商人是慈善家的最大来源，商人中当然也有一心向善，怜贫济苦的"好人"，也有期望满足直接"利他"的道德本能的需求，但这不是最重要的，最重要的是行善也符合成功商人的利益，如果这是他的消费者或潜在消费者对他的要求。商人可在提供有偿服务时，附带地提供无偿服务，甚至把某些服务的免费提供作为一种商业模式。如 24 小时营业的连锁快餐店为流浪者免费提供栖身之地，大型商场也会提供诸多免费服务，又如谷歌公司、360 公司等企业，几乎所有的软件产品都是免费的，这极大地改善了消费者的整体福利。因为消费者希望自己选择的商家是有"社会责任感"的"有良心"的商家，为了响应消费者的这种要求，许多成功的企业或企业家在慈善活动中都十分踊跃。

因此，商业本身就是最大的公益。商才，创新及高效的商业业者，能让商业更好更有效地运行和发展，对其能力的培养是对社会道德和公益的有力支持，让人们可以享受各种可以承担的服务，使他们的生活更加美好。我们应深刻认识到："市场是唯一已知的方法，它能够提供信息，使个人可以对他们直接有所了解的资源的不同用途的相对利益加以权衡，并且不管他们是否有此意图，他们能够通过利用这些资源，为相距遥远素不相识的个人的需求提供服务。"作为学习商科专业的学生，我们应该理直气壮地坚信，自己的所学和将来的所为，对社会的发展具有十分重要甚至不可替代的作用。优秀的企业家，卓越的商才，只要在不超越法律允许的范围行事，其对人类文明发展的贡献是不可估量的。

1.2　"儒魂商才"的实现与商业能力培养

贵州财经大学人才培养目标"儒魂商才"，要求学生具备深厚宽泛的中华传统文化底蕴，以及突出的商业才能。商业才能的部分，可大致理解为一种相关专业能力（技能）的培养和基础综合能力的培养。这些能力的培养，一直是贵州财经大学教学活动尤其是实践实验教学活动的最主要目的。然而，对能力的概念，不同的人有不同的认知，因此在讨论如何培养商业能力之前，首先有必要厘清能力、技能、知识与素质之间的区别及联系。

1.2.1　能力、技能、知识与素质辨析

能力是顺利完成某种活动的个性心理特征，能力总是和人的某种活动相联系并表现在活动中，也在活动中得到发展。人的能力包括实际能力和潜在能力，实际能力是个人现在实际所能做的、实际具备的能力，可通过成就测验来了解。潜在能力是能达到的水平，代表一种倾向性。

技能是个体运用已有知识经验，通过练习而形成的确保某种活动得以顺利进行的合乎法则的活动方式。技能不是先天就有，而是后天经过练习获得的。技能分为动作技能和心智技能，动作技能也叫运动技能、操作技能，是指由一系列外部动作以合理程序组成的操

作活动方式。心智技能也称智力技能、认知技能，是一种借助内部语言在人脑中进行的认知活动方式。

知识是人类认识的成果。可以把知识分为事实性知识和程序性知识，事实性知识回答"是什么"，程序性知识回答"怎么办"。无论哪种知识，都既包括能够编码的，如事实知识、原理知识，也包括可以意会但不可以编码的隐性知识，如技能知识、人力知识等。某些隐性知识的掌握往往是特定能力凸显的必要前提，所以在高校的知识传授和能力培养中，应特别注重激励隐性知识的共享，包括在师生间和学生间的共享，隐性知识通过一般的课堂教学是难以实现共享的。

素质是指人在先天生理素质的基础上，通过环境影响和教育训练所获得的内在的、相对稳定的、长期以发挥作用的身心特性及其基本的品质结构。它可以是个体在某个阶段已达到的发展水平，如身体生长、健康水平、智慧、意志、情感，对人、事、物的态度倾向性等。素质主要是人在其发展过程中逐步形成的，具有差异性及可塑性，通过良好的环境与教育，往往能使个体获得更好的素质。

能力与技能的关系：能力强调在复杂环境下进行不确定性活动的一种心理特征，技能则强调经练习实现对某种确定性活动的高效完成的活动方式。技能是能力的构成要素之一，是能力形成发展的重要基础，在某种程度上，可以把技能看做较低层次的能力，包括在能力范畴内。

能力与知识的关系：一方面，知识占有是能力形成的基础，在某个领域内没有知识，在该领域内也必定是无能的，但拥有知识并不一定就拥有能力，还需要达到可灵活运用知识才能称为能力；另一方面，掌握知识的速度与质量依赖于较强的能力，一个能力强的人较容易获得某种知识。正是通过已掌握的知识的广泛迁移（即知识的灵活运用），个体才形成系统化、概括化的心理结构，从而形成某种能力。

能力与素质的关系：能力是素质的一种外显形式，素质诉诸于实践就表现为能力，离开能力，素质就无从表现、观察、确证和把握。能力作为素质的外化，属于实践活动范畴，较素质而言更容易操作与评价。素质的体现往往可以视为多种能力的个性化组合。

1.2.2 商科大学生应具备的知识、能力（技能）与素质

那么，商科大学生应该具备什么样的知识、能力（技能）与素质呢？从贵州财经大学人才培养的指导思想来看，宽泛的人文知识（历史、地理、中文、中西方文化、社会学、心理学、艺术等），一定的自然科学知识（物理、化学、生物学、计算机、前沿科学），扎实的财经专业基础知识（经济学、高等财经数学、管理学、营销学、运筹学、统计学、金融学、会计学等），以及重点突出的专业知识（专业必修核心课程）是主要的要求。

能力是顺利完成某种活动的个性心理特征和素质，需要反思、综合逐步形成，也分为公共基础能力和专业能力。公共基础能力如多角度分析问题能力、经济管理思维能力、自学能力、信息处理能力、领导与组织能力、沟通表达能力、人际关系处理能力、情境应变能力、心理自我调适能力、创新能力、团队协作能力等；专业能力即解决复杂多变专业问题的能力，如工商管理专业的管理情境权变分析能力、财务管理专业的资金流分析管理能

力、金融工程专业的金融产品设计能力、人力资源专业的性格特质测评能力、市场营销专业的促销组合方案设计能力等。

技能是顺利完成某种活动的行为方式，通过重复多次训练即可掌握，是一种低层次的能力。分为公共基础技能和专业技能。公共基础技能如阅读技能、幻灯片制作技能、计算机基本操作技能、商务礼仪技能、现代办公设备使用技能、商业文书技能、汽车驾驶技能等；专业技能如市场营销专业的调查问卷发放与回收技能、会计专业的会计分录处理技能、外语专业的日常口语表达技能等。上述能力（包括技能）又可进一步归类到通用性能力（技能）和专业能力。

而素质是上述知识、能力、技能的某种特色组合，如贵州财经大学提倡的儒魂商才，要求我校学生是具有人文关怀和责任意识，义利兼修，勇于创新的高素质、多样化人才。

1.3　商科大学生能力培养的途径

有知识并不意味着就有能力。从现状来看，我国地方财经类高校的现行课堂教学，其主要作用仍是传授系统的知识，学校教学管理运行的重点仍是以课堂讲授为核心的。然而，学生的能力不是通过传授获得的，也不是训练出来的（训练出来的是技能），而是在所学知识的基础上，在教师的有效指导、反馈下，通过锻炼逐步形成、自我领悟的。能力的形成通常要滞后于知识与技能的获取。尤其是商科，在本科层面上其知识体系本身并不复杂艰深，而难点在于真正领会及富有创造性地灵活运用，而要真正领会和灵活运用，则实际锻炼、实践的机会十分关键。所以，商科学生的能力培养决不能仅靠课堂理论教学，而要加大其锻炼的机会。教育家陶行知也倡导教学做合一，主张"事怎样做就怎样学，怎样学就怎样教。教学做是一件事，不是三件事。先生拿做来教，方是真教；学生拿做来学，方是真学，方是实学。做是学的中心，也就是教的中心"。

因此，很自然地，为了提供给学生更多的锻炼机会，财经类高校应有目的、有组织地为学生搭建各种锻炼机会平台，其范围应涵盖课堂内外、校园内外。进一步，要培养学生能力，不仅要给予其锻炼的机会，更重要的是要在过程前、中、后进行必要的激励、指导、及时反馈，以使其更有效获得能力，这才是教师体现其作用的重要环节，而非仅仅在课堂上照本宣科。

过程前：知识和技能是能力的前提与基础，在给予学生锻炼机会以前，需要针对锻炼机会的特点，对学生进行相关知识及技能的讲解，并尽量提供示范。同时，由于能力的获得与个体的品质有关，因此应通过各种方式营造氛围，强化学生参与锻炼提升能力的兴趣与热情；过程中：在学生实践锻炼的过程中，教师应予以必要的指导，才能更有效培养出能力，这对教师本身的实际能力和经验提出了更高的要求，因此需要激励商科教师积极参与实际经济生活，在服务社会的同时获取经验，提升自身能力；过程后：由于隐形知识的存在，某些个体化的高层次能力需要通过领悟获得，因此不但要在锻炼过程前、过程中予以鼓励和指导，同样重要的是要在锻炼后给予及时反馈、总结经验、适当激励、鼓励共享，以提高反省和完成领悟的可能性。

同时，不能简单将相对于课堂教学的实践教学视为培养学生能力的锻炼机会，虽然很多锻炼机会以实践（实验）的形式表现出来，但首先，很多锻炼机会是在课堂教学中的，如课堂上教师富有技巧的提问是典型的提升学生能力的锻炼机会，但现代汉语语义中较少将其归纳为实践。其次，更重要的，很多锻炼机会是在学校教学范围外的，如学生的各种社会活动。因此这种锻炼机会的形式和范围实际上非常宽泛。比如，校内的课外活动及社团活动有助于培养学生通用性能力，应将其提高到教学和能力培养的高度，大力推动多种形式和较多数量的社团活动，并在社团活动中安排有经验的教师给予更多的指导与反馈。

在能力培养效率方面，如果事前具备某些通用性和先导性的能力，将有助于学生在锻炼机会中更有效提升其他能力，因此应首先锻炼提升学生的这些方面的能力，包括思维能力、模仿能力、分析能力、自学能力或自我学习能力、查找资料能力等。而不同的锻炼机会对能力的培养作用是显著不同的，有的只起到对单一能力的部分培养作用，有的可实现对多种综合高端能力的培养作用，因此需要根据学校培养学生的最终目的（如我校的儒魂商才），来组合搭配其能力培养的形式和内容，即形成一个有特色的能力培养结构。

由于商科群内部，专业能力之间的界限较为模糊（相比自然科学类、艺术类之间），学生就业领域相互交叉重叠的情况较为普遍（如工商管理专业的学生就职财会岗位），因此，商科的通用性能力的培养与专业能力的培养同样重要，甚至更为重要。实际上，单独的课程很难培养形成某种能力，部分专业的课程名称似乎直接指向了某种能力的培养（如市场调查、企业诊断、商业谈判等），但这些能力往往更多的是一种专业技能，较少涉及通用性技能。而即使是这些专业技能的形成，也需要为学生安排大量的练习机会。而专业能力作为一种复杂的心理特质（包括该专业看待世界的角度、分析思维的模式、解决问题的逻辑途径等），显然是一种综合能力，其培养和形成通常需要一系列的课程群，及更重要的——课程外的带有指导反馈的锻炼机会来促进实现。

1.3.1 课堂教学中的能力培养

在讲授法以外，除了注重教授系统的知识体系，并重点提供给学生锻炼的机会。如案例分析让学生分组合作完成分析并演示，有利于锻炼分析问题能力、小组分工协作能力、演讲能力和文字内容组织能力。下述方式在实践性上其综合性及复杂性逐步增加。尤其是项目式教学方式，已经在很大程度上离开了课堂，但对教师的要求及教学条件的要求也相应增长。

（1）日常课堂中设置启发性的提问。

（2）课程中的开放性实验。

（3）课程中的各种技能性练习。

（4）案例分析（阅读、讨论、总结、归纳、演示）。

（5）主题演讲（查询、学习、归纳、分析、创新、演示）。

（6）"问题"式教学（problem-based learning）。教师通过设置复杂性开放式问题，引导学生进行相关内容的学习，掌握相应的知识、技能、思维模式、分析角度，从而形成能力，注意区分日常课堂提问和问题式教学的不同。

（7）"项目"式教学（project-based learning）。

学生跟随教师通过进行实际项目的研究运行获得锻炼机会，这种方式十分有利于专业能力的培养，但一方面项目数量通常难以满足全部学生，另外对教师的要求也较高。

1.3.2　仿真模拟教学中的能力培养

仿真模拟教学包括竞争性的对抗性仿真模拟教学和非竞争性的流程性仿真模拟教学。流程性仿真模拟教学（非竞争性）：通过软件、网站等搭建仿真环境，学生在其中扮演角色，完成各种流程性、操作性的任务，有利于培养专业技能，但对高层次能力的培养提升作用较小。对抗性仿真模拟教学（竞争性）：学生组队在仿真性较高的环境中进行对抗性竞赛，依据一定的游戏规则判断胜负，有利于培养团队协作、组织领导、分析问题、解决问题的较高层次能力，可分为综合性仿真模拟教学和课程内专业仿真模拟教学，显然，由于能力间的本质性关联，综合性的仿真模拟教学尤其对学生的综合能力和复杂性高端能力培养有重要意义。

1.3.3　见习、实习活动中的能力培养

见习、实习活动是传统的能力培养方式，具体形式可包括专业实习、毕业实习、校企合作培养、勤工俭学等，为学生提供了真实的锻炼机会，缺点是受经费、安全等硬件条件的限制，较难为学生安排合适的见习、实习岗位，时间也无法保障。另外，管理类专业的特殊性导致学生无法获得较高层次的实习机会，而多是较低层次的技能锻炼实习机会，甚至是非管理性的，没有机会进行判断、分析、决策的业务操作类实习。

1.3.4　其他课外、校外实践活动中的能力培养

这类活动范围较宽泛，包括校内、外的各种非专业性实践活动，如校园社团活动、校外公益活动、修学、主题旅游、体育竞技、个人投资经营活动等。对学生的通用性能力培养有较大帮助，但有时能力培养的针对性、指向性不强，也常常缺乏有效的教师指导与反馈。

1.4　非线性思维与自主式学习

1.4.1　非线性思维

一个系统，如果其输出与其输入不成正比，则它是非线性的。实际上，自然科学及社会科学中的几乎所有已知系统，当输入足够大时，都是非线性的。所谓非线性思维是相对传统的线性思维而言的，线性思维强调时空顺序和逐层推进的逻辑性，有助于深入思考，探究到事物的深层次问题。而非线性思维则强调系统要素间的关联性，是一种立体化的、无中心、无边缘的网状结构思维。与线性思维相比，非线性思维方式有助于拓展思路，突破时空限制和逻辑的线性轨道，看到事物的普遍联系和本质。简单地说，非线性思维是一种更加接近自然、接近实际的思维和研究方式。

复杂适应系统理论认为，事物的属性在发生变化时，并非遵从简单的线性关系，特别

在主体与系统或环境反复的交互作用中，这一点更为明显。系统内个体之间相互影响不是简单的、被动的、单向的因果关系，而是主动的适应关系，是各种反馈作用（包括负反馈和正反馈）交互影响的、互相缠绕的复杂关系，正因为这样，复杂系统的行为才会难以预测，并呈现出丰富多彩的性质和状态。显然，经济管理各专业课程体系并非简单的专业课程门类的相加或堆积，而是包含了学科、专业、课程内容、课程过程、教师和学生等多种要素的一个复杂动态系统，这些要素在高校教育活动中与外部环境以及自身进行着信息、物质、能量交换，通过相互间的竞争或协同促进课程系统的发展，形成整体输出大于局部简单加总的效果，以最终实现教育目的。

因此，注重创新和人文素质的大众化高等教育在本质上是非线性的，其教学体系中各个要素的关系以及整体的表现毫无疑问也是非线性的。经济管理仿真综合实验的设计和教学过程，涉及多个经济管理类专业，有利于促使学生在活动交互中产生非线性的碰撞和激发。同时，课程实验各环节给参与者预留了充分的决策空间，便于学生在明确游戏规则后，衍生出很多复杂的战略博弈行为，体验并领悟到很多课堂教学中难以接触的实践知识，提升了专业及综合能力。

1.4.2 自主式学习

自学能力是人们获取知识并促进成才的最基本、最重要的一种能力。早在古希腊时期，自主式学习的思想在西方已经开始萌芽。古希腊三大哲学家——苏格拉底，柏拉图，亚里士多德——对于学习都分别提出了自己的看法。苏格拉底认为，知识不能通过移植或者不能通过教学过程直接进入学生的心灵。柏拉图则认为，学生要在学习中学会自我反思。到了近代，法国教育思想家指出学习者的综合能力主要是通过自主式学习能力体现的。英国教育家斯宾塞认为，教育的最终目标是发展提高学生的自主式学习能力，让学生学会自主式学习。德国教育家第斯多惠提出，衡量一切教学方法的最高原则是：培养和提高学生自主式学习的能力。

自主式学习是指学习者充分发挥主观能动性，根据自己的情况通过不同的手段和途径，对学习活动进行选择，学习的目的明确，学习者在教师的引导下努力获取新知识进而增强自己学习能力的一种行为变化的过程。自主式学习是一种学习的模式或学习的方式，也是一种主动的、建构性的学习，包括纵向学习与横向学习两个维度。纵向学习指学习者自己制定学习目标、计划，做好学习准备，在学习过程中对学习的进展、方法可以进行自我调控，自我反馈，自我调节，对学习结果进行自我检查、总结、评价并进行自我补救。横向学习指的是学习动机来自于学习者本身，学习内容由学习者自主选择，学习的策略学习者可以自我调节，学习时间由学习者实行自我支配和管理，学习者还能主动营造有利于自己学习的环境，能对学习结果做出判断和评价。

自主式学习所追求的是学生对知识的主动建构和深入理解，可以采取探究式学习模式、以问题为基础的学习模式，突出强调知识的主观性。学习者获取知识的途径不是通过教师的讲授获得，而是在学习伙伴的合作下，通过讨论、意义建构的方式获得。获得知识的多少与学习者以自身经验去构建知识的能力有关，教学应该由情境创设、小组讨论和自我评价等环节构成。

讨论与思考

1．讨论"儒魂商才"中的"儒魂"应包含哪些我国优秀传统思想与文化？"商才"呢？

2．你认为自己离到达真正的"儒魂商才"，还欠缺哪些方面？

3．分析自己适合通过什么样的方式来培养自身能力的不足。

4．你对非线性、自主式学习方式有什么不同的看法。

第 2 章　经济管理仿真综合实验课程简介

它妙就妙在不能够预测，相互作用会产生许多新的东西。

——爱因斯坦

在本章，你将了解到以下内容：

—— 仿真综合实验课程大致是怎样一门课程，有哪些特点

—— 在仿真综合实验课程中可以选择扮演哪些角色

—— 不同的角色在仿真综合实验课程中将经历哪些过程

—— 不同的角色是如何关联在一起并产生交互的

—— 为什么说学习仿真综合实验课程是有意义的

2.1　仿真综合实验课程开展的各个阶段

2.1.1　启动培训阶段

为了让参与课程的同学对课程安排有一个全面的了解，课程的第一阶段就是启动培训。培训老师将分角色对实验进行介绍，内容涉及课程概况、课程流程、各环节规则标准及课程成绩组成等。

2.1.2　团队组建阶段

经济管理仿真综合实验要求学生以团队为单位来扮演供应商、制造商、银行及政府服务机构等角色，采取自由组队的方式并由不同专业的学生组成团队。团队组建阶段分角色选择和现场组队两个环节，其流程如图 2.1 所示。

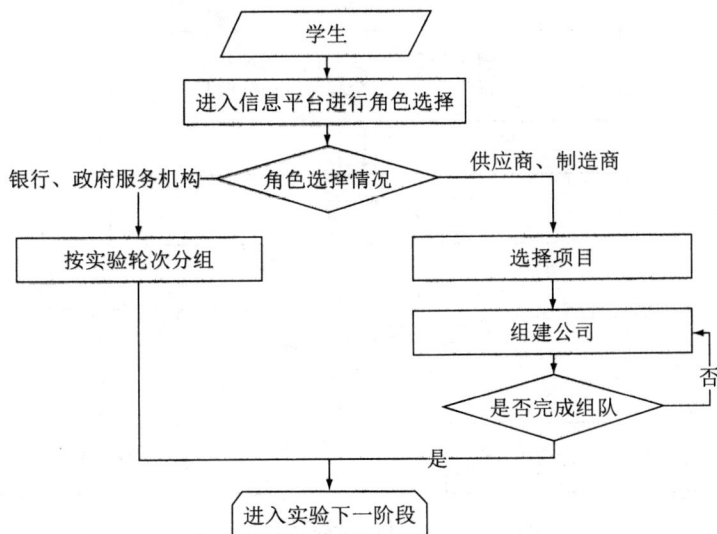

图 2.1　经济管理仿真综合实验组队流程图

参加实验的同学按照所选角色及项目，分批次进行现场自主组队，并确定团队中每个成员的岗位，由负责组队的指导老师进行团队审核。通过审核的团队就进入下一阶段——计划书竞赛。

2.1.3 计划书竞赛阶段

计划书竞赛分为两个阶段，计划书撰写和计划书答辩。学生团队通过开展市场调研、资料收集等活动，在规定时间内完成本阶段的撰写工作。提交采取网络与现场的方式进行，网络提交方式将材料电子档保存到信息平台中该团队相应的存储区，现场提交方式提交纸质文档并确定提交时间，作为答辩顺序安排的依据。

按材料提交的时间顺序以及计划书撰写成绩，企业、政府服务机构及银行分别按照一定的比例确定一定数量的团队进入答辩，采用淘汰机制确定晋级名单。答辩分为团队风采展示和方案设计思路两个部分，其工作流程如图 2.2 和图 2.3 所示：

企业答辩流程：

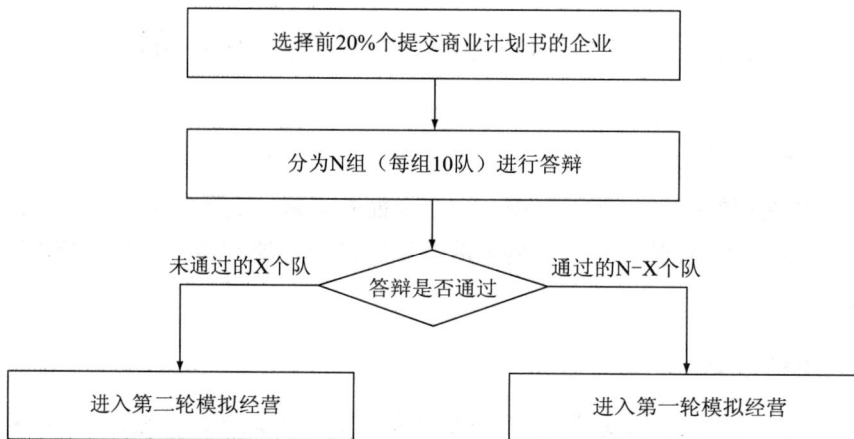

图 2.2　企业答辩流程

政府服务机构及银行答辩流程：

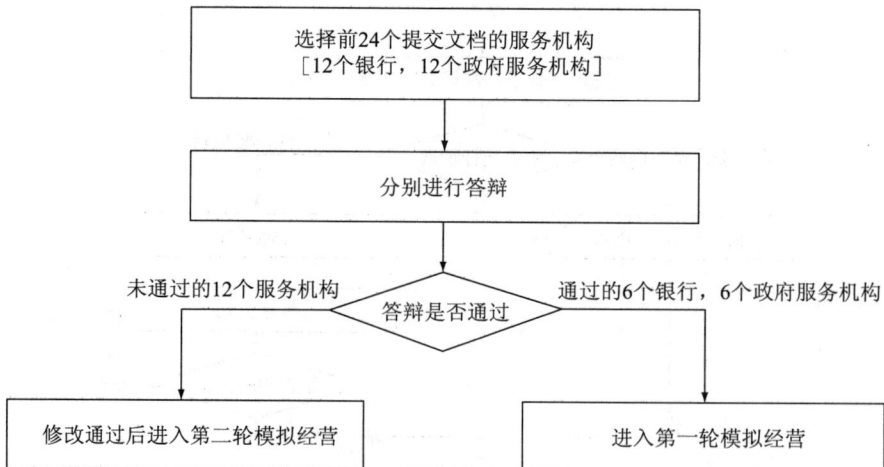

图 2.3　政府机构及银行答辩流程

2.1.4 经营实战

1. 政府服务机构及银行

政府服务机构及银行在晋级后需要自行对工作场所按照本团队所设计的工作方案进行布置。项目通过模拟多个政府行政机构，为企业提供公司开办、经营纳税、年审等相关政务服务。每个企业的总经理或授权代表现场抽签确定其经营实战角色、所属市场及所属的行政区。企业可以在六家银行中任意选择一家进行业务办理。

2. 企业

晋级的企业按抽签的方式决定以供应商或制造商的角色进入模式实战，我们对制造商设置了三个不同的市场，同一市场内的制造商进行模拟经营对抗。进入模拟实战的企业分别在所属的行政区政府办理公司注册业务，并选择一家银行开设企业银行帐户。企业完成公司注册后，取得营业执照。

供应商设定为制造型企业，根据与制造商签订的定单进行原材料的生产。制造商设定为供应商的下游，采购供应商所生产的原材料进行商品成品的组装和生产，将所生产的商品供应给市场。每季度制造商需要通过经济管理仿真综合实验信息系统提交经营决策，系统经过运算定期发布本季度市场信息，制造商对当前市场情况进行分析指定下一季度的经营决策。

2.1.5 总结反思

在经营实战后，召开两种层次的总结会。一是各角色总结，分别对自己扮演角色的工作内容及对整个市场的运行情况进行总结，分析和查找存在的问题。二是实验沙龙，学生自主策划、组织经济管理仿真综合实验沙龙，交流实验过程中的心得体会。

总结结束后，各角色还需提交实验过程材料，所需要提交材料的清单会在经济管理仿真综合实验信息平台上进行通知。

2.2 仿真经营中的角色扮演及交互

经济管理仿真综合实验课程所构建的仿真市场环境现已形成由供应商、制造商、政府机构、银行、保险公司、电子商务企业、会计师事务所、人力资源企业为主，IT企业、管理咨询公司、媒体报社、律师事务所为辅的12种角色相互联系的复杂市场结构，主要分为仿真市场、市场管理与服务机构两大部分。

仿真市场由供应商、制造商、政府机构、银行、保险公司、电子商务企业、会计师事务所、人力资源企业等角色组成。仿真综合实验以制造行业（包括供应商、制造商）公司的生产经营活动为主线展开，因此，仿真市场的中心是制造企业。其他企业的业务主要是为配合生产制造公司开展相对完整的生产经营活动而设置，通过交易活动与生产制造公司发生业务联系。

市场管理与服务机构是为以生产制造公司为主的仿真企业有序开展生产经营活动，协调不同经济主体的利益关系，规范仿真市场竞争环境，提供企业经营所需的信息、资金、人才、物资而设立的，主要包括工商行政管理部门、税务部门、质检局、银行、保险公司、会计师事务所、人力资源企业等。在经济管理仿真综合实验中，生产制造公司与外部相关部门是主体与辅助的关系，他们在实验中发挥不同的作用，以提高仿真实验的仿真效果。

在整个仿真市场中，同一个行业内的市场主体既是竞争关系，也是合作关系；不同行业之间既有服务的关系，也有供求的关系。他们所处的市场环境完全相同，但每一个市场角色都可以根据其经营状况做出不同的经营决策，同时每个市场角色所做出的决策也会对整个市场的环境产生影响。在激烈的市场竞争环境中，为学生熟练运用所学知识提供了一个广阔舞台，在经营对抗中训练其专业技能并锻炼逻辑思考与应变的能力。经济管理仿真综合实验的市场结构图如图 2.4 所示：

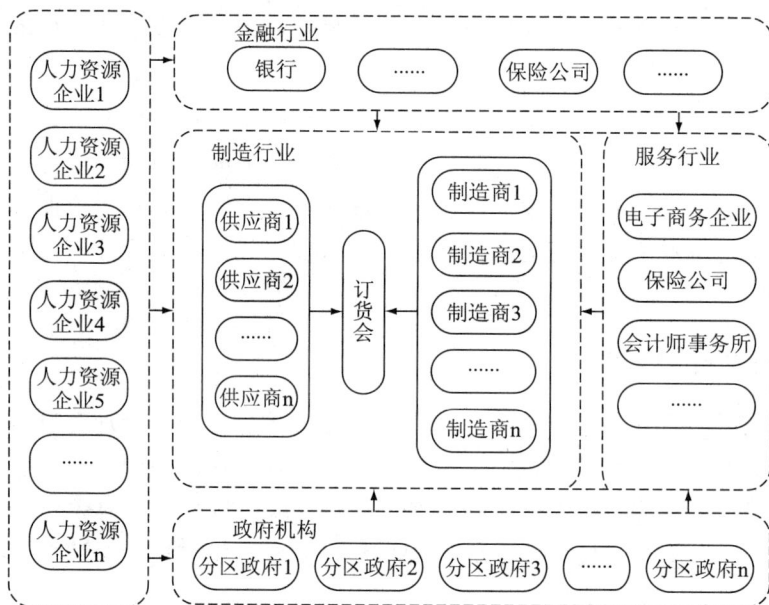

图 2.4　经济管理综合实验市场结构图

本课程在全校范围内打破专业、学科界限，由不同学院、专业的学生在人力资源企业的帮助下通过人员招聘组建扮演各种市场角色的团队。同学们可以先查阅图 2.4，选择自己所感兴趣的角色。（注：由于每年的学生人数或专业等略有变动，具体规则请查阅经济管理仿真综合实验系统。）

2.3　课　程　特　点

贵州财经大学经济管理仿真综合实验课程以商科人才综合能力培养为终极目标，通过搭建多方位高仿真的虚拟经济社会环境，设计动态市场竞争模型模拟市场主体间的合作、对抗，以智能信息平台支撑复杂实验环境，并采用自主式、非线性的实验教学方法，以生产制造业的产业链模拟经营为主线，将公共服务业、金融服务业、生产性服务业的模拟经营进行有机的衔接，各个部分相互间有正常的业务往来（如供应商和制造商之间的购销谈判、银行与企业间的存贷款和转账业务），让学生在其中扮演专业相关的各种市场角色，并进行真实交互与碰撞，在经营活动过程中进行拟真决策，承担决策后果，从而有效锻炼和提高自身专业及综合能力。

1. 搭建多方位高仿真的虚拟经济社会，保障高峰体验的实现平台

整合学校各经济管理类专业的教学内容和资源，搭建了一个以生产制造行业为核心，政府部门、金融保险、现代服务业为支撑的供应链竞争环境下的多方位高仿真的虚拟经济社会，为参与学生的能力提升提供了高峰体验的平台保障。

2. 设计动态市场模型，模拟真实竞争

首创了以动态市场竞争模型为核心构成的市场环境，实现教学与社会的高度对接。通过调研现实市场竞争数据，根据真实随机性的产业环境，设计接近现实动态市场竞争模型，使市场情况随着参与者决策以及市场环境的不同而不断改变，营造一个可变的、对抗性的市场环境，让学生体验真实可变的市场环境，提高了学生对复杂市场的判断和应对能力。

3. 推行自主式、非线性的实验教学模式，强化自主学习能力培养

以心理学、协同学、教育学为理论基础，提出自主式、非线性的实验教学方法，设计市场驱动、任务导向、过程关联、团队互动的课程规则，实行教师指导及裁判、学生自主组织的教学方式，在实验教学过程预留决策空间，配套建立多环节评价、市场绩效、团队互评等方式相结合的立体评价体系，这种开放式的实验方式不仅激发了学生学习热情，也提升了自主学习能力。

4. 建立符合市场运行规律的教学组织模式，实现多专业协同

根据市场运行规律来组织教学，在全校范围内打破专业、学科界限，让学生采用专业协同的方式组建团队，促进了不同专业学生间的相互沟通、碰撞、启发与学习，拓展了学生专业思维，培养了学生团队协作能力和创新能力。

5. 自主研发智能信息平台，支撑多专业协同实验环境

以综合信息平台为中心，整合不同市场角色所使用的独立软件系统，进行多期大数据量的竞争模型演算，构建起一个能够承载大规模、多角色的多专业协同综合实验信息平台，并能够对实验全过程进行监控、评价及管理。

2.4 学习本实验课程的意义

1. 培养应用型经济管理类专业人才的有效途径

经济管理类专业是应用性、实践性极强的专业，要求培养具有较高专业能力与综合能力的应用型人才，而应用型人才的培养强调学生对理论知识的领悟应用，强调对经济活动的感性认知和经验升华。经济管理仿真综合实验课程利用现代信息技术手段，在校内模拟经济社会环境，组织学生运用专业知识，参与各类经营实践活动，给予学生真实的专业综合训练体验，为地方性财经类大学培养应用型经济管理类专业人才开辟了一条富有成效的途径。

2. 培养复合型经济管理类专业人才的有效方式

市场活动是多种经营活动和复杂情景的综合，要求我们培养的经济管理类人才也应该是复合型人才。然而，在传统教学模式下，却因局限于专业范围难以让学生将所学触类旁通并综合应用。经济管理仿真综合实验课程涉及多个角色与相应专业，一方面强调团队协作与交流沟通的综合素质，另一方面其独特的教学、考核方式要求学生灵活运用其所学专业知识的同时，综合了解其他相关专业的知识能力，从而得到知识的拓展，最终获得对经济管理知识体系和市场经营活动的系统性认识。

3. 培养创新创业人才的有效平台

企业的经营管理活动是极富挑战性、开拓性与创造性的活动。经济管理仿真综合实验课程开放的经营决策空间、成员间非线性的交互及仿真的实验环境，都大大促进了学生创新能力的提升，并帮助学生熟悉企业经营的市场规则和业务操作流程，为其将来的创业发展奠定了坚实基础。

4. 缩短学生与社会的磨合适应周期

本科财经类高校的毕业生虽然也拥有了一定的专业知识，但要能够很快适应工作需求，往往还需要一定的适应期和磨合期，使所学知识内化为从事经济管理活动所需的各种能力和素质。而经济管理仿真综合实验课程能有效帮助缩短这一培养周期，弥补传统实践教学活动的不足。

讨论与思考

1. 仿真经营时可以选择扮演哪些角色？分析自己可能会选择扮演某种特定角色的原因。

2. 通过本章学习，基本了解经济管理仿真综合实验课程总体情况后，讨论本实验课程与其他常规课程的异同。

3. 如果现在就让你踏入社会参加工作，思考自己还有哪些不足，应该怎样弥补和改善这些不足。

第3章　经济管理仿真综合实验课程考核与评价

> 知人者智，自知者明。
>
> ——《老子》

在本章，你将了解到以下内容：
—— 个人成绩是由哪几部分构成
—— 每个部分考核的内容

通过介绍，我们现在已经知道经济管理仿真综合实验课程是一门多流程、多角色、多方位的虚拟仿真体验课程，传统的课程考核办法无法实现该课程的教学目标，并适应该课程的组织形式。因此，我们建立了一套多维度、多层次的考核评价机制。下面我们将从团队考核和组内互评两个部分，对实验中企业、政府、银行等主要角色的考核办法进行阐述（猎头公司考核办法详见第15章），以帮助同学们更好地完成实验。

3.1　团　队　考　核

实验中，除了猎头公司，其他角色的同学都要经历招聘组队、计划书竞赛、模拟经营实战和总结互评四个阶段，所以团队总成绩会整合这几个环节的综合表现给出。表3.1展示了各角色团队部分的考核体系，团队总成绩包括组队成绩、计划书撰写成绩、计划书答辩成绩等7个部分，各部分分值及占总成绩比例如表3.1所示：

表3.1　非人力资源专业学生团队考核评价体系

序号	考核项目	总分	政府机构	制造商	供应商	商业银行	保险公司	电子商务企业	会计师事务所
1	组队成绩	100	5%	5%	5%	5%	5%	5%	5%
2	计划书撰写	100	20%	20%	20%	20%	20%	20%	20%
3	计划书答辩	100	20%	20%	20%	20%	20%	20%	20%
4	实战环节——场地布置	100	5%	×	×	5%	5%	5%	5%
5	实战环节——模拟经营实战情况	100	35%	40%	40%	35%	35%	35%	35%
6	总结及实战材料	100	10%	10%	10%	10%	10%	10%	10%
7	组织间评价	100	5%	5%	5%	5%	5%	5%	5%

小贴士：各角色每个考核项目的考核标准，请参见本书第三章的内容。

3.2　组内互评得分

实验结束后，每位小组成员都必须在课程管理信息系统中，对小组内的其他成员进行评价，评价的方式是：评价人为组内其他成员选择一条最符合他工作表现的描述，并且仅有一位被评价人可以得到"工作职责非常重要，工作表现出色，协作精神强"这一描述。组内互评的细则如表 3.2 所示：

表 3.2　组内互评细则

工作表现	对应分值	限选人数
工作职责非常重要，工作表现出色，协作精神强	10	1
工作职责非常重要，工作表现合格，协作精神强	8	不限
业务知识熟练，工作表现优良，能团结同志	6	不限
工作表现马马虎虎	4	不限
没有起到太大作用	2	不限
就没怎么见到过此人，不了解	0	不限

最后，每位成员组内评分成绩为其他组员对其评分的平均分，如果成员未给他人评分，则扣除 1 分；如果没人为其评分，则其组内评分成绩为 0。

3.3　个人最终成绩

本课程个人的最终成绩是基于前期的团队总成绩与组内互评得分两部分分数得来的。假设前期团队成绩是 A，组内评分成绩是 B，则个人最终成绩的计算公式为

$$个人最终成绩＝A×0.1×（2＋B）$$

讨论与思考

1. 对于现行的评价机制，你觉得有什么可以改进的地方吗？
2. 在企业中，应该如何去评价员工的工作表现？
3. 你认为，当前我国大学对学生的评价是基于一种什么样的体系？

第二篇　计划书撰写

第4章 商业计划书

> 凡事预则立，不预则废。
>
> ——《礼记·中庸》

在本章，你将了解到以下内容：
—— 为什么我们要学习撰写商业计划书
—— 什么样的业务创意能吸引投资者的眼球
—— 能够使投资者激动起来的商业计划书需要哪些必备要素
—— 如何制订一份比较专业的商业计划书
—— 创业者将如何在投资人面前展示自己的项目

4.1 什么是商业计划书

著名风险投资家 Eugene Kleiner 曾说过："如果你想踏踏实实的做一份工作的话，写一份商业计划书能迫使你进行系统的思考。有些创意可能听起来很棒，但是当你把所有的细节和数据写下来的时候，就会发现该创意其实毫无价值。"本章对于商业计划书写作方法的介绍适用于综合实验的供应商企业、制造商企业及会计师事务所。

4.1.1 商业计划书的定义

商业计划书是目前市场应用最多的应用写作文体之一，英文名称 business plan，是公司、企业或项目单位为了达到招商融资和其他发展目标，在经过前期对项目科学地调研、分析、搜集与整理有关资料的基础上，根据一定格式和内容的具体要求而编辑整理的一个向读者全面展示公司和项目目前状况、未来发展潜力的书面材料。其主要意图是递交给风险投资者或者合作伙伴，以便于他们能对企业或项目做出评判，从而使企业获得融资。

公司商业计划书的主要目的之一就是为了筹集资金。因此，商业计划书必须有如下说明。

（1）创办企业的目的——为什么要冒风险，花精力、时间、资源、资金去创办风险企业？

（2）创办企业所需的资金——为什么要这么多的钱？为什么投资人值得为此注入资金？

（3）对已建的风险企业来说，商业计划书可以为企业的发展定下比较具体的方向和重点，从而使员工了解企业的经营目标，并激励他们为共同的目标而努力。更重要的是，它可以使企业的出资者以及供应商、销售商等了解企业的经营状况和经营目标，说服出资者（原有的或新来的）为企业的进一步发展提供资金。

商业计划书有相对固定的格式，它几乎包括投资商所有感兴趣的内容，从企业成长经历、产品服务、市场营销、管理团队、股权结构、组织人事、财务、运营到融资方案。只有内容详实、数据丰富、体系完整、装订精致的商业计划书才能吸引投资商，让他们看懂你的项目商业运作计划，才能使你的融资需求成为现实，商业计划书的质量对你的项目融资至关重要。

4.1.2　商业计划书的价值

商业计划书帮助企业家或创业者勾画事业蓝图，安排公司运作，进行融资。根据安达信（Arthur Andersen）所做调查的结论显示，"拥有商业计划书的企业（项目）平均比没有商业计划书的企业融资成功率高出100%"，"拥有书面计划书的企业（项目）平均比没有书面计划书的企业利润高出100%"。

商业计划书的重要性是不言而喻的。创业者可以用它来证明他们有能力处理好新创业务所面临的种种问题，以及业务的管理问题。一份商业计划书详细地阐述了一项业务的整体创业理念，它对经济环境、设定目标、所需资源都进行了准确的概括。商业计划书迫使创业者对其创意进行系统的思考，它指出了知识缺口，要求创业者做出决策，并促使一个结构合理且重点突出的战略的形成。在准备商业计划书的过程中，会不断产生出不同的方案，应对其一一进行评估，找出各自的缺陷。在对形势进行清楚的分析之后，商业计划书就成为了评估和管理一项业务的非常重要的工具，并且会极大地提高效率和效能。

对于开始建立新企业的企业家来说，商业计划有四个基本目标：确定企业机遇的性质和内容；说明企业家计划利用这一机遇进行发展所要采取的方法；确定最有可能决定企业是否成功的因素；确定筹集资金的工具。商业计划书可以看做是企业家的游戏计划。它把促使企业家致力于创建企业的理想和希望都具体化了。我们最多见的商业计划书是制订新企业的企业经营计划。在这些商业计划书里，企业家对预建企业最初3～5年内的销售、经营和财务方面做出计划。然而，商业计划书也可用于阐述一个已经存在的企业的重大扩张，比如已有一家小企业的企业家可能计划增加生产线或开辟分公司；作为企业家创建新企业的蓝图，商业计划在本质上是一座沟通理想与现实的桥梁。最初没有在脑海里看到预期的最终结果，企业家是不可能看到企业成为物质实体的。商业计划书首先把计划中的创业或经营活动推销给了企业家自己。在做一份商业计划书的同时，企业家心目中会对自己要做的事情有越来越深入的了解。对创业者来说，他可以从仅有的创意发展为充分认识到将创意转化成实际创业的市场机会。对已有了一定基础想进一步扩大规模的企业家来说，他可以通过商业计划书看到推动企业飞速发展的时机。

1.　沟通工具

商业计划书可以用来介绍企业的价值，从而吸引到投资、信贷、员工、战略合作伙伴，或包括政府在内的其他利益相关者。一份成熟的商业计划书不但能够描述出该公司的成长历史，展现出未来的成长方向和愿景，还将量化出潜在的盈利能力。这都需要你对该公司有一个通盘的了解，对所有存在的问题都有所思考，对可能存在的隐患做好预案，并能够提出行之有效的工作计划。

2.　管理工具

商业计划书首先是一个计划工具，它能引导你走过公司发展的不同阶段。一份有想法的计划书能帮助你认清挡路石，从而让你绕过它。很多创业者都与他们的雇员分享商业计划书，以便让团队更深刻地理解自己的业务到底走向何方。大公司也在利用商业计划，通过年度周期性的反复讨论和仔细推敲，最终确定组织未来的行动纲要和当年的行动计划，并让上级和下级的意志得到统一。商业计划书也能帮助你跟踪、监督、反馈和度量你的业务流程。优秀的商业计划书将是一份有生命的文档，随着团队知识与经验的不断增加，它也会随之成长。当你建立好公司的时间轴及里程碑，并在一个时间段后，你就能衡量公司实际的路径与开始的计划有什么不同了。越来越多的公司都在开始利用年度周期性的计划工作，总结上一周期的成功与不足，以便调整集体的方向与步骤，并进而奖优罚劣，激励团队的成长。

3. 承诺工具

最容易被人忽略的是，商业计划书也是一个承诺的工具，这点，在企业利用商业计划书执行融资工作的时候体现得最为明显。和其他的法律文档一样，在企业和投资人签署融资合同的同时，商业计划书往往将作为一份合同附件存在。与这份附件相对应的，是主合同中的对赌条款。对赌条款和商业计划书，将共同构成一个业绩承诺：当管理人完成或没有完成商业计划书中所约定的目标，投资人和企业家之间将在利益上如何重新分配。在辅助执行公司内部管理时，商业计划书也是一个有效的承诺工具，在上级和下级就某一特定目标达成一致以后，他们合作完成的商业计划书就记录下了对目标的约定。这样的约定，将成为各类激励工具得以实施的重要基础。商业计划书也体现了上级对下级的承诺。公司战略的展开，必然意味着必要的资源投入。只有经过慎重思考的战略，才能够让领导人具有必要投入的决心。人们可以原谅因为具体环境的变化、知识的增长而带来行动计划乃至战略的调整，但是，却没有任何人愿意和一个朝三暮四、朝令夕改的，不具备战略思考能力的领导人共同工作。

4.1.3　什么样的业务创意是有开发前途的

维克多·雨果说过，"创意的时代已经来到，世界上没有任何东西比创意更有力量"。研究表明，绝大部分成功的业务创意都来自于有数年相关经验的人。例如，戈登·摩尔和罗伯特·诺依斯在开始与安迪·格罗夫合作创立英特尔公司之前，都曾在仙童半导体公司（Fairchild Semiconductors）工作过数年。但是，有的革新型的创意是由新人提出的。比如史蒂夫·乔布斯和史蒂夫·沃兹尼亚克，他们从大学辍学时，就提出了具有革新性的创意，从而建立了苹果公司。但是最初的创意必须首先通过快速的可信度评估，如果一个业务创意具备了以下四个要素，我们就可以说它是有发展前途的。

1. 明确的客户价值

在市场上取得成功的关键是满足客户的需要，而不是仅仅提供出色的产品。客户希望用自己辛辛苦苦挣回来的钱满足他们的需求或者解决他们的问题。因此，发展一个成功的业务创意的首要原则就是能明确地表明它能满足什么样的要求，并且是以什么方式满足。最初的时候，许多创业者在谈到他们的方案的时候，脑子里已经对产品、产品设计以及生产技术的细节有清楚的认识和解决的方法。而投资者首先考虑的不是这些。他们首先是从市场的角度来观察这一创意的。对投资者而言，客户价值才是排在第一位的，而其他所有的事都是次要的。区别在什么地方呢？如果创业者说："我们的新设备可以每分钟运作

200 次"或者"我们的新设备节约了 25% 的零部件"，他们所注重的是产品本身。相反，从客户的角度考虑，就应当说，"我们的新设备将为客户节省 1/4 的时间，从而降低 20% 的成本"，或者"我们的新方案能够将生产效率提高 25%"。产品只是为客户提供价值的一种手段而已。

当把一种产品或者服务与竞争对手的产品或服务或其他方案进行比较时，该产品或者服务的客户价值能够说明它的新颖独到之处。因此，客户价值在区分你的产品与其他产品方面起到了关键的作用，而且，在后面我们也会学到，这种区分在营销中占据着最核心的地位。同时，客户价值也是创业理念在市场中获得成功的基础。在可能的情况下，你还应该尝试用具体的数据说明客户价值。营销理论认为，应当把客户价值纳入一个独特的销售定位。这意味着两件事：第一，你的创业理念必须以一种客户能够理解的方式提出（销售定位）。如果你不能使客户了解到使用这一产品或者服务能够带来的好处，他们就不会购买这种产品或者服务，许多新开办的公司就是因此而失败的。第二，你的产品必须是独特的。消费者不应该选择市场上的其他产品或者服务，他们应该选择你的。你必须让他们相信，你的产品能够提供更多的利益或者更多的附加价值，只有这样，客户才会购买你的产品或服务。在描述创业理念时，你不需要详细阐述你的销售定位，但是一定要让潜在投资者或多或少的对其有所了解。

2. 可观的市场规模

只有当一个业务创意在市场上获得成功的时候，它才具有经济价值。一个成功创意的第二个原则是它要能说明所提供的产品的市场有多大，产品定位在哪个或者哪些客户群，以及它与其他产品的区别有多大，此时还不需要对市场进行详细的分析，只根据可靠的基本数据进行估算就足够了。数据的来源可以包括官方数据、各协会的信息、行业杂志、行业出版物以及互联网。基于这些基本数据，你完全可能得出有关目标市场规模的合理判断。在业务创意报告中，对这一调查结果进行简要介绍就足够了。

同一方法也适用于你的目标客户。你只需要粗略地界定一下他们可能会是哪些人，讲述一下为什么你的业务创意能为这一特定群体提供特殊价值，以及从资金的角度考虑，你为什么会对这一群体感兴趣。你会一直面临竞争，这些竞争包括来自于同类或者类似产品的直接竞争和来自于同样能满足客户需求的替代产品的间接竞争。一个面食生产商不仅与其他的面食生产商存在竞争，也与大米的生产商和土豆的生产商存在竞争。你的业务创意应当表明你知道有哪些竞争对手，指出他们的名字，并说明你的业务创意为什么能独占鳌头，以及你将如何击败竞争对手。

3. 足够的创新程度

业务创意可以从产品 / 服务和业务体系这两个层面进行分类。在每一种分类中，你都可以产生一些新的创意或者使一些已有的创意资本化。简单地说，业务体系就是一种了解如何对某种产品 / 服务进行开发、生产和销售的方法。

创新这个词通常用来描述新产品，这些新产品通常是采用传统的生产方法制作，并通过已有的分销渠道交付给顾客的。例如，微软公司在开发 DOS 操作系统后，利用 IBM 公司的销售组织结构对其进行市场推广。相比之下，业务体系中的创新没有这么显而易见，但是也同样重要。戴尔电脑公司能够大幅度地削减成本，主要归功于新的直销模式和新的生产流程。在这个新的流程中，只有接到订单后，公司才会尽可能在最短的时间内组织生产。

在开发新产品时，改善层次繁杂的客户价值是当务之急。在业务体系中，创新被界定为成本的降低，生产流程的加快，以及资金的节约，这种节约给消费者带来的好处就是低价。在创立一个全新的行业时，把产品和业务体系两方面结合起来的情况是很少的。网景公司通过在互联网上免费发送其新推出的浏览器，为互联网的成功做出了巨大的贡献。网景公司这样做的结果是牺牲了最初的销售收入，但是访问其站点的人数的增加却成功地增加了其广告收入。

4. 可行性和盈利性

最后，要真正创建一个新公司，就必须对业务创意的可行性进行评估。除了评估可能导致该项目不可行的具体因素之外（如法规方面的考虑或产品的标准等），还要评估完成该项目所需要的时间和资源。例如，在月球上修建酒店在技术上是可行的，但是其成本效益比却是不合理的。

盈利性与可行性密切相关。一个公司必须要能够创造长期利润。因此，成功的业务创意的第四个要素是说明盈利的多少和盈利的途径。计算一项业务利润的传统方式如下：公司购买原材料或服务，因此产生了成本。同时它向顾客销售产品或服务，因此获取了收入。如果你的业务遵循了这一模式，在阐述你的创意时，就无需在这方面多费唇舌。但是，一定要对预计的费用和利润进行大致的估算。对于不断壮大的公司来说，一个很重要的经验是，启动阶段所创造的毛利（收入减去产品的直接成本）应为40%～50%。

商业创意的关键问题包括：

（1）谁会购买你的产品？

（2）客户为什么购买这种产品？它能满足客户什么样的需求？

（3）怎样把产品分销给客户？

（4）你的创业理念在哪些方面具有创新性？

（5）创业理念的独特性表现在哪里？它受专利的保护吗？

（6）你的产品与其他产品相比，好在哪里？

（7）新的公司具有哪些竞争优势？为什么竞争对手无法对这些优势进行简单的模仿？

（8）该产品能盈利吗？可能产生的成本有哪些？价格应定在什么范围内？

4.2　如何撰写好的商业计划书

作为一份标准性的文件，商业计划书有着大同小异的架构。但是，有的商业计划书却能迅速抓住投资人目光，而有的计划书却只能以进入"回收站"作为使命的终结。那么什么样的商业计划书是好的商业计划书？一句话，最符合特定投资者需求的商业计划书就是好的计划书，因此，撰写商业计划书时最需要抓住的重点就是"投资者关心什么样的项目"。

4.2.1 商业计划书的基本要求

在撰写商业计划书时，应该遵循语言通俗、信息完整、条理清晰、逻辑合理、市场导向、利益明晰、团队优异、数据实际的基本原则，具体表现在以下几点要求：

第一，用几句话清楚说明你发现目前市场中存在一个什么空白点，或者存在一个什么问题，以及这个问题有多严重。

第二，你有什么样的解决方案，或者什么样的产品，能够解决这个问题。你的方案或者产品是什么，提供了怎样的功能？

第三，你的产品将面对的用户群是哪些？一定要有一个用户群的划分。

第四，说明你的竞争力。为什么这件事情你能做，而别人不能做？否则如果这件事谁都能干，为什么要投资给你？你有什么特别的核心竞争力？有什么与众不同的地方？所以，关键不在于所干事情的大小，而在于你能比别人干得好，与别人干得不一样。

第五，再论证一下这个市场有多大，你认为这个市场的未来是怎么样的？

第六，说明你将如何挣钱？如果真的不知道怎么挣钱，你可以不说，可以老老实实地说，我不知道这个怎么挣钱，投资人比你有经验，告诉他你的产品多有价值就行。

第七，再用简单的几句话告诉投资人，这个市场里有没有其他人在干，具体情况是怎样。不要说"我这个想法前无古人后无来者"这样的话，投资人一听这话就要打个问号。有其他人在做同样的事不可怕，重要的是你能不能对这个产业和行业有一个基本了解和客观认识。要说实话、干实事，可以进行一些简单的优劣分析。

第八，突出自己的亮点。只要有一点比对方亮就行。刚出来的产品肯定有很多问题，说明你的优点在哪里。

第九，倒数第二张纸做财务分析，说说未来需要多少钱，用这些钱干什么？

第十，最后，介绍一下自己的团队，团队成员的优秀之处。

4.2.2 商业计划书必备要素

那些既不能给投资者以充分的信息也不能使投资者激动起来的商业计划书，其最终结果只能是被扔进垃圾箱里。为了确保商业计划书能起作用，风险企业家应做到以下几点：

1. 关注产品

在商业计划书中，应提供所有与企业的产品或服务有关的细节，包括企业所实施的所有调查。这些问题包括：产品正处于什么样的发展阶段？它的独特性怎样？企业分销产品的方法是什么？谁会使用企业的产品，为什么？产品的生产成本是多少，售价是多少？企业发展新的现代化产品的计划是什么？把出资者拉到企业的产品或服务中来，这样出资者就会和风险企业家一样对产品有兴趣。在商业计划书中，企业家应尽量用简单的词语来描述每件事——商品及其属性的定义对企业家来说是非常明确的，但其他人却不一定清楚它们的含义。制订商业计划书的目的不仅是要出资者相信企业的产品会在世界上产生革命性的影响，同时也要使他们相信企业有证明它的论据。商业计划书对产品的阐述，要让出资者感到："噢，这种产品是多么美妙、多么令人鼓舞啊！"

2. 敢于竞争

在商业计划书中，风险企业家应细致分析竞争对手的情况。竞争对手都是谁？他们的产品是如何工作的？竞争对手的产品与本企业的产品相比，有哪些相同点和不同点？竞争对手所采用的营销策略是什么？要明确每个竞争者的销售额，毛利润、收入以及市场份额，然后再讨论本企业相对于每个竞争者所具有的竞争优势，要向投资者展示，顾客偏爱本企业的原因是：本企业的产品质量好，送货迅速，定位适中，价格合适等，商业计划书要使它的读者相信，本企业不仅是行业中的有力竞争者，而且将来还会是确定行业标准的领先者。在商业计划书中，企业家还应阐明竞争者给本企业带来的风险以及本企业所采取的对策。

3. 了解市场

商业计划书要给投资者提供企业对目标市场的深入分析和理解。要细致分析经济、地理、职业以及心理等因素对消费者选择购买本企业产品这一行为的影响，以及各个因素所起的作用。商业计划书中还应包括一个主要的营销计划，计划中应列出本企业打算开展广告、促销以及公共关系活动的地区，明确每一项活动的预算和收益。商业计划书中还应简述一下企业的销售战略：企业是使用外面的销售代表还是使用内部职员？企业是使用转卖商、分销商还是特许商？企业将提供何种类型的销售培训？此外，商业计划书还应特别关注一下销售中的细节问题。

4. 表明行动的方针

企业的行动计划应该是无懈可击的。商业计划书中应该明确下列问题：企业如何把产品推向市场？如何设计生产线，如何组装产品？企业生产需要哪些原料？企业拥有哪些生产资源，还需要什么生产资源？生产和设备的成本是多少？企业是买设备还是租设备？解释与产品组装，储存以及发送有关的固定成本和变动成本的情况。

5. 展示你的管理队伍

把一个思想转化为一个成功的风险企业，其关键的因素就是要有一支强有力的管理队伍。这支队伍的成员必须有较高的专业技术知识、管理才能和多年工作经验，要给投资者这样一种感觉："看，这支队伍里都有谁！如果这个公司是一支足球队的话，他们就会一直杀入世界杯决赛！"管理者的职能就是计划、组织、控制和指导公司实现目标的行动。在商业计划书中，应首先描述一下整个管理队伍及其职责，然后再分别介绍每位管理人员的特殊才能、特点和造诣，细致描述每个管理者将对公司所做的贡献。商业计划书中还应明确管理目标以及组织机构图。

6. 出色的计划摘要

商业计划书中的计划摘要也是十分重要的。它必须能让读者有兴趣并渴望得到更多的信息，它将给读者留下长久的印象。计划摘要将是风险企业家所写的最后一部分内容，但却是出资者首先要看的内容，它将从计划中摘录出与筹集资金最相干的细节：包括对公司内部的基本情况，公司的能力以及局限性，公司的竞争对手，营销和财务战略，公司的管理队伍等情况的简明而生动的概括。如果公司是一本书，它就像是这本书的封面，做得好就可以把投资者吸引住。它会给风险投资家有这样的印象："这个公司将会成为行业中的巨人，我已等不及要去读计划的其余部分了。"

4.2.3 成功商业计划书的风格特点

如何制订一个商业计划书取决于对风险的预期和该方案所要达到的目标。例如，一个新创企业的商业计划书，在结构上就会与一个已有公司在拓展新业务时所需的商业计划书有所不同。尽管有这些不同，商业计划书还是有许多共同点的。它们都是对一项业务所带来的机遇和风险进行明确的综合评估。这不是一件容易的事情。完成一个方案需要重视设计标准和内容两个方面。以下的建议和指导原则将帮助你成功地制订一份商业计划书。

1. 成功的商业计划书最吸引人的是它清楚的结构

投资者应当能够在方案中找到他们所关注的问题的答案。投资者应当很容易找到他们特别感兴趣的话题。这就要求商业计划书必须有一个清楚的结构，使投资者能够灵活地选择他们想要阅读的部分。

说服投资者的不是分析和数据的多少，而是叙述的组织结构和基本观点的集中程度。因此，任何能使投资者感兴趣的话题，都应该进行充分而准确的论述。一般情况下，商业计划书的合适长度在 30 页左右。

投资者阅读商业计划书时，创业者并不在场，因此不能及时回答问题并解释方案。考虑到这个因素，方案的正文必须清楚明了，并能够自圆其说。因此，如果可能的话，在提交给投资者之前，商业计划书应当先让一些人"试读"。例如，创业大赛的教练可以帮助你删除一些含糊不清的内容，指出需要修改的地方。

2. 成功的商业计划书以其客观性说服投资者

有些人在讲述他们所认定的好的创意时会得意忘形。的确，有些内容需要以一种充满激情的方式讲述，但你应该尽量使自己的语气比较客观，使投资者有机会仔细地权衡你的论据是否有说服力。如果一份方案写得像是一份煽情的广告，那么它很可能会激怒而不是吸引投资者，会导致投资者对方案产生怀疑甚至拒绝接受方案。

另外，因为以前曾有过的错误判断或失败，就对自己的项目吹毛求疵也是同样危险的，这将使投资者对你的能力和动机产生怀疑。应当尽你所能提供最准确的数据。如果没有弥补不足的方法和措施，就不要提及自己的弱点和不足。这并不是说你应当隐瞒重大的弱点或不足，而是说在制定方案的时候，就应当确定弥补这些不足的措施，并在方案中清楚地表达出来。

3. 成功的商业计划书应当让技术上的外行也能读懂

一些创业者相信，他们可以用丰富的技术细节、精心制作的蓝图以及详细的分析给投资者留下深刻的印象。事实上，只有极少数情况下会有技术专家详细地评估这些数据。大多数情况下，简单的说明、草图和照片就足够了。如果方案中必须包括产品的技术细节和生产流程，你应当把它们放在附录里。

4. 成功的商业计划书应当有前后一致的写作风格

一般情况下，会由几个人合作完成一份商业计划书。最后必须对这个方案进行整合，以避免整个方案风格不一、分析的深度不同，像一块打满补丁的破被子。考虑到这个因素，最好由一个人负责最后编辑和定稿的工作。

5. 成功的商业计划书就是一张名片

最后，你的商业计划书应当有统一的版面格式。例如，字体应当与文章结构和内容保持一致。插入的图表应力求简洁，而且，也可以考虑使用印有（未来的）公司的徽标的函头纸。

4.2.4　如何制订专业的商业计划书

投资者感兴趣的是已完成的商业计划书，而不是产生商业计划书的过程。他们更希望看到一份准备充分的文件，可以使他们在读第一遍的时候就可以对该方案所涉及的风险和机会有一个清楚的了解。当策划你的商业计划书时，顾客价值和潜在回报这一主题应贯穿于你对创业目标的阐述之中。

1. 规划你的工作方法

起草一份商业计划书是一个非常复杂的工作。要考虑到许多变数并按照逻辑顺序对这些变数进行系统分析。在最初的创意确定下来后，就应当制订一个详细的提纲，最好是按照商业计划书或者业务体系（例如，研究开发、生产、营销、销售、送货和行政管理等）来进行规划。同时，还应该确定商业计划书中主题的数目，并注明参考资料。这时，最好使用一个有电子表格的文字处理系统。所有的参考资料都应按照主题进行分类存储，讨论时所做的笔记也应同样处理。

2. 根据具体项目确定关键问题

在制订商业计划书时，准备一系列问题并逐个加以回答将会很有帮助。需要回答哪些问题以及哪些答案需要被纳入方案之中是由以下一些因素决定的，即所创造价值的类型、产品、服务、技术的复杂程度以及读者需要知道的信息。

在确定你自己的一系列问题的时候，可以参考下面的一些问题样本。但这些问题仅仅是用于启发你的思路，而不应当被看做是所有可能出现的问题的详细清单。换句话说，你既不需要回答所有的问题，也不需要对每一问题都给予相同的重视。哪些问题与你的业务相关且需要了解是由你自己来决定的。同时，你还需要考虑在已列出的问题之外，还有没有其他问题需要回答。

3. 着重于最终成果

在准备商业计划书时，常常会有被分析的大量细节所淹没的危险。因此，需要不时地退一步考虑一下，所提供的数据是否已经足够充分，进一步的分析是否真的有必要。同时，我们认为，每一竞争阶段的分析结果所占的篇幅不应过多。如果你一开始就按照我们的建议来规划你的方案，就将会节省大量的时间和精力。

4. 尽早寻求支持

在制订商业计划书的过程中，从许多不同的方面寻求支持是非常重要的，尽早组团就是寻求支持的形式之一。技术能力和创业经验互补的团队能根据每个成员的优势来分派任务，这会有助于保证工作高效率进行。一旦你需要外部帮助时，应毫不犹豫地去寻求帮助，你可以联系有关专家和有相关经验的指导教师。

5. 不断检测你的计划

一份有说服力的文件更易被理解。因此，将你的创意和周围的人进行讨论是很重要的。在递交之前，让与竞争无关的人来评价你的方案可以找出其不足之处，甚至还可能为你的工作提供新的触动。

4.2.5 商业计划书的检查

在商业计划书写完之后，创业者最好再对计划书检查一遍，看一下该计划书是否能准确回答投资者的疑问，争取投资者对本企业的信心。通常，可以从以下几个方面对计划书加以检查：

（1）你的商业计划书是否显示出你具有管理公司的经验。如果你自己缺乏能力去管理公司，那么一定要明确地说明，你已经雇了一位经营大师来管理你的公司。

（2）你的商业计划书是否显示了你有能力偿还借款。要保证给预期的投资者提供一份完整的比率分析。

（3）你的商业计划书是否显示出你已进行过完整的市场分析。要让投资者坚信你在计划书中阐明的产品需求量是确实的。

（4）你的商业计划书是否容易被投资者所领会。商业计划书应该备有索引和目录，以便投资者可以较容易地查阅各个章节。此外，还应保证目录中的信息流是有逻辑的和现实的。

（5）为了保持投资者的兴趣，计划摘要应写得引人入胜。

（6）你的商业计划书是否在文法上全部正确。如果你不能保证，那么最好请人帮你检查一下。计划书的拼写错误和排印错误能很快就使企业家的机会丧失。

（7）你的商业计划书能否打消投资者对产品／服务的疑虑。如果需要，你可以准备一件产品模型。商业计划书中的各个方面都会对筹资的成功与否有影响。因此，如果你对你的商业计划书缺乏成功的信心，那么最好去查阅一下计划书编写指南或向专门的顾问请教。

4.3 商业计划书的结构和主要构成要素

尽管商业计划书各不相同，但所有的商业计划书都有一些共同点，而这些共同点正是投资者所希望看到的（图4.1）。另外，商业计划书通常都包括了一份附录，在附录中包含了一些详细的信息，并通常以表格或图表的形式出现。在这或多或少有所限制的结构之中，商业计划书可根据需要自由发挥。刚开始，你只能从一些主要元素和单独的主题入手，随后的每一阶段都会有新的元素补充进来。这样，随着前一阶段的主题的不断扩展，商业计划书就会逐渐充实。在第三阶段结束时，这些单独的分析就会形成一个整体，在这个整体中，每个单一的部分都是互相呼应的。

| | 这一阶段的重点 | | |
| 这一阶段的组成部分 | | | |

	第一阶段	第二阶段	第三阶段
1. 计划摘要	重点	重点	重点
2. 产品或服务	重点		组成部分
3. 管理团队			重点
4. 市场和竞争	组成部分	重点	组成部分
5. 营销和销售		重点	组成部分
6. 业务体系和组织结构		组成部分	组成部分
7. 实施日程			组成部分
8. 机遇和风险			组成部分
9. 财务规划和融资			重点

图 4.1　商业计划书的构成要素

4.3.1　计划摘要

计划摘要列在商业计划书的最前面，它浓缩了的商业计划书的精华。计划摘要涵盖了计划的要点，要求一目了然，以便读者能在最短的时间内评审计划并做出判断。

计划摘要的目的在于引起决策者的兴趣，它应当包括一份对商业计划书的多数要点的概括，尤其应当强调产品或服务、对消费者的价值、相关市场、管理技能、融资要求以及可能的投资回报。投资者首先看到的是计划摘要，虽然他们通常只会略读这一部分。摘要本身的质量不会使投资者决定投资你的项目，但却可以使他们决定不投资。对你创业意图的清楚、客观且简洁的描述可以使投资者意识到你的确了解你要创立的业务，当然，这一描述必须要浅显易懂，尤其是对外行人而言。因此，你应该非常认真地准备你的摘要，它可能会决定投资者是否会继续阅读商业计划书的其余部分。计划摘要是商业计划书中的一个独立部分，不要将它与首页中介绍的创业理念相混淆。应当反复用批判的眼光审视你的商业计划书，尤其是在商业计划书的其他部分都已经完成了以后，应当不停地追问自己是否已经尽可能清楚、有力且简洁地表述了你的创业理念。

在介绍企业时，首先要说明创办新企业的思路，新思想的形成过程以及企业的目标和发展战略。其次，要交待企业现状、过去的背景和企业的经营范围。在这一部分中，要对企业以往的情况做客观的评述，不回避失误。中肯的分析往往更能赢得信任，从而使人容易认同企业的商业计划书。最后，还要介绍一下风险企业家自己的背景、经历、经验和特长等。企业家的素质对企业的成绩往往起关键性的作用。在这里，企业家应尽量突出自己的优点并表达自己强烈的进取精神，以给投资者留下一个好印象。

投资者应该能在 5 到 10 分钟内读完并了解你的摘要。你应当对这一点进行测试，请一个对你的创业理念一无所知或没有相关技术背景的人来阅读你的计划摘要，以确定你的摘要是否符合上述要求。

关键问题：计划摘要

第一步：

- 你的业务构思是什么？它在哪些方面是独特的？
- 你的目标客户是哪些人？
- 对这些客户而言你的产品的价值是什么？
- 你预计市场占有份额和增长率会是多少？
- 你所面临的竞争环境是什么？
- 你还要经历哪些发展阶段？
- 你需要多少投资（估计）？
- 你设立的长期目标是什么？

第二步：

- 你预计你需要多少融资？
- 销售额、成本以及利润情况如何？
- 哪些事件是你通向目标最重要的里程碑？
- 你已找到了或你能找到哪些参考客户？
- 你会使用何种分销渠道？
- 你希望采取哪种合作模式？
- 你所面临的机会及风险有哪些？
- 专利方面的情况如何？

第三步：

- 总结你经过详细的创业分析后得出的结果，并列出你确切的融资要求。
- 你将如何分派管理工作？
- 你需要多大的生产能力？
- 你将如何组织实施你的业务创意？
- 列出你下一步行动的具体内容。

4.3.2 产品或服务

在进行投资项目评估时，投资人最关心的问题之一就是，风险企业的产品、技术或服务能否以及在多大程度上解决现实生活中的问题，或者，风险企业的产品（服务）能否帮助顾客节约开支，增加收入。因此，产品介绍是商业计划书中必不可少的一项内容。通常，产品介绍应包括以下内容：产品的概念、性能及特性；主要产品介绍；产品的市场竞争力；产品的研究和开发过程；发展新产品的计划和成本分析；产品的市场前景预测；产品的品牌和专利。

在产品或服务介绍部分，企业家要对产品（服务）做出详细的说明，说明要准确，也要通俗易懂，使不是专业人员的投资者也能明白。一般地，产品介绍都要附上产品原型、照片或其他介绍。商业计划书来源于一个创新的产品或服务以及这个产品或服务对终端客户的价值。将你的产品同市场上现有的或即将出现的产品区分开来是十分重要的。另外，对目前发展进程以及后续工作的一个简短介绍也是必不可少的。

1. 客户价值

如果你的产品或服务无法和现有的产品和服务竞争，那么创立新的公司就毫无意义了。你必须确保你在商业计划书中详细讨论了产品和服务的作用，以及消费者能从中获取的价值。如果你的竞争对手已经在提供类似的产品和服务，那么你就必须有力地证明消费者能从你新创立的企业中获取更多的价值。要做到这一点，你需要从消费者的角度出发，站在消费者的立场上仔细评估，如果以同样的标准进行衡量，你的产品相对于其他类似产品有什么优势和不足。如果你提供的是一系列创新性的产品和服务，你应当根据产品和客户对其进行分类，把它们列入符合逻辑的业务领域，并且对各个业务领域进行详细的界定，以确保它们之间没有重叠。

2. 产品和服务的开发状况

要说明这一点，你可以假设你是一个风险投资者，正试图把参与这个项目将会面临的风险降到最低。在表述时应当尽量避免技术细节，并尽可能简单地进行解释。已完成的产品模型会让潜在投资者知道你已经准备好应对技术挑战。如果照片或草图能加强读者对产品的理解，不妨在商业计划书中加入一些照片或草图。如果已经有客户在试用你的产品或服务，那就更好了。

同时，你还应当说明你的创意本身以及你与竞争对手相比的优势所在。在这里你应当强调通过申请专利来保护你的产品或服务不被盗版或模仿，或者通过注册来保护你的产品原型。如果在开发过程中仍然存在问题，一定要指出这些问题并说明你的解决方案。

产品或服务将会涉及的法规要求是另一种形式的风险。在商业计划书中要说明你已经获得的许可，已经提出的许可申请或即将提出的申请，例如技术控制协会、邮政服务、或者卫生部门的许可证。

关键问题：产品或服务

第一步：

- 你的终端客户是哪些人？
- 客户的需求是什么？
- 你的产品或服务提供的客户价值是什么？
- 你创新的性质是什么？目前的技术开发进展如何？
- 要完全实现客户价值，需要采用什么样的合作方式？
- 竞争对手已经提供或正在开发哪些产品？
- 你的产品或服务符合法律规定吗？
- 开发和生产的先决条件是什么？
- 你的产品和服务正处于哪个发展阶段？
- 你是否拥有专利权或许可证？
- 你下一步的发展步骤是什么？哪些是必须完成的重大事件？

第二步：

- 哪些类型的产品或服务分别是针对哪些消费群的？它们的功用分别是什么？
- 你的竞争对手已经拥有哪些专利或许可证？
- 你需要取得许可证吗？如果需要，要向谁申请？代价是什么？
- 你会提供何种服务或维护？
- 你对你的产品或服务的承诺是什么？
- 从总体上比较你的产品或服务与其他类似产品或服务之间的优劣。

第三步：

- 你随后的每一发展过程所需要的资源（时间、人力及物力）？
- 你的不同的产品或服务在销售额中预计所占的比例（如果计划可行）？为什么？
- 你预计可以从可能的所有权营销中获得多少版税或销售收入？哪些人会成为你的许可证获得者或买主？

4.3.3 管理团队

有了产品之后，创业者第二步要做的就是结成一支有战斗力的管理队伍。企业管理的好坏，直接决定了企业经营风险的大小，而高素质的管理人员和良好的组织结构则是管理好企业的重要保证。因此，风险投资家会特别注重对管理队伍的评估。企业的管理人员应该是互补型的，而且要具有团队精神。一个企业必须要具备负责产品设计与开发、市场营销、生产作业管理、企业理财等方面的专门人才。在商业计划书中，必须要对主要管理人员加以阐明，介绍他们所具有的能力，他们在本企业中的职务和责任，他们过去的详细经历及背景。此外，在这部分商业计划书中，还应对公司结构做一简要介绍，包括：公司的组织机构图；各部门的功能与责任；各部门的负责人及主要成员；公司的报酬体系；公司的股东名单，包括认股权、比例和特权；公司的董事会成员；各位董事的背景资料。管理部分是风险投资者在读完计划摘要所要首先关注的部分。他们希望知道这个管理团队是否有能力经营一个有前景的企业。创业者常常低估了这一部分的重要性，并错误的在内容上进行省略和使用毫无意义的句子来充数。

你应当花一些时间详细地介绍你的管理团队。在讨论管理层的资历时，一定要强调那些对实施你的商业计划书的具体项目非常重要的管理者。专业经验和过去的成功比学历更为重要。如果你打算任用没有经验的人来担任关键职位，一定要详细解释你做出这一决定的原因。

优秀的管理团队的特点：
- 拥有共同目标，每个人都希望成功。
- 互补的特质和优势。
- 至少有三个成员，但通常不超过六个成员。
- 能够患难与共。
- 即使面临困难仍然强而有力——能够重组管理层并再三试图突破障碍。

同时，你还需要介绍公司内部的职权如何分配，并指出哪些职位还需要进一步加强。将空缺的职位与现有管理团队成员的能力背景相比较是一个非常有用的方法。指明对你最有影响力的顾问，不要犹豫，没有人可以拥有创立公司所需要的所有资历和经验。顾问的大量参与，如有经验的企业家、会计、人力资源公司、或管理咨询公司等的参与，是专业化的表现，并且会使风险投资者相信你拥有可能需要的一切帮助。

专业投资者看重什么？
- 团队是否已经开始合作？
- 团队成员是否具有相关经验？
- 公司的创立者是否知道他们自身的缺点，他们是否愿意对其加以弥补？
- 公司的创立者是否已经就他们以后在公司中的角色达成共识？所有权问题是否已经得以解决？
- 管理团队是否同意一个共同目标？还是他们在观点上还有分歧？
- 是否每一位团队成员都全力支持该项目？

4.3.4 市场预测和竞争

对自身客户及其需要的深入了解是所有企业成功的基础。客户才是公司得以存在的原因，客户将最终决定你的公司能否成功以及你的公司将获得多大的成功。必须让客户确信，购买你的产品能够比购买同类产品或者什么都不买获得更大的价值，这样他们才会购买你的产品。因此，对市场和竞争的充分了解是你事业成功的关键。

当企业要开发一种新产品或向新的市场扩展时，首先就要进行市场预测。如果预测的结果并不乐观，或者预测的可信度让人怀疑，那么投资者就要承担更大的风险，这对多数风险投资家来说都是不可接受的。

市场预测首先要对需求进行预测：市场是否存在对这种产品的需求？需求程度是否可以给企业带来所期望的利益？新的市场规模有多大？需求发展的未来趋向及其状态如何？影响需求都有哪些因素。其次，市场预测还要包括对市场竞争的情况，企业所面对的竞争格局进行分析：市场中主要的竞争者有哪些？是否存在有利于本企业产品的市场空档？本企业预计的市场占有率是多少？本企业进入市场会引起竞争者怎样的反应，这些反应对企业会有什么影响？等等。在商业计划书中，市场预测应包括以下内容：市场现状综述；竞争厂商概览；目标顾客和目标市场；本企业产品的市场地位；市场区域和特征等。

风险企业对市场的预测应建立在严密、科学的市场调查基础上。风险企业所面对的市场，本来就有更加变幻不定的、难以捉摸的特点。因此，风险企业应尽量扩大收集信息的范围，重视对环境的预测和采用科学的预测手段和方法。风险企业家应牢记的是，市场预测不是凭空想象出来，对市场错误的认识是企业经营失败的最主要原因之一。

1. 市场规模和增长

只有在市场潜力很大的情况下，公司的价值才会有迅猛的增长。市场规模应以具体的数字来表示，如客户数量、单位销售额以及总销售额等。你对市场增长的预期是非常重要的。你还应当指出现在影响或可能影响该行业的市场细分的主要因素，说明哪些因素会影响市场增长（技术、立法等），并说明它们与你的企业的关系。有重点的工作可以节省你的精力：从假设出发，列出一个清单，注明你希望回答的问题，所需的信息以及在哪里可以获得这些信息。

进行分析所需要的外部资料通常都比你想象的更易获取。要有创造力和决心，充分利用所有可能的资料来源，包括行业文献（杂志、市场研究、学术文章等）、行业名录、协会和政府机构（统计局、商会、专利局等）、行业调查机构、数据库、互联网（注意要有重点的进行查询），当然还有访谈录。另外，打电话询问通常也能获得有益的信息。使用简短的讨论提纲将会提高你的效率，同时也能使对方愿意透露更多的信息。

需要注意的是，你所收集到的单个数据通常不能直接回答你的问题，你必须在这些数据的基础上进行归纳和分析，并做出正确的预测。当进行预测时，应遵守以下规则：

（1）在可靠的基础上做出预测。在预测时可能会有很多未知因素，但是如果你的预测是建立在容易证实的数据的基础上的，那么你的预测就很难被推翻。

（2）逻辑思考。你的预测应当合乎逻辑，既不应有逻辑的跳跃，也不应建立在未经详细说明的设想上。

（3）核对资料。利用一切可能的资料来源核对你所掌握的数据和信息，如在访谈中得出的结论。

（4）有创造力。通往目标的最短途径并不都是一条直线。例如，当一个变量未知时，可以寻找另一相关变量来代替。

（5）检查可信度。对每一个预测，都要询问自己："该结论可信吗？"

2. 市场细分

对你所阐述的目标客户和你所规划的市场前景（销售量、销售收入、市场份额和利润）进行详细说明。要做到这一点，你必须细分你的市场。市场细分的标准由你决定，只要你确信每个细分市场中的客户量以及他们的行为模式是可以确定的，并且确定同一个营销战略适用于该细分市场中所有的客户。

对消费品市场进行客户细分的一些标准：
- 地点：国家、城市／农村（人口密度）
- 人口统计：年龄，性别，收入，职业，公司规模
- 生活方式：爱好新技术的，反传统文化的，活跃的高层人士
- 行为模式：产品使用频率，产品应用
- 购买习惯：注重品牌，注重价格

对工业产品市场进行客户细分的一些标准：
- 人口统计：公司规模，行业，地点
- 运营：运用技术（例如：数字、模拟）
- 购买习惯：集中购买或非集中购买，购买标准，供应商协议
- 情景因素：是否急需，订单大小等

你应该在考虑到销售战略和竞争行为的情况下，确定每一细分市场在一定时期内的销售收入。另外，根据行业的不同，还需要考虑到价格下跌的可能性。

3. 竞争

明确竞争对手的优势和不足。要做到这一点，你应当用同一种标准来评估你主要的潜在竞争对手，例如销售量和销售收入（定价）、增长、市场份额、成本定位、产品类别、客户支持、目标客户群和分销渠道等。为了简洁，你应当省略大量的细节。使用同样的标准对你自己的公司进行评估，比较你的竞争优势可以持续多久。

4. 竞争中的定位

为什么一个潜在客户会购买你的产品而不是你竞争对手的产品？因为相对于其他产品而言，你的产品能为客户提供更多的价值（在一些对消费者很重要的方面）；因为你的产品在客观上或者在情感上"更好"；或者，如营销专家所说，你已经为你的业务创意建立了一个价值主张和独特的销售定位。

阐述这种价值主张并将其深深根植于消费者的脑海中，这正是市场营销工作的主要任务。营销专家谈的是一种产品、品牌或企业的定位。定位成功的产品会给消费者留下一个独特的印象。因此，定位时最重要的指导方针是从消费者的角度出发来看待产品，重点在于更好地满足需要，而不是展示新产品的性能。该产品能提供给消费者的价值优势必须一目了然，易于记忆，并且一定要对消费者很重要。同时，你的产品定位必须与你竞争对手的产品定位有所区别。只有这样才能使消费者将你的价值主张与你所提供的产品或服务的名称联系起来，并购买你的产品。以下一些指导方针可能会对你有所帮助：

（1）确定相关的客户需求和问题。

（2）界定具有足够规模的明确的客户群。

（3）设计一系列有吸引力的产品和服务。

（4）通过与竞争对手的区分使自己与众不同。

（5）把握消费者的主观感受。

（6）确保消费者在购买你的产品后能感到满意。

由于定位对市场营销乃至于整个业务的长期发展是如此重要，你更应当对它格外重视。确定有说服力的市场定位不可能一步成功，而是需要进行不断的努力和不断的修改，只有这样才能达到最佳的效果。价值定位的出发点就是产品本身。随着对产品的不断修改和完善，以及针对客户调查所做的调整，你将会不断产生新的设想。

关键问题：市场预测和竞争

第一步：

- 行业发展趋势如何？
- 在你所从事的行业中，成功的决定因素是什么？
- 创新和技术进步扮演了什么样的角色？
- 你将如何细分市场？
- 单个细分市场现有规模如何？将来呢？（初步预测）
- 你的目标客户群是哪些人？
- 你能提供哪些客户范例？
- 有哪些竞争者提供类似产品和服务？
- 你的竞争对手将会有什么新的发展？
- 你的竞争优势能维持多久？

第二步：

- 预计五年内，每个细分市场将能达到什么规模（价值和数量）？
- 哪些因素将影响细分市场的发展？
- 据你预测，单个细分市场现在和将来的获利能达到多少？
- 你在每个细分市场中所占有的市场份额是多少？
- 你针对的是哪个细分市场？
- 你有没有客户可以证明你的预测？你准备如何找到一些客户来证明你的预测？
- 服务、咨询、维护和零售业务将分别发挥怎样的作用？
- 你对大客户的依赖度是多少？
- 客户购买的关键因素是什么？
- 竞争是如何开展的？你将采用哪些战略？
- 市场进入障碍是什么？你将如何去克服这些障碍？
- 竞争对手在各个细分市场中占有多大的市场份额？
- 你的竞争对手主要针对哪些目标客户群？
- 你的竞争对手的赢利情况如何？
- 你的竞争对手的市场营销战略是什么？
- 你的竞争对手使用的分销渠道是什么？
- 你的竞争优势能维持多久？为什么？
- 你的竞争对手对你进入市场将会有什么反应？你将如何应对？
- 综合比较你和你的主要竞争对手之间的优势和劣势。

4.3.5 市场营销和销售

一个构思完善的创业理念的关键因素就是规划缜密的市场营销和销售活动。你对你的市场进入、市场营销和促销计划的一整套战略的阐述必须具有说服力。你应当遵循"4P"的结构框架，即产品、价格、渠道和促销。

1. 产品

你最初的产品创意已经使你对产品的特征有了一些了解。在深入分析了不同客户群的需求之后，你必须以此为标准来评估你的产品是否能满足这些需要，或者你的产品在哪些方面需要改进。这时你所面临的问题是：是生产一种产品来满足所有客户群的需要，还是针对不同客户群的具体需求来对产品进行调整？

2. 价格

合理价格的基础是顾客是否愿意支付你所要求的价格，这就和传统的按成本定价的理论有所冲突。当然，成本是个很重要的因素，但是只有在你所定的价格在可预见的将来无法收回成本的情况下，成本价格比才显得重要。在这种情况下，建议你尽快从这项业务中脱身，或者，最好一开始就不要进入这项业务。

你所能要求的价格完全取决于你的产品对顾客而言有多大的价值。你已经在创业理念和产品介绍中定义了，也许还定量分析了客户价值。现在，你需要根据你对产品客户价值的定量分析来确定一个价位，你可以通过与潜在客户进行讨论来确认和修改你的假定价格。

定价战略是根据你的目标来确定的：你是否希望通过低价来迅速渗透市场（渗透战略）？或者，你是否希望在一开始就创造最高的收益（撇脂战略）？新的公司通常采用撇脂战略，原因如下：

（1）新产品的定位是"优于"原有产品，因此有理由定价较高。

（2）高价通常会产生高利润率，这样就使得新公司有资金进行自身的发展，新公司可以用利润来进行新的投资，而不再需要外来投资者。

（3）与撇脂战略不同，渗透战略通常需要非常高的初期投入以使供给能满足高需求。这就增加了投资风险，是投资者所希望避免的。

在某些情况下，使用渗透战略是个更好的选择：

（1）确立新标准。网景公司免费发放其互联网浏览器，以此建立了一个标准。而苹果电脑则对 Macintosh 使用了撇脂战略，结果失去了把 Macintosh 设立为一个新标准的机会。

（2）高固定成本。固定成本很高的业务必须尽快拥有大量客户。举例而言，不管是投递了几千封信还是几百万封信，联邦快递公司在航空运输和分拣设备上的固定成本投资都是一样的。

（3）竞争。如果市场进入门槛很低，而竞争又很激烈，那么使用渗透战略就是一个好方法，它可以使你比竞争对手更快地抢占较大的市场份额。这种情况也会导致这样一个问题，即新创公司是否适合从事这一类型的业务。

3. 渠道

你的产品或服务必须以某种方式使消费者能够真正地接触到。这听起来也许很容易，但这却涉及另一个重要的营销决策：你希望通过哪种方法，以何种分销渠道，来发售你的产品？

对分销渠道的选择受到许多因素的影响，比如，你将会有多少潜在客户？他们是公司还是个人？他们喜欢哪种购物方式？产品的使用需要说明吗？产品属于高价位还是低价位？首先，你必须考虑是由你自己来进行分销还是请专门的公司来替你运作？这种"自己做还是请人做"的决策对你企业的组织结构和业务体系都将产生重大影响。因此，分销渠道的选择是与其他的营销决策紧密相连的，并且将反过来影响其他的计划。

分销可以大致分为两种形式：直销和多渠道分销。技术进步，尤其是在信息技术领域的技术进步，在过去几年中大大扩展了分销渠道的范围。下面是一些可供选择的分销渠道：

（1）第三方零售商。产品通过零售商进行销售，这些零售商非常接近潜在客户。采用这种方式，最重要的是在货架上得到一个好的位置，很显然，这也是你的竞争对手所寻求的，因此，好的位置也会很贵。同时，你的产品能带来的利润必须能吸引零售商，这样他们才会把你的产品列入选择范围内。

（2）外部代理商。有专门的公司为不同的生产商充当产品分销代理，他们接管了内部销售人员的工作。但是，即使是只针对他们做成的那部分销售业务收费，外部销售代理相对而言仍然较贵。如果他们没有售出任何产品，他们就不会收取佣金，这使得他们成为一种对新公司很有吸引力的分销渠道，因为在这里风险是受到控制的。

（3）特许经营权。特许经营店在交付了许可费用后，就可以独立地实施自己的业务理念，而特许经营权的授予人仍然拥有业务政策的控制权（麦当劳就是这样一个例子）。特许经营在不投入大量人力资源的情况下保证了对销售理念的控制，同时还使得地域扩张能够迅速进行。

（4）批发商。一个小公司要同时和大量零售商保持联系是很困难的。一个与零售业有良好联系的批发商可以接管这项工作，他可以帮助小公司在降低分销成本的同时提高市场渗透率。另一方面，批发商通常要求分享一部分利润。

（5）商店。购买体验设计对产品很重要，在只需要为数不多的几个商店就可以覆盖整个市场的情况下，利用自己的商店进行销售是个不错的选择。当然，设立自己的商店需要投资，但是它同时也使你能最大程度地控制分销。

（6）自己的销售人员。当产品很复杂（例如，资本商品），并且需要销售人员对产品有深入的了解的时候，使用销售代理商是不适合的。上门拜访客户的费用很高，因此客户的数量必须相当的少。用你自己的销售人员进行分销相对而言较为昂贵，并且只有在产品很复杂的情况下才值得一试。

（7）直接邮寄。选出客户，并通过邮政服务投递产品介绍或广告。可以从数据公司处购买地址，然后根据你所希望的标准对潜在客户进行选择。直接邮寄是否有效取决于该信件是否能立即吸引读者，否则，这份信件就会被扔进废纸篓。

（8）电话定购。通过广告，鼓励客户通过电话定购产品。简单的产品可以通过这种方式分销给许多客户，而不需要在整个销售区域里都设立商店，你还可以雇用专门的电话中心服务商来为你提供这项服务。

（9）互联网。互联网是一种相对而言较为新颖的市场营销渠道，通过它你可以以最低的成本接触到全球的市场。

4. 促销

要想使潜在客户欣赏你的产品，必须要先让他们知道这种产品的存在。而要做到这点，你必须通过广告来吸引顾客的注意力，来宣传你的产品，并激发消费者对你的产品的信任。这就是沟通的目的。通过沟通，你必须向你的客户阐述你的产品或服务的价值，并使顾客相信你的产品比竞争对手的产品或其他任何产品更能满足他们的需要。以下是一些吸引消费者注意力的不同方式：

（1）传统广告：报纸、杂志、商业周刊、广播、电视、电影等。

（2）直接营销：直接寄信给目标客户、电话营销、互联网营销等。

（3）公共关系：在印刷媒体上刊登你或记者所写的介绍你的产品、业务或你个人的文章。

（4）展览会、交易会等。

（5）拜访客户。

沟通是非常昂贵的，所以更应该使其物有所值。准确计算在每笔销售中你所能负担的广告费用，然后据此选择适当的沟通渠道和媒体。有重点的沟通能产生最佳的效果。当你和客户打交道的时候，应当把重点放在那些做出购买决策的人或者那些对购买决策有重大影响的人身上。

关键问题：市场营销和销售

第一步：

- 你希望最终的销售价格是多少（预计）？你使用什么样的标准来得出这一最终价格？在这种情况下利润率有多高（预计）？
- 你的目标销售额和销售收入是多少（预计）？

第二步：

- 你将从哪些客户群着手进入市场？你打算如何将这个小小的立足点扩展成为一个规模很大的业务？
- 你制定的目标销售量是多少（根据细分市场给出具体数据）？
- 描述你销售产品和服务的典型流程。在你的顾客中，哪些人是最终做出购买决定的人？
- 你会通过哪些分销渠道来分别接近哪些目标客户？
- 你希望通过低价来迅速渗透市场，还是希望从一开始就获取最高回报？解释你的决定。
- 你将如何让你的目标客户注意到你的产品和服务？
- 你将如何获取参考客户？
- 争取一个客户所需投入的时间和资源分别为多少？
- 你将利用何种广告方式来争取客户？
- 服务、维护和热线分别将起到什么作用？
- 要建立起长期的忠实客户，困难有多大？以及需要多少成本？
- 在正式推出你的产品和服务的准备阶段还需要采取哪些计划步骤？制定一个日程，标出要完成的重要事件。

第三步：

- 要有效地实施市场营销战略，公司运营中有哪些需要（雇员人数、资历和配备等）？你预计要为此花费多少资金？
- 销售额和运营结果将在不同的分销渠道中如何分配（预计）？
- 你所希望的每个分销渠道的市场占有率分别是多少？
- 你计划为推出产品以及后续计划花费多少费用？
- 对每一个目标客户群以及分销渠道，你打算为你的产品和服务收取多少费用？
- 你将采用何种付款方式？

4.3.6　业务体系和组织结构

1. 业务体系

每个创业活动都是由许多单独行为之间的相互作用组成的。当它们被系统地以一种相互关联的方式组织起来的时候，一个业务体系就产生了。业务体系模型标出了准备并向客户提供一个最终产品所必需的各种活动。为了明确起见，它们以职能块的形式被组合在一起。设计一个业务体系是了解一个公司业务活动的最佳途径，因为要设计一个业务体系，你就必须系统地考虑一个公司所有的业务活动，并将它们清楚地展示出来。图 4.2 所展示的是一个几乎对所有行业和企业都适用的业务体系。

图 4.2　通用业务体系

你可以把以上的模型作为设计你自己的业务体系的出发点。你必须根据你自己的实际情况对其加以调整并使其具体化，这样才能付诸实践。比如，对生产商而言，把生产目录进一步细分为采购、原材料加工、部件生产、组装等各个单独的阶段是很有用的。再比如，你也许还需要把销售细分为物流、批发、分销以及零售等。

不同的业务创意需要不同的业务体系，这取决于你所从事的行业的特点，以及你的业务本身的特点。一个计算机生产商的业务体系和一个快餐连锁店的业务体系会有极大的不同，而一个百货公司的业务体系跟一个产品直销公司也会有很大的不同，虽然这二者都会销售大量同种产品。业务体系没有一个固定的规则和标准。你自己的业务体系应当具有逻辑性、完整性，并且对业务规划有所帮助，但切记不要把你的业务体系弄得太复杂。

把注意力集中到业务体系的主要问题上。一个三到五人组成的团队自身是不能完成所有任务的，这也许是因为他们不具备所需的所有的能力，也可能是因为他们不能够有效地完成所有的工作。你应该和你的管理团队一起，仔细斟酌哪些活动能创造出新的东西，以及你和你的员工如何才能最有效地利用时间来为客户创造最大的价值，并在竞争中保持领先地位。这里的关键词是"聚焦"。一旦你确定了你的业务体系中应当包括的内容，你就应该选择那些你可以比别人做得好的领域。专业化的趋势在每个行业中都很明显，而专业化对新创立的公司尤其重要。新创公司应当将他们所有的精力集中到从业务体系中精心选出的某几项活动上。在刚开始的时候，即使是微软这样的软件巨人也将精力完全集中到对 DOS 的开发上，而把这一业务体系中的其他所有活动都留给了 IBM。

2. 组织结构

除了业务体系之外，你还需要考虑其他一些组织方面的问题。最基本的是明确任务和职责，并且设计出一个层次较少的简单的组织结构，其他的则在具体运作中视需要而定。你的组织结构必须很灵活，并且能够随时根据新的情况进行调整。你应当做好在最初几年内不断重组你的公司的准备。明确每个人所负责的业务领域（任务和职责分配），一旦公司内部职能部门确定下来，如管理、人力资源、财务和行政管理等，你就该准备好开始运作了。如果你保持组织结构的简单化，那么每一个员工都能很清楚地知道自己的职责所在，并能够独立地完成自己的任务。另一方面，每一个员工都应该具备在必要的情况下在短时间内替代另一个团队成员进行工作的能力。如图4.3所示：

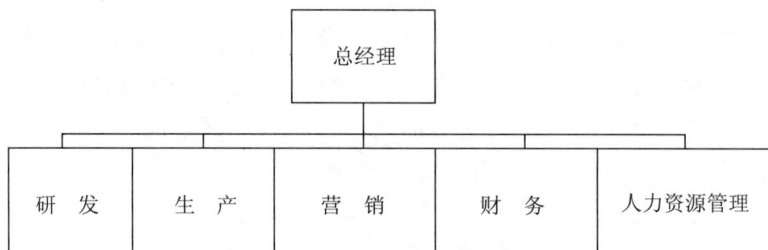

图 4.3　启动组织结构样本

一旦你确定了公司的核心业务并且也拟定了公司的业务体系，你就必须开始考虑执行各个具体活动的最佳人选。在你所选定的业务重点之外的所有活动都应该由第三方来处理。但是，新公司内部的支持活动不一定必须由你自己来完成，例如文书整理和人力资源管理等。对每项活动，都应该问问自己：我们是自己来做，还是请人来做，即"自己做或请别人做"。"自己做还是请别人做"的决策需要在权衡利弊后做出。例如，与供应商的合作关系不可能在一天之内建立，如果有些合作伙伴因为某些原因而不能继续提供服务时，其替代者也是不易找到的。在考虑"自己做还是请别人做"时，你应该遵循以下一些标准：

1）战略意义

对你的竞争优势有主要贡献的那些因素对你的公司具有战略重要性，它们必须保持在你的控制之下。一个技术公司是很难放弃研发工作的，而一个消费品生产商也是决不会放弃其市场营销活动的。

2）适应性

每一种业务活动都要求一些相应的能力，而管理团队内部可能并不具备这些能力。因此，你的团队必须考虑是否应该针对具体情况，开展一项特殊任务以获取所需的技能，或者是否应该把该项任务交给专业公司来处理。专业公司不仅能够更好地完成任务，而且还能够利用大规模生产获取成本优势。

3）可用性

当你做出请别人来做的决定前，你必须弄清楚是否有你所需的那种形式或你所需要的特定的产品或服务存在。如果可能的话，你应当与几个供应商进行协商。通过这种方式，你通常可以获取最佳的交易条件，并且还可以更深入地了解你所购买的服务。通常情况下，你还可以帮助供应商改善其表现。如果没有人可以提供你所需要的产品或服务，你可以寻找一个愿意获取必要的技能来满足你的需要的合作者。对新创立的公司而言，问题在于你愿意以何种方式和别的公司合作，而每一种合作方式都有其自身的优势和不足。

4）非正式的，没有约束力的合作关系

在这种合作关系下，由于每一方都没有承担极大的义务，因此每一方都可以很容易且迅速地结束合作关系。但同时他们也必须清楚，供给和需求也可能同样迅速地消失。另外，供应商不可能满足一个客户的所有具体需要，因为他们不可能向所有的客户提供量身定做的产品。这种随意的合作关系常见于大宗产品、日常服务和标准化零件等领域中，在这些领域中，替代的买方和卖方都是很容易找到的。

5）紧密的合作关系

这种合作关系的特征有时表现为高度的相互依赖。它在高度专业化的产品和服务以及交易量极大的商业领域中很常见。在这种领域里，交易各方通常都很难更改合作伙伴，或在短期内购买或销售大量的特殊部件。这种合作关系对交易各方的好处在于有约束力的关系能带来安全感，这使得每一方都可以将精力集中在自己的优势上，而同时从合作者的优势中获益。要想使合作关系发展成为成功的业务关系，就必须考虑到以下这些因素：

（1）双赢局面。各方都应该能从合作中获取相应的利益。如果不是各方都能获得相应利益，合作是不可能维持下去的。

（2）风险和投资。这种合作关系所涉及的风险在业务进展良好的时候通常都被掩盖了。例如，一个有独家供货协议的供应商，在买家突然减少了生产规模和零部件的购买的情况下，就会处于一种很不利的境地。如果供应商购买了专门的工具，而这种工具又不能立即被用于进行其他订单或其他买主要求的产品的生产，这一点就尤其突出了。相应地，如果一个主要供货商停止供货（因为破产、火灾、罢工等原因），其买主就会面临很大的困难。这种形式的风险以及可能随之产生的财务问题应当在一开始就被考虑到，并且在合同中加以规范。

关键问题：业务体系和组织结构

第一步：

- 你的产品或服务的业务体系是怎样的？
- 你希望自己亲自处理哪些事务？
- 你自己的业务重点是什么？
- 你的组织由哪些职能构成？其结构是怎样的？
- 你需要利用哪些资源（定量和定性）来开发你的产品和服务？
- 你需要多高的技术投入（原材料、开发你自己的产品和服务所需的材料）？
- 你准备自己做哪些部分？请别人来做哪些部分？
- 你的合作伙伴是谁？你们在一起合作的优势是什么？

第二步：

- 你的公司地点选在哪里？
- 你打算具备多大的产品生产能力和服务提供能力（以单位计）？
- 生产和提供你的产品或服务所需的成本是多少？
- 你将如何，并且以多高的成本在短期内对你的生产能力进行调整？
- 你在质量保证方面规划了哪些措施？
- 如果你需要一个仓库，你打算如何组织安排你的存货？
- 你有多少产品需要库存？
- 你的成本结构（固定成本、可变成本）是怎样的？

4.3.7 实施计划

投资者希望了解你的业务发展规划。一个现实可行的五年计划将激发投资者和业务合作伙伴对你的信任。另外，它还将帮助你对你的各项活动以及它们之间的相互联系进行仔细的思考。如果你对达到目标所要采取的行动进行了错误的、过于乐观的估计，那将很可能导致业务的最终失败。

1. 人力资源规划

随着新业务的开展，系统化的人事规划就越来越不可缺少。业务的增长要求你雇用新员工，而这些新员工必须要经过培训才能融入到你的业务体系之中。保持一个结构简单的工作环境将会帮助你制定明确的职责定义，并找到合适的人选。你需要记住的是：即使是在高失业率的情况下，要找到一支高素质的专业化员工队伍也是十分困难的。你通常很难避免你的优秀员工被你的竞争对手挖走。同时应当计算你的人事规划成本，并将其计入你商业计划书的损益表中的人力资源总成本（工资和间接劳动力成本）之中。人事成本取决于许多因素，例如行业本身、员工资历和年龄等。另外，间接劳动力成本可以达到工资的50%以上。

2. 投资和折旧规划

投资和折旧规划包括所有可以被资本化的投资和相应的冲销。折旧的多少取决于该资产的计划服务年限。一般说来，资产在四到十年的时间内每年冲销的数量是相等的（直线法）。投资应当算在流动资产之中，年度冲销的总金额应当在损益表中列出。

关键问题：实施计划

- 你的业务发展中最重要的事件是哪些？它们必须在什么时候完成？
- 你打算如何安排工作来达成这些目标？
- 哪些任务和重要事件是相互联系的？
- 你预计将在哪些任务或重要事件上遇到困难？
- 在未来五年内，在单个业务领域中，你需要多少新雇员？为此你将花费多少成本？
- 要达到预期销售目标需要投入多少实际资本？
- 列出你计划中的短期投资项目。
- 列出你计划中的长期（三到五年）投资项目。
- 完成每个重大事件后所需要的投资分别有哪些？
- 每项投资的年折旧率有多高？

4.3.8 机遇和风险

这部分的目的在于分析当情况背离你的预期时发生错误的可能性。如果可能的话，我们建议你最好同时进行最佳和最差的远景状态分析（scenario analysis），在这些远景状态分析中应当考虑到关键性的参数，并以此来确定你的机遇和风险。这些分析将使风险投资者能够判断出你计划的可行性，并更好地评估他们投资的风险。你应当通过改变你的远景状态分析中的不同参数（例如价格或销售额）来模拟业务状况的改变是如何影响你的关键数据（敏感度分析）的。

> **关键问题：机遇和风险**
>
> 第一步：
> - 你的企业面临着哪些基本的风险（市场、竞争、技术）？
> - 你将采取何种措施来应对这些风险？
> - 你认为你的公司将会有哪些非凡的机遇或业务发展的可能性？
> - 资本基础的扩大将会对你有什么帮助？
>
> 第二步：
> - 在最佳以及最差远景状态分析中，你对未来五个财政年度的规划是怎样的？
> - 这将对你的资金需求和收益产生什么样的影响？
> - 在你看来，这些远景状态分析有多大的现实可能性？
> - 它们对你的业务规划有什么影响？

4.3.9　财务计划和融资

财务规划可以帮助你评估你的创业理念，确定它是否能够盈利以及是否可以得到融资。财务规划需要花费较多的精力来做具体分析，其中就包括现金流量表，资产负债表以及损益表的制备。流动资金是企业的生命线，因此企业在初创或扩张时，对流动资金需要有预先周详的计划和进行过程中的严格控制；损益表反映的是企业的赢利状况，它是企业在一段时间运作后的经营结果；资产负债表则反映在某一时刻的企业状况，投资者可以用资产负债表中的数据得到的比率指标来衡量企业的经营状况以及可能的投资回报率。

一份商业计划书概括地提出了在筹资过程中风险企业家需要做的事情，而财务规划则是对商业计划书的支持和说明。因此，一份好的财务规划对评估风险企业所需的资金数量，提高风险企业取得资金的可能性是十分关键的。如果财务规划准备得不好，会给投资者以企业管理人员缺乏经验的印象，降低风险企业的评估价值，同时也会增加企业的经营风险，那么如何制订好财务规划呢？这首先要取决于风险企业的远景规划，是为一个新市场创造一个新产品，还是进入一个财务信息较多的已有市场。

着眼于一项新技术或创新产品的创业企业不可能参考现有市场的数据、价格和营销方式。因此，它要自己预测所进入市场的成长速度和可能获得纯利，并把它的设想、管理队伍和财务模型推销给投资者。而准备进入一个已有市场的风险企业则可以很容易地说明整个市场的规模和改进方式。风险企业可以在获得目标市场的信息的基础上，对企业头一年的销售规模进行规划。

企业的财务规划应保证和商业计划书的假设相一致。事实上，财务规划和企业的生产计划、人力资源计划、营销计划等都是密不可分的。

> **商业计划书对财务规划的最低要求：**
> - 一份现金流量表（清偿力规划）、损益表、资产负债表。
> - 对未来三到五年的预测，至少要有一年是在实现收支平衡之后，即在有了正的现金流之后。
> - 最初两年内（每月或每季度）的详细的财务规划，其后每年进行一次。
> - 所有数据都必须基于合理的假设（在计划中只需要解释主要的假设）。

1.　预计的损益表

一个公司的资产是增长了还是减少了取决于其年终时的税前利润。损益表可以帮助你对此进行预测。同清偿力规划（即预计的现金流量）相反，损益表关注的是交易究竟是使公司的净资产（其定义是：所有的资产减去负债）增加（即收入）了还是减少（即开支）了。

仔细斟酌你的整个商业计划书，确定你的假设究竟会导致收入还是开支，并且，确定这些收入或开支分别会有多高。如果你不能确定你的业务究竟需要多少成本，你可以通过收集报价或估计的方法来得出结论。不要忘了将你个人的生活开支计入成本。在有限责任公司中，这就是总经理的工资。在你的投资和折旧规划中列出冲销的项目。投资本身的成本（即投资项目的购买价格）是不计入损益表中的，因为付出的金额并不会使公司的净资产发生变化。材料成本包括了所有原材料、辅助材料、耗材供应以及所购货物和服务的开支。

你的计划人力资源开支将列在人事成本一项之中，它包括了工资、社保基金以及税收等。为了简单起见，"其他成本"这一项可被看做是个综合性的项目，它包括了房租、办公设备、邮资、广告以及法律顾问等其他开支。在分配各项收入和开支时，要严格遵守法律有关规定。最后，计算一个财政年度中所有收入和开支之间的差额，从而得出年度净利润或净亏损。这会使你对经营状况有个总体的了解，但它不能对你的流动资金级别进行可靠的评估。因此，你需要进行清偿力规划。

产品或服务的销售会被计入当前财政年度，即使对其的支付要到下一年才会发生；你需要列出销售收入，即使该款项还没有存入你的账户。开支记录也适用同样的原则。损益表是以年度为单位的。为了加强你对第一年预测的准确性，你应当预测当年每月的资产损益状况，并且对第二年按季度进行预测。至于对第三、第四以及第五年，则继续以年度为单位进行预测。你可以利用本书附录中的表格来罗列数据。

2. 清偿力规划

你的公司在任何时候都应该有一定量的现金可供使用，以避免资金周转困难，并最终导致破产。破产意味着你的公司在财务上的彻底失败。详细的清偿力规划有助于确保你拥有一个正的现金流。原则很简单：将收入与支出直接进行比较。需要注意的是，开出和收到发票并不意味着该笔款项已在你的账户之中或者你已经支付了该笔款项。清偿力规划要关注的是当资金真正地流入或流出时的支付期。因此，清偿力规划只涉及那些真正引起现金存量变化的交易。折旧、负债以及非市场产出都是不包括在清偿力规划之中的。

你应该列出你所预期的所有支付的数量和时间安排。如果你的公司的收入大于支出，那么这时候你的公司是有偿付能力的。当你规划的收入不能应付所有的开支时，你就必须从外部引进资金。在规划期间，所有这些单独支付的款项的总和应该和所需的资金总额相等。

所规划的时期越长，你的计划中的不确定因素就越多。因此，在第一年的时候，清偿力规划必须每月进行一次，第二年每季度进行一次，对第三、第四、第五年则每年进行一次。本书的附录中附有你可以使用的能精确编辑数据的表格。

3. 预计资产负债表

风险投资者感兴趣的是你的资产将如何增长，而这种增长正是通过资产负债表来反映的。在资产负债表中，资产的价值和种类是计入资产项目下的，而资本的来源则被计入负债那一项中。

4．融资需要

清偿力规划使你得以了解你所需的融资数量以及需要时间，但它并不能说明你将如何获取这些融资。我们通常将外部融资分为股权（投资者在公司中拥有股份）和贷款（这些资金是从外部资源中借贷的）。你应当从无数可能的资金来源中选择合适的融资组合，如图 4.4 所示：

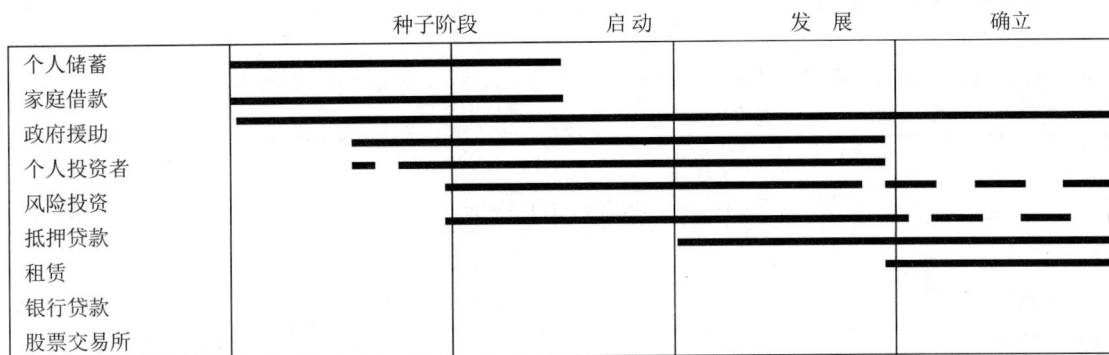

	种子阶段	启动	发 展	确立
个人储蓄				
家庭借款				
政府援助				
个人投资者				
风险投资				
抵押贷款				
租赁				
银行贷款				
股票交易所				

图 4.4　不同开发阶段的资本来源

所有的管理团队可以向投资者提供的都只是一个承诺，而这使得他们在谈判时处于不利的地位。然而，如果公司业务进行顺利，你就很有可能获得你所希望的援助，因为职业投资者也很看重团队的出色业绩。因此，你必须充分了解你自己以及你的投资者的需要和期望。

如果你所寻求的是长期投资，而你又不打算将公司的规模发展得很大，那么你最好利用家庭资金或向朋友或银行借款。在这种情况下，你可以拥有公司的大部分股权，但你同时也极大地限制了公司进一步发展的可能性。

如果你所期待的是快速发展，那么你就需要获取风险资本，但风险投资者通常会要求在你的公司中拥有较大的股份，因此，事实上，你可能必须放弃对公司的控股权。然而，只要你达到了事先提出的目标，风险投资者就不会对公司的管理感兴趣，即使他们拥有大部分的股权。毕竟，他们已经在管理团队上进行了投资，投资的目的就是让管理团队将企业带向成功。他们会积极利用他们的管理技能来帮助你，并提供专门的知识，例如法律或营销等方面的专家技能、关系和网络等。

5．计算投资者的收益

投资者通过他们的投资收益来评估一项投资是否成功。因此，商业计划书中的预期收益应当一目了然。从投资者的角度而言，对新公司投入的任何资金都将首先导致负的现金流。当企业开始盈利的时候，这些盈利并不会立刻以红利的形式付给投资者，而是被用来充实资产负债表。现金最终会返回给投资者。因为现金流会在几年内持续存在，他们必须被折现，即计算出现在的价值（利息和复利计算）。

不同年份的折现因子可以用下面的公式来计算：折现因子 $= 1/(1+r)^T$

$r =$ 百分比形式的折现率；$T =$ 现金流出现的年份

关键问题：财务计划和融资

- 你的收入和支出发展趋势如何？
- 你的现金流量将如何发展？你预计何时可以达到收支平衡（即总收入大于总开支）？
- 根据你的清偿力规划，你所需要的融资是多少？
- 在最差的远景状态分析情况下，你需要多少现金？
- 你的清偿力规划是基于什么样的假设？
- 要满足你的融资要求，你可以寻找到哪些资金来源？
- 你向潜在投资者提出的是什么样的交易条件？
- 投资者可以预期的投资回报是多少？
- 他们将如何实现盈利（撤资选择方案）？

4.4 商业计划书竞赛

在撰写完商业计划书之后，指导教师会根据项目的可执行性、创新性、商业计划书的清晰完整性等特点，选择出具有独到的商业价值主张和翔实可行的商业执行规划的队伍进入到商业计划书竞赛阶段。商业计划书竞赛阶段将通过商业计划大赛的形式来进行，进入到商业计划大赛的队伍会有一定比例的加分，每一届比赛通过预赛、决赛评选出一、二、三等奖，好的项目还可以进入学校的创新创业项目库进行进一步的孵化。（注：每一届的大赛章程会在大赛前通过网站公布）

4.4.1 商业计划大赛的答辩技巧

答辩过程中创业者必须简明地告诉投资者商业计划的内容，用第一句话概括清楚你要做的事情，用第二句话说明申请资金的数量和用途。

1. 市场情况阐述

（1）从最有可能打动读者的部分开始；

（2）大多数投资商认为：在创业中取得成功的秘诀就是要找到并开拓一个足够大的市场；

（3）一般情况下，市场需求应给出肯定描述；

（4）市场调研非常重要，对给出的数据要做注释，权威数据应该给出来源，以增加可信度；

（5）说明你的目标客户是谁，有多少，为什么他们会给你买单，如何满足他们的需求，你的目标市场在哪里，如何选址等信息。

2. 技术、经验和团队介绍

（1）介绍自己、团队成员的背景、经验和详细资料时最好加上个性特征；

（2）以前取得的成就和技术资质应该说明；

（3）金融和投资方面的水平也相当重要，最好有相关的经营经验或者打工见习经历；

（4）说明你的团队成员是如何分工的，管理上有什么制度约束，考核机制如何，最好列出管理的框架。

3. 产品优势介绍

（1）一个好的商业想法未必是一个好的商业机会，要有关于商机评估的内容；

（2）事实上，众多的创新中只有一小部分可以市场化，因此应说明你的产品的差异在哪里，与其他同类产品相比优势在哪里。最好用图表表示，有价值的数据比任何形容词都更有力量；

（3）说明你的产品测算成本的来源以及你的定价策略。

4．财务指标要经得起推敲

说清楚你的总投资额、盈余平衡点、保本销量、投资回收期，这些数据对投资商非常重要。

5．尽量避免绝对的形容词

"这是市场上最好的产品"或者"价格最低"等语言尽量避免使用，因为这类形容词没有任何说服力，只能说明你们对市场的了解不够深入。

4.4.2　商业计划大赛的答辩注意事项

（1）项目名字应简单好记，一目了然；

（2）创业团队最好优势互补、男女搭配；

（3）在规定的 PPT 展示时间内，把最精华、最富特色的地方表述出来；

（4）答辩过程中不能照本宣科，完全照着 PPT 来讲解，要通过自己的理解来讲述，并可配合有表情和动作；

（5）要注意仪态与风度，这是进入人们感觉渠道的第一信号；

（6）坦然镇定，声音要大而准确，使在场的人都能听到；

（7）对提出的问题，要在短时间内迅速做出反应，以自信而流畅的语言，肯定的语气，不慌不忙地一一回答每一个问题；

（8）对提出的疑问，要审慎地回答，对有把握的疑问要回答或辩解、申明理由，对拿不准的问题，可不进行辩解，而实事求是地回答，态度要谦虚；

（9）着装要整齐，显示出整个团队的精神面貌与企业精神；

（10）自信和勇气是最重要的！

4.5　计划书竞赛评分

4.5.1　计划书撰写成绩评分标准

实验对各角色准备阶段的要求是不一样，制造商和供应商企业需要撰写的是商业计划书，而其他非企业角色需要撰写的则是工作计划书，表 4.1 ～表 4.4 列出了各角色计划书撰写的评分标准：

表 4.1　企业角色的商业计划书撰写评分标准

评价指标	评价规则		
能完成商业计划书模版所要求撰写的内容（10 分）	每少一项扣 0.5，扣完为止		
熟悉所选择企业的实际情况（10 分）	熟悉	较熟悉	一般
	9 ～ 10 分	7 ～ 8 分	5 ～ 6 分

续表

评价指标	评价规则		
	优	良	中
语言文字使用流畅，书写规范（10 分）	9～10 分	7～8 分	5～6 分
企业市场分析（10 分）	优	良	中
	9～10 分	7～8 分	5～6 分
企业竞争分析（10 分）	优	良	中
	9～10 分	7～8 分	5～6 分
产品服务（10 分）	优	良	中
	9～10 分	7～8 分	5～6 分
市场营销（10 分）	优	良	中
	9～10 分	7～8 分	5～6 分
财务计划（10 分）	优	良	中
	9～10 分	7～8 分	5～6 分
风险分析（10 分）	优	良	中
	9～10 分	7～8 分	5～6 分
内部管理（10 分）	优	良	中
	9～10 分	7～8 分	5～6 分

表 4.2 政府工作计划书撰写评分标准

评价指标	分值
文档内容的完整性和规范性	50 分
反映各个政府部门的工作职责和工作内容的完整性	20 分
法律法规完整性	10 分
办事指南的覆盖面，流程图明晰度	10 分
表格准备的完整性	10 分
合计	100 分

表 4.3 银行和保险公司工作计划书撰写评分标准

评价指标	分值
文档内容完整性和规范性	50 分
岗位职责	20 分
业务流程	20 分
文档设计	10 分
合计	100 分

表 4.4 电子商务企业工作计划书撰写评分标准

评价指标	分值
计划书格式规范、内容完整	60 分
服务内容创新性	20 分
表格准备规范，完整	20 分
合计	100 分

4.5.2 计划书答辩成绩评分标准

进入到计划书答辩环节的队伍的考核主要从计划书阐述、对计划书提问的回答、团队活动演示、对团队活动提问的回答四个方面进行，详细的评分标准如表 4.5 所示：

表 4.5 计划书答辩环节评分标准

评价一级指标	评价二级指标	分值
计划书阐述环节	语言表述流畅	5 分
	团队成员对自己所扮演的角色定位清晰	5 分
	对商业计划书内容阐述准确	10 分
对计划书提问的回答	语言表述流畅	10 分
	回答问题准确	20 分
团队活动演示	游戏内容设计	10 分
	团队配合默契程度	10 分
对团队活动提问的回答	语言表述流畅	10 分
	回答问题准确	20 分
合计	100 分	

4.6 商业计划书参考模板

在参考本商业计划书模板之前，请特别注意，本模板仅仅是参考，经济管理仿真综合实验的整个过程，包括商业计划书环节，都十分强调学生的创新能力和自主学习能力的培养。因此，本参考模板并非唯一的格式，你也会发现在模板中有些部分并非必需，而是由商业创意项目的特定内容决定的。所以各小组（公司）应大胆地根据需要确定自己的商业计划书结构和格式，总的原则在上面的内容中已有说明，而不应受到本参考模板的过多限制与影响。实际上，如果你在商业计划书内容组织和格式上有很好的创新，我们会给额外的加分。

附件：商业计划书模板

[你公司或项目名称]
商业计划
[出版时间： 年 月]

指定联系人：

电话号码：

电子邮件：

地址：

邮政编码：

网址：

公司：

日期：

第一章 摘 要

如果没有好的摘要，你的商业计划就不可能卖给投资者。我们建议你首先编制一个摘要，用它来作为你的全部计划的基本框架。它的基本功能是用来吸引投资者的注意力，所以摘要不要过长，不超过两页的篇幅，越短越好。

一、宗旨及商业模式

说清楚，你为什么需要这笔资金？

为了建设发展设施或生产设施，增加生产，扩大仓储能力以适应顾客的需求。

增加销售量以促进和改善我们的产品或服务。

为了增加分销渠道/零售网点/区域销售/销售办事处/生产电子产品/直接邮递业务，等等。

由于新订单的大量涌入和会计覆盖面的扩大，需要改善客户的支持与服务系统，以适应增长的需要。

在新的市场规划形势下，新增的雇员需要努力适应不断发展的形势。

增强科研开发强劲性，以便生产适销对路的产品，同时也为了提高我们的竞争优势。

二、我们的产品和服务

用普通人可以理解的简单用语介绍一下你们的产品及服务情况。你们目前急需解决的问题是什么？问题的原因何在？你们将怎样解决这些问题？赚钱的关键是什么？为什么你（或者你的领导层）的公司是解决这些问题最适当的选择？

三、市场定位（目标市场）

在这里，你要说明，你有哪些顾客？……现在及将来得有多少（顾客）？这些顾客都分布在什么地方？你是如何接近他们的？他们的购买标准是什么？他们是否持续购买你的产品或服务？你是如何引导顾客购买你的产品或服务的？他们为什么对你的产品感兴趣？为什么看中你的产品？你是如何渗透到这个市场中并赚钱的？

四、竞争

写明我们的产品与其他同类产品相比所具有的竞争优势。

五、管理

我们的管理层有哪些人员，这些人员可保证实现我们的计划。

六、资金需求

说清楚我们正在寻求资金支持，这笔资金用于做什么。我们采用什么方法来偿还这笔贷款或投资。

七、资金筹措方法

关于资金筹措方法，必须能让投资者清醒地了解站在你的立场上的想法，尤其是目前国内企业或企业家不了解国际融资方法，这点特别重要。假如你把他（或她）弄得很尴尬，或使用难以操作的方法，你将走入死胡同。你必须提供一个快速敏捷高效的融资环境。

八、销售汇总

请参阅第九章的图表样式。

财务历史数据：

单位：万元

	前四年	前三年	前年	去年	今年
销售额					
毛利					
税前利润					

财务预计：

单位：万元

	明年	后年	第三年	第四年	第五年
销售额					
毛利					
税前利润					

资产负债汇总表：

单位：万元

固定资产	
负债	
净资产	

第二章　公司介绍

一、宗旨（任务）

写明我们的目标是将公司变成一个怎样的公司。为贯彻我们的目标和既定方针，我们决心以怎么样的态度对待资金监护人、顾客及社会其他团体。

二、公司简介

如介绍一下公司的业务范围、公司的全称、公司的地址、公司的性质、公司所拥有的设备等。

在此要列出所需要的许可证和法规文件。说明一下你公司与政府有关权威机构的关系。这些机构是如何规定贵公司的商业活动的？

三、公司战略

探讨一下你公司所面临的主要机遇，这些机遇促使你为之融资。目前情况下，产品生产线和技术能力会发挥有效作用吗？大约投入成本是多少？时间进度如何划定？风险程度如何？销售状况的变换或技术许可的发布以及市场品牌的下落等因素。

1．产品及服务

2．客户合同的开发、培训及咨询等业务

四、技术

1．专利技术

2．相关技术的使用情况（技术间的关系）

五、价值评估

阐述一下向顾客提供的产品及为客户带来的利益，要有具体数值：

增加收入额

增加毛利额

提高生产效率

降低信息技术成本

减少库存

降低员工数

......

六、公司管理

1．管理队伍状况

"投资是一项经营人才的业务"，请你一定要牢记这句话，越来越多的事实证明商业竞争的实质就是人才的竞争，谁能让人才留住并善用他们，谁就能在商业竞争中获胜。你不仅要向投资者介绍你经理队伍的概况，而且要介绍他们是如何形成一个整体团队进行工作的。

在此你要将你公司或项目的主要人员列表进行说明，主要人员包括：总经理（或首席执行官）、负责市场营销的副总经理、负责销售的副总经理、负责财务的副总经理、负责研发的副总经理、负责生产的副总经理、财务总监、法律顾问、公共关系顾问，等等。每个职位都要包括：姓名、职位、性别、年龄、所持有你公司的股份或选择权、个人经历、教育程度、专业水平、毕业院校，等等。另外，你最好能提供几位可作为公司重要岗位候补的人员介绍，以及公司发起人的数量、所处职位和介绍。

2．外部支持

我们目前已与哪些外部顾问机构发展了业务关系。

3．董事会

可以利用本页篇幅简略概括一下你的董事会的背景，将董事会成员的简历一一写在计划书的附录条中。

七、组织、协作及对外关系

阐述你公司的内部组织结构，管理程序。此项内容可以写在这里，也可以放在"支持文件"栏目中。组织机构包括管理层次图表，说明相互业务关系、功能作用等。

你要阐述你公司所存在的各种关系的影响力，它可以吸引投资者的兴趣。请说明一下你是怎样开展工作（或计划开展工作）的，以及如何协同另一方改善你的工作质量。要清楚地说明它们是怎样被选用的，以及到目前为止它们是否为公司赚了钱。切莫忘记在你所从事的领域当中还有全球分销计划。

八、知识产权策略

以下说明一下任何可能发生的法律上的，或者技术上的和竞争上的冲突。

九、场地与设施

详细说明扩建需要的设施和成本，包括租赁合约等。

十、风险

需要评估一下你的业务的主要风险（包括管理问题，市场状况，技术状态和财政状况）。这些风险包括以下方面：有限的操作经验，有限的技术力量，员工熟练程度，资源数量，有限的管理经验，市场的某些不确定因素，生产上的某些不确定因素，来自竞争对手的威胁，防止假冒伪劣商品问题，对关键管理方式的独立性问题，等等。

第三章　市场分析

这一章是编写商业计划书最重要也是最困难的一章，如果你不重视对这一章的编写，你的计划就会成为最糟糕的计划。这也是大多数糟糕的商业计划编写得最糟糕的章节。

在这一章中，你要指出你在哪个工业领域、市场领域、岗位功能方面展开竞争？市场特点与性质怎样？你是如何划分市场格局的？这些市场格局与营销研究中心的分析或与投资分析有何不同？以上问题你要具体说明。如果市场属于新开发的，那么，你如何建立你的预测来证明你的正确性，例如：假如你现在正在 NT 环境下开发一个的高性能 C++ 语言的应用工具，就不能将你所面对的市场销售总额定在所有软件应用工具市场销售额 300 亿美元上。因为，你是为特定市场生产一种 C++ 工具，它不是一个多语言交换系统或多用户工具，请问：你去年卖出多少套 C++ 工具？而且，这些工具中有多少是"真正的"开发工具？有多少是你的目标市场？同你的竞争对手分享后，又有多少剩下的是属于你的市场？在你目标市场之外还有没有其他市场／分销商／委托加工工厂？

一、市场介绍

我们在怎样的一个竞争环境下，市场的总体发展前景如何。

二、目标市场

主要参与者是如何分配市场的？具体份额和收益是如何？请你对这种情况和隐含的机遇加以解释。请确认一下你的市场定位，并对能左右你行动的因素加以定义。

根据你个人的看法或最近获得的信息，对现在的业务状况加以评价：销售历史；市场份额及地位；生产趋势；利润；营销方法等。

工业发展的预言家们对未来两年有何预测？可用多种方式协助你分析你的具体情况。

主要市场定位包括：

［定位 1］

［定位 2］

按一般习惯的分类法，列出你基本可以接近的客户类型（如零售商，电气产品订货商，从商品目录上订货的购买者，其他等类型）。

三、顾客的购买准则

请界定一下顾客的类型和其购买的标准。你可以利用小包装试用品来了解顾客的购买情况，这种方法容易实施，足以向顾客提供新的知识，使购买者更有兴趣反复购买你的产品。

是什么力量激发人们去购买你的产品？真实而又感人的反应是什么？为什么出自你的产品、服务及你的公司？

请解释你的市场拓展方法——主要针对的客户群、各种卡片上的宣传、广告宣传等。你是如何发现你的竞争对手的？你的顾客是如何发现你的公司及其产品的？他们是如何发现和接受你的新产品，换言之，他们通过什么渠道购买你的产品（通过企业许可证、电信方式，或通过结合其他什么商品的方式而发现的）？他们对不同的差价反应如何？

四、销售策略

你采用了怎样的销售渠道，这些渠道都很起作用，因为：

客户分布面

地域关系

季节性变化

有效的资金量，及可以利用的市场现有的类似产品的渠道

我们的竞争对手使用怎样的销售渠道。不过，相比之下，我们的销售策略所具有怎样的优势条件。

五、市场渗透和销售量

深入到你的市场的各个层面，你是怎样接近你的顾客（购买者）的？这里，可以利用矩阵方式按年划分你的市场层面，按年度制定接触顾客的计划，并说明所假定的年度销售量。对于每一种销售渠道，均应制定五年期的目标销售和假定销售量。每种销售渠道的假定销售量举例如下：

直接（或间接）销售计划——五年计划

广告宣传 / 出版物上宣传的目标数量

有效销售率（%）

实际完成率（%）

市场份额（%）

潜在的购买者 / 用户（每年数量）

每个购买者的购买量

总销售量

平均购买价格

第四章 竞争性分析

一、竞争者

请告诉投资者你在产品、价格、市场份额、地理位置、推广方式、管理、个性化、融资能力等方面的主要竞争对手。错误或者不完整的信息可以理解为你的玩忽职守和对投资者与银行的不诚实。

切莫在你的竞争对手眼皮底下欺骗你自己（或你的投资者）。许多企业家认为他们没有"真正的"竞争对手，但事实上他们犯了严重的错误，从市场经济的观点看，任何商业活动都存在着竞争对手，只是你或你的竞争对手还没有发现对方罢了。

你可以查一下相关财经刊刊和杂志的报道，以及你当地图书馆中的工业企业名录，可以透过互联网查询在线数据库，它们都可以向你提供其他公司的竞争信息；也可以阅读有关工业方面的杂志，寻找有关广告；也可打电话或访问顾客了解竞争者。请千万记住，有人站在外边（静静地，或者虎视眈眈地）做着你正在做的事情。

二、竞争策略或消除壁垒

讨论一下你会在目标市场中所遇到的壁垒，并形容一下这些壁垒的特性，讨论一下可能涉及的各种重要的理论上的关系、习惯势力、国际大财团、战略伙伴或合资公司等，正面或负面的东西均要加以阐述。

第五章 产品与服务

请解释你的产品是怎样打入市场的，或者说你采取了什么样的服务手段。你的产品能

在市场上火起来都需要哪些条件或需求？你的产品都有哪些附加价值？你最好能在这章提供你产品的图片，使你的产品能真实地展现在读者面前。

一、产品品种规划

你用什么样的质量使你的产品或服务驰名？结果如何？你让投资者相信，为什么你会对高于竞争对手的客户购买准则感到满意？

在目前的生产基地生产你的商品是否会提高交易？

二、研究与开发

例证应包括以下内容：相对低投资需求，投资净回报，同当前策略的配合程度，开发与生产的可行性（计划），相对低风险形势，了解意向性结果的时间，共同买主的情况等。请解释你公司是如何和怎样对产品开发进行决策的？你的目标市场中的顾客也参与这一制定过程吗？

三、未来产品和服务规划

可就你下一代产品的计划展开讨论，包括对未来顾客需求售后服务等观念。

四、生产与储运

请介绍可能建立组织机构的地点，建设情况，许可证决策部门，设施，以及后勤保障部门的情况。比如，资金使用，劳动力，材料资源，开发过程，客户关系，经验及销售要求。说明中还应包括原始产量和扩建要求，同时还须介绍产品或者关系的复杂性，独立性及成本问题。如果你已经有了或者计划建立软件库用以使你的加工工艺自动化或改善状况，亦请在此阐述方针策略。

五、包装

包装工作对最终用户来说尤为重要。包装工作需要使仓储方和最终买方都相信你的产品会安全离开货架。请说明为什么你的商品包装是独特的，怎样包装？

六、实施阶段

请阐明你公司现在是怎么做的？将来要发展到哪一步？为什么？解释一下顺利实现这一过程，当前和未来的计划是什么？

七、服务与支持

对顾客的服务：

我们的顾客都认为服务与技术支持是他们最关心的事情。他们常常对我们所提供的服务与技术支持发表意见。

反馈与调节政策：

你可以进一步描述你即将举办的一个活动，如：你正在计划一项技术／开发／国际厂商联谊活动。它的目的是提供一个自由的环境，我们的产品／服务使人们有更深刻的认识。你公司还将提供一个面向开发人员的技术支持奖金，该奖金可让你从研发人员的视角来观察你公司的产品。在商品正式投放市场前，就产品的特性／优点／公众印象度加以评价。研发人员也可以通过你合伙人的邮件影响和参与你公司的研发设计决定。

第六章 市场与销售

一、市场计划

你想构筑的业务类型；你想达到的市场层面；到达市场层面所利用的分销渠道：零售、

批发、OEM、电子媒体等；你希望占有的市场份额，等等。

二、销售策略

1．实时销售方法

请介绍用什么样的销售策略销售你的产品。如何促销？（通过打电话直接进行、广告宣传、邮件、广播、电视，等等渠道）。请在服务支持文件全章节中提供各类样品的说明文字、广告语、声明或其他促销刊物。在销售预测中要详细说明销售过程中要保持的安全库存。

2．产品定位

相对竞争对手而言，顾客是如何评价你的产品和你的公司的？

你可以设计一套销售步骤来检验是否能实现你的销售目标，这种方法十分有效。

三、销售渠道与伙伴

我们的销售渠道包括以下几种：

分销商：

确定分销商是我们市场计划中的重要环节。我们将首先选择那些从前就已经建立起来的销售渠道，这些销售渠道相对来说人员专业性强、队伍稳定、热情高。

直接销售：

你是否计划或已经形成了一个有力的直销体系？请说明一下这支队伍的运行机制及将来的计划。如果实际的合同金额低，直接销售就不会赚钱。一定要使你的直接销售利润率达到或超过生产率及销售率。

零售商：

交易商想从制造商那里得到什么？

价格观念：有吸引力，合理。

盈利：强调营销价值。

技术支持：需要准确而迅速的反馈。

设计，制造与包装。

广告宣传与公共关系：需要最大程度地提高顾客的理解度和满足需求。

有效的销售（宣传）资料可使销售过程加快和简易化。

竞争优势：具有特点而有效益。

储运：当需要产品时可立刻发货。

市场稳定性：保持利润和市场的占有位置。

国际市场：

一开始你就应该考虑国际化的问题，这一点十分重要。请按优先权顺序列出目标销售国家：按比例份额划分，按语言划分，按产品用途划分，按兑换率划分，按专业性需要划分，千万别忘记为你设计一个撤退计划，毕竟不是事事顺利的。

电子化市场：

请看看互联网，那里有商业邮件目录或电话目录。有些电子化服务也处理咨询问题及其他提供"800"服务项目。还要研究竞争对手的做法。

邮购：

我们将在具体时期内对邮购的利润增长进行调查。由于我们加强了处理邮购业务的力度，所以预计会增加利润。我们能够科学地达到这一步，是因为我们改善了我们客户的需求标准。我们建议像具体计划，如：邮购两组 5 万件运动服，每组寄出前先用 5 千件做测试。针对具体购买群确定目标。

销售方法：

你的产品是怎样分销的（或者使用什么方法使你的产品销售出去）？请制作一张图表来显示产品是怎样到达最终用户手中的。

四、销售周期

将市场进行区块划分，并根据每个区块中买主的教育水平，实施业务的复杂性，或其他在时间上和推广应用上的影响因素，说明一下销售周期的平均长度。为避免销售周期的长度引起乐观的误解，因此你应提出关键证据，参考性实例等。请问你所做的所有准备工作是否能增强你的可信度？

五、定价策略

你如何设定价格标准？有政策依据吗？你的价格有没有竞争性？你定价格是根据成本还是市场增长额来确定的？价格高于或低于竞争对手的原因是什么？这些产品的市场弹性强度如何（对产品需求的定价效应）？买方如何使效用弹性变得更具优势？

你是否存在一种固有的高价值观念，认为高价格是天经地义的（成本越高产品越好）？你能否利用定价原则作为一种战略性竞争武器迅速获得市场份额？

六、市场联络

当你的产品已经上市了，并且表现极佳时，你的目标应该是加强、促进、支持，使这种情况持久。请记住，拥有资源丰富的企业家会发现不同的宣传方式，使用各种各样的方法来获取免费的广告宣传和促销效果。下面列出几种联络方式，但还可以有其他更新颖的方式：

1. 贸易展销会

展销会的目标观众是谁？展销会能给目标市场带来某种信息吗？

2. 广告宣传
3. 新闻发布会
4. 年度会议 / 学术讨论会
5. 国际互联网促销
6. 其他促销因素
7. 贸易刊物、文章报道
8. 直接邮寄

七、社会认证

社会上对你的技术，产品的实效性，新闻发布的策略，对你的计划等的评论是一种重要的销售工具，它可以增进你的认可度，缩短销售周期。要找一些工业领袖、分析家、主要顾客或大学，作为你的产品与服务的评论者。这些人士必须在他们的领域内愿意公开发表他们的支持意见。请阐述你的社会认证计划。

第七章 财务计划

一、财务汇总

二、财务年度报表

三、资金需求

四、预计收入报表

这部分计划不应提供给不想向你投资的投资者。你可使用以下文字进行说明：

假设条件：

告诉投资者，你是怎样制定财务假设条件的？（指的是商业假设，不是记入财务记录单的数字）

如果需要，列出有关会计师或律师的信息。

财务报告：

应记住这一事实，预算报告不是孤立的。任何一个审查你的财务报告的人都希望读到一些支持你所做的有关预算的探讨性说明（有关你对市场的研究，对竞争对手的研究等）。

应该简单地讨论一下商业计划中每份财务报告所叙述的汇总分析结果。还应讨论一下销售增长率和各种大宗消费项目。销售经济学问题也应加以解释。总量调整测定法有助于投资者增加对讨论课题的准确把握。这些内容包括作为销售收入百分比量的累计数、库存量、应收账款、当日应付账款平衡量、投资回报率等。

应向你自己提出的基本问题是：当我考虑将我自己的钱拿去投资之前，我应该具备哪些知识去评估一个商业建议书？如果你做一个投资者所提出的全部问题都得到解答，你可能就可以准备对外投资或成为贷款人了。

收入报告：

请对各类大型收入项目或各种较大的变动做出评论。比如研发活动或市场消费等。这些事项往往在运作的头几个月显示出较大的不平衡性，特别是以销售百分比的方法审视时，更是如此。不过这种现象过一段时间就会逐渐消失。

要考虑建立两种收入报表：第一种报表按月反映出第一年的收入；第二种报表应反映出五年中的逐年收入。

五、资产负债预计表

对资产负债表中任何一个较大的或不正常的项目进行评估，比如现有其他资产，其他应付账款或逐渐递增的负债等。

应考虑建立两种资产负债表：第一种是按月反映出第一年的负债情况；第二种是反映五年中逐年年度负债情况。

六、现金流量表

在财务计划中应考虑建立两种财务状况变化报表——现金流量表。一种是反映第一年状况的逐月报表；第二种是反映五年中资金流动情况的逐年年度报表。

第八章 图表

以下是样本实例，它可增强说明力，否则用文字说明要费许多的笔墨。应考虑，在可能插入这些图表的地方均可采取这种形式。

1. 市场区域分析表

市场区域	预计渗透率（%）	增长率（%）
区域 1	75%	53%
区域 2	37%	19%
区域 3	63%	80%
其他市场 1	31%	41%
其他市场 2	60%	46%

2. 购买者类型分析表

购买者类型	预计数量（或）今年 / XXXX 年	市场比率 或 市场增长率
1 级	125000	23%
2 级	150000	27%
3 级	280000	50%
……		
合计	555000	100%

3. 产品或服务客户使用情况调查

产品或服务类型	被调查用户的使用比率
型号 1	100%
型号 2	100%
型号 3	40%
型号 4	12%
其他	57%

4. 产品性能分析表

性能	你的产品	竞争产品 1	竞争产品 2	竞争产品 3
一般特性				
高品质的图形界面	√		√	
易于使用	√		√	
低支出	√		√	
快速反应	√		√	√
完全支持 XYZ 环境	√			√
特殊性				
连续工作性能稳定	√		√	
完整更新情况	√			部分
第三方文件还原性	√	部分		
性能				
性能 1	√	√		
性能 2	√		√	

续表

性能	你的产品	竞争产品 1	竞争产品 2	竞争产品 3
性能 3	√			部分
功能				
功能 1	√	√		√
功能 2	第二版	√		√
功能 3	√		√	
功能 4	第二版			
其他				

5．产品概况

项目	产品型号	特性	未来发展	现状
生产线 1	全部型号的产品		有一说明情况	正常生产
生产线 2	全部型号的产品		无一说明情况	第一期测试
生产线 3	部分型号的产品		有一全部型号	第二期测试

6．产品市场

范围	竞争者 1	竞争者 2	竞争者 3
医疗信息系统			
决策支持系统			
电子数据交换			
医疗采购和销售管理			
门诊医疗数据			
其他			

7．产品与市场区域

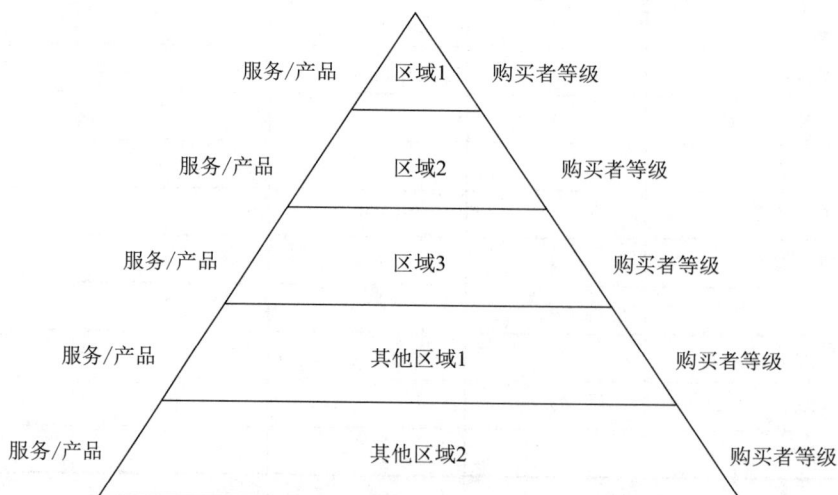

服务/产品　区域1　购买者等级

服务/产品　区域2　购买者等级

服务/产品　区域3　购买者等级

服务/产品　其他区域1　购买者等级

服务/产品　其他区域2　购买者等级

8. 财务计划表

单位：亿元

年份	1999	2000	2001	2002	2003
产值	¥2.6	¥9.1	¥13.9	¥18.7	¥25.9
生产费用	¥0.4	¥1.1	¥1.6	¥2.1	¥2.8
管理费用	¥1.5	¥3.3	¥5.2	¥7.1	¥10.3
毛利	¥0.7	¥4.7	¥7.1	¥9.5	¥12.8
净收入	¥0.4	¥2.9	¥4.3	¥5.8	¥7.7

注：净收入是指提取折旧和扣除税金后的收入。

9. 资产负债表

单位：亿元

年份	1999	2000	2001	2002	2003
资产	¥1.1	¥5.4	¥7.8	¥10.6	¥14.2
负债	¥0.5	¥1.5	¥2.4	¥3.2	¥4.5
所有者权益	¥0.6	¥3.9	¥5.4	¥7.4	¥9.7

10. 产值预测图

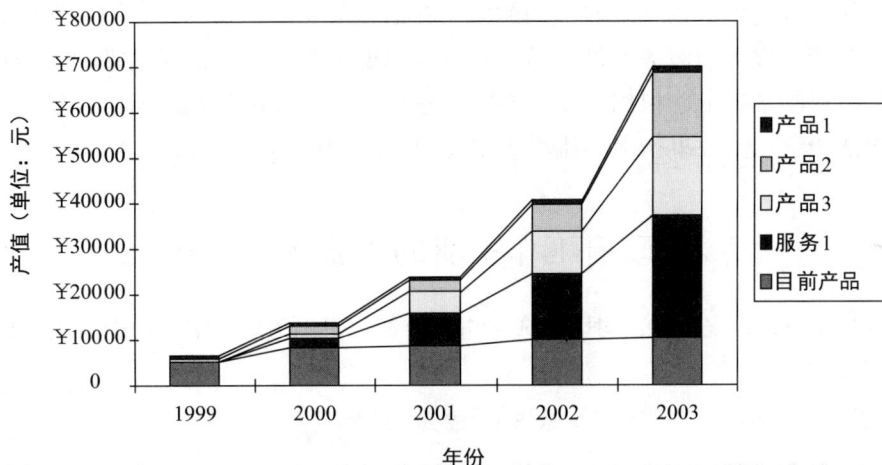

1999-2003年产值预测图

讨论与思考

1. 马云说，创业要找最合适的人，不一定要找最成功的人。你认为什么样的人适合与你一起创业？

2. 有些人不选择创业，你认为不创业的人生与创业的人生有什么区别？

3. 有一种说法，创业项目已经不重要了，重要的是创业团队的协作和坚持，你怎么看？

4. 和好朋友一起创业之后发现各种问题，包括意见不统一、隔阂增加导致交流成本增加、攀比、私心加重等问题。请问你如何看待和好朋友一起创业的问题？

5. 给你5万、50万、500万，你会分别怎么创业？而如果现在你只有一千块，该怎么来创业？

第5章 政府工作手册

> 对政府事务而言，公正不仅是一种道德，更是一种力量。
>
> ——拿破仑

在本章，你将了解到以下内容：

—— 政府工作手册的主要构成要素

—— 梳理实验中政府机构的服务项目

—— 围绕服务项目为企业制定详细的办事指南并画出直观的办事流程图

—— 政府工作中所需表格及填写说明

5.1 政府工作手册概述

政府工作手册是为了指导政府机构的同学在后期的实战中顺利履行自身职能，为企业提供优质、快捷、周到的服务提供依据而编写的书面材料。通过前期的调研、分析、搜集与整理有关资料的基础上，根据一定的格式要求而编辑整理的包括政府组织结构、机构职责、相关的法律法规、办事指南和流程等主要内容的文档。

5.2 政府工作手册的主要构成要素

（1）成员介绍（谁来做），对团队成员进行介绍，可以采用文字、图表（表5.1）等多种方式描述。

表 5.1　成员介绍表

编号	×××	所属专业
组长	××	××
成员	××	××
	××	××

小贴士：上表只是团队介绍的一种方式，同学们应充分发挥自己的表达能力，创造出更多形式简介而信息丰富的介绍方式。

（2）组织结构（如何分工），用于描述实验中本政府机构对于工作任务是如何进行分工、分组和协调合作的体系，可以采用组织结构图和机构介绍等方式说明。

这部分需要团队所有成员的共同参与，撰写内容虽然很少，但实际上需要组长充分发挥组织领导的作用，培养团队精神，凝聚成员的感情。团队成员在互相沟通、了解和协商的基础之上，考虑团队成员的专业背景及做事风格等要素，结合实际分配工作任务，还应适时做出弹性调整，切不可由组长随意分配，实验中政府机构设置有工商局、质监局和税务局，质监局在实验中的业务量较少，同学们可适当减少人员的分配。

小贴士：团队沟通与工作分配是后期整个团队工作成败的关键！各机构应组织不少于三次的团队活动来促进成员间的了解。

（3）机构职责（做什么），通过网络、查阅相关书籍以及实际走访调研等方式，自己整理实际工作中工商局、质监局以及税务局等机构的主要工作职责。实验中各机构开展的主要工作（表 5.2）：① 工商局：负责经济管理仿真综合实验中公司注册、营业执照发放和年审业务的办理。② 质量技术监督局：为企业办理组织机构代码证申领业务及年检业务。③ 税务局：含国税和地税，为公司办理税务登记和发票申购，企业税收征收与稽核业务。

表 5.2　实验中各机构办理的主要事项

机构	主要事项	
工商局	企业开办	企业名称预先核准登记、调整、延期及注销
		不同企业注册登记
	企业年检	年检程序、应提交材料、时限及要审查内容
质监局	企业开办	组织机构代码证申领
	企业年检	组织机构代码证年审
税务局	企业开办	税务登记、变更登记、停 / 复业登记、注销登记、税务登记证的使用、遗失税务登记证的管理等
	发票管理	普通发票领购、增值税专用发票领购
	纳税申报	增值税、营业税、个人所得税、城建及教育附加税的纳税申报
	税款征收与稽查、信用等级的评估	

围绕实验中各机构的主要工作业务梳理服务项目，才能针对每个项目制定具体的办事指南。

（4）办事指南（具体如何做），这部分为政府工作手册中的重点内容，如果企业想了解政府服务项目的内容、对象、机构，办理该事项所需满足的条件及需要准备的材料、办理完毕后的证件名称和有效期限，甚至监督投诉方式，都可以通过这份指南得到答案。具体可见下节：政府工作手册撰写参考模板。

（5）法律法规，列出办事指南中涉及的法律法规的具体内容。

小贴士：这部分的撰写可联系法律顾问（实验中由法学专业的同学扮演该角色）。

（6）办事流程，要求画出业务流程图，业务流程图要明确、清晰，方便企业办理。同时要求详细掌握业务处理过程中的相关知识点，能熟练处理各项业务。

小贴士：画业务流程图时，请注意区分业务流程和办理业务时所需提供的材料，这是同学们易混淆的地方！

介绍一款画图工具给大家：Microsoft Office Visio，它是 Microsoft Office 办公软件中的一款。它能够将难以理解的复杂文本和表格转换为一目了然的 Visio 图表，并且粘贴到 Word 中，格式不会发生改变。

（7）表格说明，所需表格规范、齐全，符合相关业务管理规定，解答企业提出的疑问，按各项规定填写表格。附件中已经给出了相关的附表，在书的第三篇第十一章，可以查看填表过程中涉及的相关知识，如果你详细查阅资料，按要求填写出样表，相信你会收获很多知识，并且在之后的实验中如鱼得水！

5.3　政府工作手册撰写参考模板

在参考政府工作手册模板之前，请特别注意，本参考模板并非唯一的格式。各团队应根据需要确定自己的工作手册结构和格式，主要的构成要素及要求在上面的内容中已有说明，而不应受到本参考模板的过多限制与影响。实际上，如果你在政府工作手册内容组织和格式上有很好的创新，我们会给额外的加分。

首先是政府工作手册的封面，有必要将你的有关信息在此标明，包括指定联系人、联系电话、邮箱等。封面用纸的纸质要坚硬耐磨，尽量使用彩色纸张，这样可以使文件外观更具吸引力，但颜色不要过于耀眼。然后要有清晰的目录结构，接下来进入正文。

第一章　政府工作手册概述

第一节　成员介绍

第二节　组织结构

第二章　工商局

第一节　机构职责

第二节　办事指南

一、企业开办

（以登记情况为例，其他情况请同学们查阅相关资料整理）

1．企业名称预先核准登记、调整、延期及注销（表 5.3）

表 5.3　企业名称预先核准办事指南

事项内容	企业名称预先核准
法律依据	中华人民共和国公司登记管理条例
数量及方式	无数量限制，符合条件者即予许可。许可方式为直接申请。
条件	（一）企业名称一般应当由以下部分依次组成：贵阳（市）＋字号（商号）＋行业（或者行业特点）＋组织形式； （二）所用商号不得与其他已核准或注册的相同行业或无标明行业的企业名称中的字号（商号）相同，但有投资关系的除外； （三）不得与其他企业变更名称未满 1 年的原名称相同； （四）不得与已注销登记或被吊销营业执照未满 3 年的企业名称相同； （五）企业名称冠"中国"、"中华"、"全国"、"国家"、"国际"等字样的、或者在名称中间使用"中国"、"中华"、"全国"、"国家"等字样的、或名称不含行政区划的，需符合《企业名称登记管理实施办法》第五条、第十条的规定； （六）企业名称中不得含有另一个企业名称。企业分支机构名称应当冠以其所从属企业的名称； （七）企业名称中的字号应当由二个以上的字组成。行政区划不得用做字号，但县级以上行政区划的地名具有其他含义的除外； （八）企业名称不应当明示或暗示有超越其经营范围的业务。 依据：《中华人民共和国公司登记管理条例》第十七条；《企业名称登记管理规定》（1991 年 5 月 6 日国务院批准，1991 年 7 月 22 日国家工商行政管理局令第 7 号发布）第九条；《企业名称登记管理实施办法》（1999 年 12 月 8 日国家工商行政管理局令第 93 号公布，2004 年 6 月 14 日国家工商行政管理总局令第 10 号修订）第二章、第三章。

续表

申请材料	（一）全体投资者共同签署的《企业名称预先核准申请书》（原件 1 份）； （二）字号查询证明（原件 1 份）； （三）经办人身份证明（复印件 1 份，验原件）；由企业登记代理机构代理的，同时提交企业登记代理机构营业执照（复印件 1 份，须加盖本企业印章，并注明"与原件一致"）； （四）投资者的资格证明复印件。股东或发起人的营业执照或事业法人登记证或社团法人登记证或其他有关法律法规规定的资格证明（复印件 1 份，加盖公章并注明"与原件一致"），自然人为股东的提交身份证（复印件 1 份、验原件）。 依据：《中华人民共和国公司登记管理条例》第十七条、第十八条及本实施办法。
申请表格	
程序	（一）受理申请材料； （二）审核材料； （三）核准登记； （四）颁发《企业名称预先核准通知书》。
时限	（一）公司登记机关应当根据下列情况分别作出是否受理的决定：1. 申请文件、材料齐全，符合法定形式的，或者申请人按照公司登记机关的要求提交全部补正申请文件、材料的，应当决定予以受理。2. 申请文件、材料齐全，符合法定形式，但公司登记机关认为申请文件、材料需要核实的，应当决定予以受理，同时书面告知申请人需要核实的事项、理由以及时间。3. 申请文件、材料存在可以当场更正的错误的，应当允许申请人当场予以更正，由申请人在更正处签名或者盖章，注明更正日期；经确认申请文件、材料齐全，符合法定形式的，应当决定予以受理。4. 申请文件、材料不齐全或者不符合法定形式的，应当当场或者在 5 日内一次告知申请人需要补正的全部内容；当场告知时，应当将申请文件、材料退回申请人；属于 5 日内告知的，应当收取申请文件、材料并出具收到申请文件、材料的凭据，逾期不告知的，自收到申请文件、材料之日起即为受理。5. 不属于公司登记范畴或者不属于本机关登记管辖范围的事项，应当即时决定不予受理，并告知申请人向有关行政机关申请。6. 公司登记机关对通过信函、电报、电传、传真、电子数据交换和电子邮件等方式提出申请的，应当自收到申请文件、材料之日起 5 日内作出是否受理的决定。 （二）公司登记机关对决定予以受理的登记申请，应当分情况在规定的期限内作出是否准予登记的决定：1. 对申请人到公司登记机关提出的申请予以受理的，应当当场作出准予登记的决定。2. 对申请人通过信函方式提交的申请予以受理的，应当自受理之日起 15 日内作出准予登记的决定。3. 通过电报、电传、传真、电子数据交换和电子邮件等方式提交申请的，申请人应当自收到《受理通知书》之日起 15 日内，提交与电报、电传、传真、电子数据交换和电子邮件等内容一致并符合法定形式的申请文件、材料原件；申请人到公司登记机关提交申请文件、材料原件的，应当当场作出准予登记的决定；申请人通过信函方式提交申请文件、材料原件的，应当自受理之日起 15 日内作出准予登记的决定。4. 公司登记机关自发出《受理通知书》之日起 60 日内，未收到申请文件、材料原件，或者申请文件、材料原件与公司登记机关所受理的申请文件、材料不一致的，应当作出不予登记的决定。5. 公司登记机关需要对申请文件、材料核实的，应当自受理之日起 15 日内作出是否准予登记的决定。 依据：《企业登记程序规定》（2004 年 6 月 10 日国家工商行政管理总局令第 9 号公布）第十条、第十二条。
证件名称及 有效期限	《企业名称预先核准通知书》。预先核准的公司名称保留期为 6 个月。 依据：《中华人民共和国公司登记管理条例》第十九条；《企业名称登记管理实施办法》第二十四条、第二十八条。

2. 企业注册登记——有限责任公司设立、变更及注销登记（表 5.4）

（以有限责任公司的设立登记为例，其他情况请同学们自己整理）

表 5.4　　有限责任公司设立登记办事指南

事项内容	有限责任公司设立
法律依据	中华人民共和国公司法 中华人民共和国公司登记管理条例
数量及方式	无数量限制，符合条件者即予许可。许可方式为直接申请。
条件	（一）股东符合法定人数； （二）股东出资达到法定资本最低限额； （三）股东共同制定公司章程； （四）有公司名称，建立符合有限公司要求的组织机构； （五）有公司住所。 依据：《中华人民共和国公司法》第二十三条。
申请材料	（一）法定代表人签署的《企业设立登记申请书》（原件 1 份）； （二）经办人身份证明（复印件 1 份，验原件）； （三）指定联系人身份证明（复印件 1 份，验原件）； （四）《企业名称预先核准通知书》编号（在申请书中填写）； （五）全体股东（发起人）签署的章程（原件 1 份）； （六）股东（发起人）的主体资格证明（复印件 1 份，自然人身份证明验原件，单位资格证明加盖公章，注明"与原件一致"）； （七）法定代表人、执行董事 / 董事长、董事、监事、经理的任职文件（原件 1 份）及其身份证明（复印件 1 份）（法定代表人身份证明验原件；执行董事 / 董事长、董事、监事、经理身份证明的复印件上需注明"与原件一致"并由法定代表人签字）； （八）住所（经营场所）信息申报材料（在申请书中填写）； （九）同时申请实收资本备案的，提交会计师事务所出具的验资报告或银行询证函（原件 1 份）； （十）一人（自然人）独资有限公司应提交一人有限公司承诺书。
申请表格	企业设立登记申请书
程序	（一）受理申请材料； （二）审核材料； （三）核准登记； （四）颁发营业执照。
时限	（一）公司登记机关应当根据下列情况分别作出是否受理的决定：1. 申请文件、材料齐全，符合法定形式的，或者申请人按照公司登记机关的要求提交全部补正申请文件、材料的，应当决定予以受理。2. 申请文件、材料齐全，符合法定形式，但公司登记机关认为申请文件、材料需要核实的，应当决定予以受理，同时书面告知申请人需要核实的事项、理由以及时间。3. 申请文件、材料存在可以当场更正的错误的，应当允许申请人当场予以更正，由申请人在更正处签名或者盖章，注明更正日期；经确认申请文件、材料齐全，符合法定形式的，应当决定予以受理。4. 申请文件、材料不齐全或者不符合法定形式的，应当当场或者在 5 日内一次告知申请人需要补正的全部内容；当场告知时，应当将申请文件、材料退回申请人；属于 5 日内告知的，应当收取申请文件、材料并出具收到申请文件、材料的凭据，逾期不告知的，自收到申请文件、材料之日起即为受理。5. 不属于公司登记范畴或者不属于本机关登记管辖范围的事项，应当即时决定不予受理，并告知申请人向有关行政机关申请。6. 公司登记机关对通过信函、电报、电传、传真、电子数据交换和电子邮件等方式提出申请的，应当自收到申请文件、材料之日起 5 日内作出是否受理的决定。 （二）公司登记机关对决定予以受理的登记申请，应当分别情况在规定的期限内作出是否准予登记的决定：1. 对申请人到公司登记机关提出的申请予以受理的，应当当场作出准予登记的决定。2. 对申请人通过信函方式提交的申请予以受理的，应当自受理之日起 15 日内作出准予登记的决定。

续表

时限	3. 通过电报、电传、传真、电子数据交换和电子邮件等方式提交申请的，申请人应当自收到《受理通知书》之日起15日内，提交与电报、电传、传真、电子数据交换和电子邮件等内容一致并符合法定形式的申请文件、材料原件；申请人到公司登记机关提交申请文件、材料原件的，应当当场做出准予登记的决定；申请人通过信函方式提交申请文件、材料原件的，应当自受理之日起15日内作出准予登记的决定。4. 公司登记机关自发出《受理通知书》之日起60日内，未收到申请文件、材料原件，或者申请文件、材料原件与公司登记机关所受理的申请文件、材料不一致的，应当作出不予登记的决定。5. 公司登记机关需要对申请文件、材料核实的，应当自受理之日起15日内作出是否准予登记的决定。 依据：《企业登记程序规定》（2004年6月10日国家工商行政管理总局令第9号公布）第十条、第十二条。
证件名称及有效期限	《企业法人营业执照》。有效期限根据申请人申请确定；申请人未申请的，无期限限制；法律、法规、规章或批准文件、许可证件对期限有规定的，从其规定。依据：《中华人民共和国公司法》第七条、第一百八十一条及本实施办法。
法律效力	领取《企业法人营业执照》后主体资格确立，可从事经营活动。依据：《中华人民共和国公司登记管理条例》第三条；《中华人民共和国企业法人登记管理条例》（1988年6月3日国务院令第1号发布）第十六条。

二、企业年检

1. 企业年检程序

（一）企业提交年检材料；

（二）企业登记机关受理审查企业年检材料；

（三）企业登记机关在营业执照副本上加盖年检戳记，并发还营业执照副本。

2. 企业申报年检应当提交下列材料

（一）年检报告书；

（二）企业指定的代表或者委托代理人的证明；

（三）营业执照副本；

（四）经营范围中有属于企业登记前置行政许可经营项目的，加盖企业印章的相关许可证件、批准文件的复印件；

（五）国家工商行政管理总局规定要求提交的其他材料。

企业法人应当提交年度资产负债表和损益表，公司还应当提交由会计师事务所出具的审计报告，企业有非法人分支机构的，还应当提交分支机构的营业执照副本复印件。已进入清算的企业只提交第一款所列材料。企业非法人分支机构、其他经营单位申报年检除提交年检报告书外，非法人分支机构还应当提交隶属企业上一年度已年检的营业执照副本复印件；其他经营单位还应当提交隶属机构的主体资格证明复印件。

企业年检报告书包括下列内容：

（一）登记事项情况；

（二）备案事项情况；

（三）对外投资情况；

（四）设立、撤销分支机构情况；

（五）经营情况。

3．企业年检的时限

《国务院关于修改〈中华人民共和国公司登记管理条例〉的决定》（国务院令第451号）于2006年1月1日起施行。修订后的《中华人民共和国公司登记管理条例》规定，公司年度检验的时间为每年3月1日至6月30日。为便于工作衔接，国家工商行政管理总局决定，各级工商行政管理机关对非公司企业进行年度检验的时间也相应由每年的1月1日至4月30日调整为3月1日至6月30日。

4．年检的对象和范围

领取营业执照的有限责任公司、股份有限公司、非公司企业法人、合伙企业、个人独资企业及其分支机构、来华从事经营活动的外国（地区）企业，以及其他经营单位。

当年设立登记的企业，自下一年起参加年检。

5．企业年检主要审查内容

对公司的年检材料主要审查下列内容：

（一）公司是否按照规定使用公司名称，改变名称是否按照规定办理变更登记；

（二）公司改变住所是否按照规定办理变更登记；

（三）公司变更法定代表人是否按照规定办理变更登记；

（四）公司有无虚报注册资本行为；股东、发起人是否按照规定缴纳出资，以及有无抽逃出资行为；

（五）经营范围中属于企业登记前置行政许可的经营项目的许可证件、批准文件是否被撤销、吊销或者有效期届满；经营活动是否在登记的经营范围之内；

（六）股东、发起人转让股权是否按照规定办理变更登记；

（七）营业期限是否到期；

（八）公司修改章程、变更董事、监事、经理，是否按照规定办理备案手续；

（九）设立分公司是否按照规定办理备案手续，是否有分公司被撤销、依法责令关闭、吊销营业执照的情况；

（十）公司进入清算程序后，清算组是否按照规定办理备案手续；

（十一）一个自然人是否投资设立多个一人有限责任公司。

对非公司企业法人的年检材料主要审查下列内容：

（一）企业是否按照规定使用企业名称，改变名称是否按照规定办理变更登记；

（二）企业改变住所、经营场所是否按照规定办理变更登记；

（三）企业变更法定代表人是否按照规定办理变更登记；

（四）企业改变经济性质是否按照规定办理变更登记；

（五）经营范围中属于企业登记前置行政许可的经营项目的许可证件、批准文件是否被撤销、吊销或者有效期届满；企业经营活动是否在登记的经营范围之内；

（六）有无抽逃、转移注册资金行为；

（七）经营期限是否到期；

（八）设立、撤销分支机构是否按照规定办理变更登记；

（九）主管部门变更是否按照规定办理备案手续；

（十）企业章程有无修改。

对企业非法人分支机构、其他经营单位的年检材料主要审查下列内容：

（一）是否按照规定使用名称，改变名称是否按照规定办理变更登记；

（二）营业（经营）场所改变是否按照规定办理变更登记；

（三）负责人变更是否按照规定办理变更登记；

（四）经营范围中属于企业登记前置行政许可的经营项目的许可证件、批准文件是否被撤销、吊销或者有效期届满；经营活动是否在登记的经营范围之内；

（五）其他经营单位的隶属机构变更是否按照规定办理变更登记。

第三节　法律法规

《企业名称登记管理规定》（1991 年 7 月 22 日国家工商行政管理局第 7 号令发布）
《企业名称登记管理实施办法》（2004 年 7 月 1 日国家工商行政管理局第 10 号令发布）
《中华人民共和国公司法》
《中华人民共和国公司登记管理条例》
《中华人民共和国企业法人登记管理条例》
《中华人民共和国企业法人登记管理条例施行细则》
《企业年度检验办法》

第四节　办事流程

工商局企业设立登记流程（见图 5.1）：

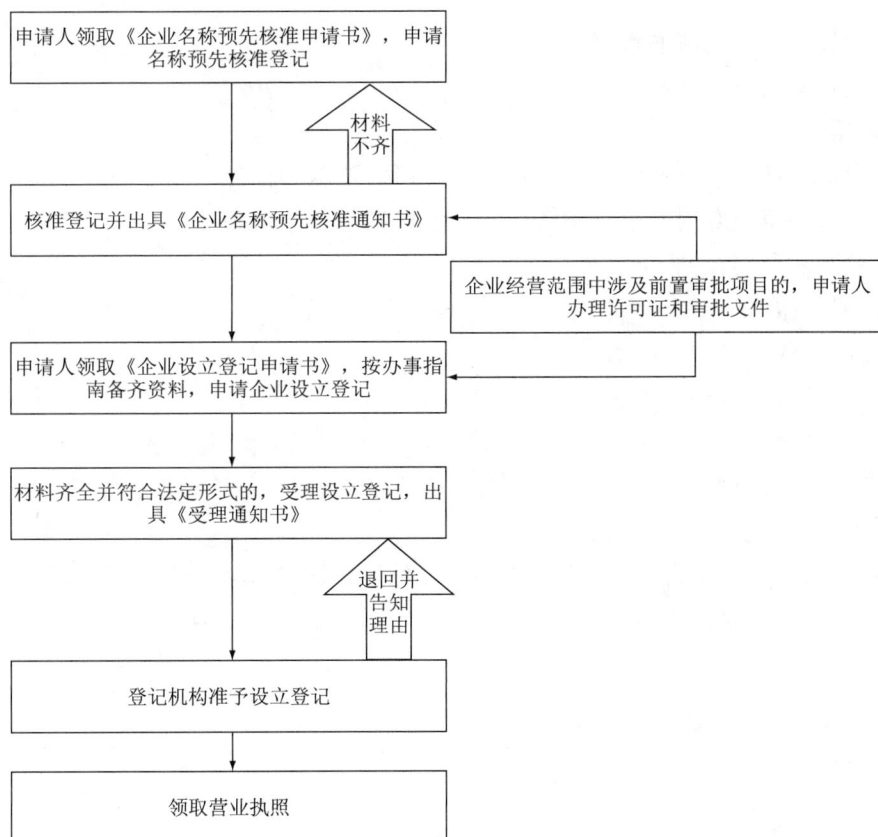

图 5.1　工商局企业设立登记流程图

本章要求同学们将各项业务所需的表格和文件材料格式汇总整理，表格需附填表说明。

附件一

×××××××× 有限公司
章　程

为了规范公司的组织和行为，维护公司、股东、债权人的权益，依据《中华人民共和国公司法》（以下简称《公司法》）和《中华人民共和国公司登记管理条例》（以下简称《公司条例》）及其他有关法律、行政法规的规定，由××××、×××× 共同出资设立 ×××× 有限公司（以下简称"公司"），特制定本章程。

第一章　公司名称和住所

第一条　公司名称：××××××

第二条　公司住所：××××××××

第二章　公司经营范围

第三条　公司经营范围：××××××、生产（限分支机构）及销售；五金交电、办公用品、网络产品、酒店用品的销售；计算机软硬件及辅助设备的研发及销售。（以工商登记核准为准）(按实际情况写)

第三章　公司注册资本

第四条　公司注册资本：人民币 ×× 万元　　实收资本：人民币 ×× 万元

公司增加或减少注册资本，必须召开股东会并由三分之二以上股东通过并作出决议。公司减少注册资本，还应当自作出决议之日起十日内通知债权人，并于三十日内在报纸上公告。自公告之日起四十五日后申请变更登记，公司变更注册资本应依法向登记机关办理变更登记手续。公司减资后的注册资本不得低于法定的最低限额。

第四章　股东的名称、出资方式、出资额和出资时间

第五条　股东的姓名、出资方式及出资额如下：

股东名称	证件名称及号码	认缴出资	出资方式	持股比例	实缴出资额	出资时间
××	××××××	×× 万元	货币	××%	×× 万元	××××年×月×日
××	××××××	×× 万元	货币	××%	×× 万元	××××年×月×日

第七条　全体股东的货币出资额不得低于有限责任公司注册资本的百分之三十，股东首次出资是非货币财产的，应当在公司设立登记时提交已办理其财产权转移手续的证明文件。公司全体股东的首次出资额不得低于注册资本的百分之二十，也不得低于法定的注册资本最低限额，其余部分由股东自公司成立之日起两年内缴足。

第五章　股东的权利和义务

第八条　股东享有如下权利：

（1）参加或选举代表参加股东会并根据其出资份额享有表决权；

（2）了解公司经营状况和财务状况；

（3）选举和被选举为执行董事或监事；

（4）依照法律、法规和公司章程的规定获取股权并转让；

（5）经股东同意转让的股权，在同等条件下，其他股东有优先购买权；

（6）股东按照实缴的出资比例分取红利；

（7）公司新增资本时，股东有权优先按照实缴的出资比例认缴出资；

（8）公司终止后，依法分得公司的剩余财产；

（9）有权查阅、复制公司章程、股东会会议记录、董事会会议决议、监事会会议决议和公司财务会计报告。

第九条　股东承担以下义务：

（1）遵守公司章程；

（2）按期足额缴纳公司章程中规定的各自所认缴的出资额；

（3）不按前款规定缴纳出资的，除应当向公司足额缴纳外，还应当向已按期足额缴纳出资的股东承担违约责任；

（4）公司成立后，发现作为设立公司出资的非货币财产的实际价额显著低于公司章程所定价额的，应当由交付该出资的股东补足其差额；公司设立时的其他股东承担连带责任；

（5）公司成立后，股东不得抽逃出资。

第六章　股东转让出资

第十条　股东之间可以相互转让其全部出资或者部分出资。股东向股东以外的人转让其出资时，必须经其他股东过半数同意。股东应就其股权转让事项书面通知其他股东征求同意，其他股东自接到书面通知之日起满三十日未答复的，视为同意转让。其他股东半数以上不同意转让的，不同意的股东应当购买该转让的股权；不购买的，视为同意转让。

经股东同意转让的股权，在同等条件下，其他股东有优先购买权。两个以上股东主张行使优先购买权的，协商确定各自的购买比例；协商不成的，按照转让时各自的出资比例行使优先购买权。

第十一条　人民法院依照法律规定的强制执行程序转让股东的股权时，应当通知公司及全体股东，其他股东在同等条件下有优先购买权。其他股东自人民法院通知之日起满二十日不行使优先购买权的，视为放弃优先购买权。

第十二条　股东依法转让其出资后，公司应当注销原股东的出资证明书，向新股东签发出资证明书，并相应修改公司章程和股东名册中有关股东及其出资额的记载。

第十三条　有下列情形之一的，对股东会该项决议投反对票的股东可以请求公司按照合理的价格收购其股权：

（1）公司连续五年不向股东分配利润，而公司该五年连续盈利，并且符合本法规定的分配利润条件的；

（2）公司合并、分立、转让主要财产的；

（3）公司章程规定的营业期限届满或者章程规定的其他解散事由出现，股东会会议通过决议修改章程使公司存续的。

自股东会会议决议通过之日起六十日内，股东与公司不能达成股权收购协议的股东可以自股东会会议决议通过之日起九十日内向人民法院提起诉讼。

第十四条　自然人股东死亡后，其合法继承人可以继承股东资格。

第七章　公司的机构及其产生办法、职权、议事规则

第十五条　股东会由全体股东组成，是公司的权力机构，行使下列职权：

（1）决定公司的经营方针和投资计划；

（2）选举和更换非由职工代表担任的执行董事，决定有关执行董事的报酬事项；

（3）选举和更换非由职工代表担任的监事，决定有关监事的报酬事项；

（4）审议批准执行董事的报告；

（5）审议批准监事的报告；

（6）审议批准公司的年度财务预算方案、决算方案；

（7）审议批准公司的利润分配方案和弥补亏损的方案；

（8）对公司增加或者减少注册资本作出决议；

（9）对发行公司债券作出决议；

（10）对公司合并、分立、解散和清算或者变更公司形式作出决议；

（11）对公司向其他企业投资或者为他人担保作出决议；

（12）修改公司章程；对前款所列事项股东以书面形式一致表示同意的，可以不召开股东会会议，直接作出决定，并由全体股东在决定文件上签名、盖章。

第十六条　股东会会议由股东按照出资比例行使表决权。

第十七条　股东会的首次会议由出资最多的股东召集和主持。

第十八条　股东会会议分为定期会议和临时会议，并应当于会议召开十五日以前通知全体股东。定期会议每年召开一次；代表十分之一以上表决权的股东，三分之一以上的董事，监事会或者不设监事会的公司监事提议召开临时会议的，应当召开临时会议。

第十九条　股东会会议由执行董事召集并主持。执行董事不能履行或者不履行召集股东会会议职责的，由公司的监事召集和主持，监事不召集和主持的，代表十分之一以上表决权的股东可以自行召集和主持。

第二十条　股东会应当对所议事项的决定作出会议记录，出席会议的股东应当在会议记录上签名。

第二十一条　公司不设董事会，设执行董事一人，由股东会选举产生，选举×××为执行董事对公司股东会负责；执行董事任期 3 年，任期届满，可连选连任。执行董事负责召集和主持股东会会议。

第二十二条　公司法定代表人由股东会选举，×××为法定代表人，法定代表人对股东会负责，行使下列职权：

（1）向股东会报告工作；

（2）执行股东会决议；

（3）决定公司的经营计划和投资方案；

（4）制定公司的年度财务预算方案、决算方案；

（5）制定公司的利润分配方案和弥补亏损方案；

（6）制定公司增加或者减少注册资本以及发行公司债券的方案；

（7）制定公司合并、分立、解散或者变更公司形式的方案；

（8）决定公司内部管理机构的设置；

（9）决定聘任或者解聘公司经理及其报酬事项，并根据经理的提名决定聘任或者解聘公司副经理、财务负责人及其报酬事项；

（10）制定公司的基本管理制度；

第二十三条　公司设经理1名，由股东会选举产生，×××为经理。经理对股东会负责，行使下列职权：

（1）主持公司的生产经营管理工作，组织实施股东会决议；

（2）组织实施公司年度经营计划和投资方案；

（3）拟定公司内部管理结构设置方案；

（4）拟定公司的基本管理制度；

（5）制定公司的具体规章；

（6）提请聘任或者解聘公司副经理、财务负责人；

（7）决定聘任或者解聘除应由执行董事聘任或者解聘以外的负责管理人员；

（8）执行董事会授予的其他职权。

第二十四条　公司设监事1人，由公司股东会选举产生，×××为监事。监事对股东会负责，监事任期每届3年，任期届满，可连选连任。

监事行使下列职权：

（1）检查公司财务；

（2）对执行董事、高级管理人员行使公司职务的行为进行监督，对违反法律、行政法规、公司章程或者股东会决议的执行董事、高级管理人员提出罢免的建议；

（3）当执行董事、高级管理人员的行为损害公司的利益时，要求执行董事、高级管理人员予以纠正；

（4）提议召开临时股东会会议，在执行董事会不履行公司法规定的召集和主持股东会会议职责时召集和主持股东会会议；

（5）向股东会会议提出提案；

（6）依照公司法的有关规定，对执行董事、高级管理人员提起诉讼；

（7）在发现公司经营情况异常时监事有进行调查的权利，并可以聘请会计师事务所等协助其工作，费用由公司承担。监事可以列席执行董事会议，并对执行董事会决议事项提出质询或者建议。

第二十五条　公司执行董事、高级管理人员不得兼任公司监事。

第八章　财务、会计、利润分配及劳动用工制度

第二十六条　公司应当依照法律、行政法规和国务院财政部门的规定建立本公司的财务、会计制度，并应在每一会计年度终了时编制财务会计报告，并依法经会计师事务所审计。财务会计报告应当依照法律、行政法规和国务院财政部门的规定制作并依照公司章程规定的期限送交各股东。

第二十七条　公司利润分配按照《公司法》及有关法律、法规，国务院财务主管部门的规定执行。

第二十八条　劳动用工制度按国家法律、法规及国务院劳动部门的有关规定执行。

第九章　公司的解散事由与清算办法

第二十九条　公司的营业期限为××年，从公司成立之日起计算。

第三十条　公司有下列情形之一的，可以解散：

（1）公司章程规定的营业期限届满或者公司章程规定的其他解散事由出现时，但公司通过修改公司章程而存续的除外；

（2）股东会决议解散；

（3）因公司合并或者分立需要解散的；

（4）依法被吊销营业执照、责令关闭或者被撤销；

（5）人民法院依照公司法第一百八十三条的规定予以解散。

第三十一条　公司解散时，应依《公司法》的规定成立清算组对公司进行清算。清算组应当在成立之日起十日内将清算组成员、清算组负责人名单向公司登记机关办理备案。清算组应当自成立之日起十日内通知债权人，并于六十日内在报纸上公告。债权人应当自接到通知书之日起三十日内，未接到通知书的自公告之日起四十五日内，向清算组申报债权。

第三十二条　清算组在清理公司财产、编制资产负债表和财产清单后，应当制定清算方案，并报股东会、或者人民法院确认。清算期间，公司存续，但不得开展与清算无关的经营活动。公司财产在分别支付清算费用、职工的工资、社会保险费用和法定补偿金，缴纳所欠税款，清偿公司债务后的剩余财产，有限责任公司按照股东的出资比例分配。公司未依照前款规定清偿前，不得分配给股东。

第三十三条　清算组在清理公司财产、编制资产负债表和财产清单后，发现公司财产不足清偿债务的，应当依法向人民法院申请宣告破产，公司经人民法院裁定宣告破产后，清算组应当将清算事务移交给人民法院。

第三十四条　公司清算结束后，清算组应当制作清算报告，报股东会或者人民法院确认，并报送公司登记机关，申请注销公司登记，公告公司终止。

第十章　股东认为需要规定的其他事项

第三十五条　公司根据需要或涉及公司登记事项变更的可修改公司章程，修改后的公司章程不得与法律、法规相抵触。修改后的公司章程应送原公司登记机关备案，涉及变更登记事项的，同时应向公司登记机关做变更登记。

第三十六条　公司章程的解释权属于股东会。

第三十七条　公司登记事项以公司登记机关核定的为准。

第三十八条　公司章程条款如与国家法律、法规相抵触的，以国家法律法规为准。

第三十九条　本章程经各方出资人共同订立，自公司设立登记之日起生效。

第四十条　本章程一式三份，公司留存二份，并报公司登记机关备案一份。

全体股东签字（盖章）：

201×年××月××日

×××××××× 有限公司

股东会议纪要

一、时间：201× 年 ×× 月 ×× 日

二、地点：××××××××

三、参加人：×××、×××

　　主持人：×××

四、会议决议事项：

1．公司不设董事会，只设执行董事一名，选举 ××× 同志为执行董事、公司法定代表人兼经理职务。

2．公司不设监事会，只设监事一名，选举 ××× 同志为监事职务。

3．通过公司章程。

4．同意 ××× 与 ×××××××× 公司签订的房屋租赁合同并以位于 ×××××××××× 作为经营场所。

5．全权委托 ××× 同志办理公司工商登记事宜。

全体股东签名：

201× 年 ×× 月 ×× 日

附件二

企业名称预先核准申请书

申请企业名称		
备选企业名称 （请选用不同的字号）	1.	
	2.	
	3.	
经营范围	许可经营项目： 一般经营项目： （只需填写与企业名称行业表述一致的主要业务项目）	
注册资本（金）	（万元）	
企业类型		
企业住所地		
指定代表或者委托代理人		
指定代表或委托代理人的权限： 1. 同意□不同意□核对登记材料中的复印件并签署核对意见； 2. 同意□不同意□修改有关表格的填写错误； 3. 同意□不同意□领取《企业名称预先核准通知书》。		
指定或者委托的有效期限	自　　年　　月　　日至　　年　　月　　日	

注：① 手工填写表格和签字请使用黑色或蓝黑色钢笔、毛笔或签字笔，请勿使用圆珠笔。

② 指定代表或者委托代理人的权限需选择"同意"或者"不同意"，请在□中√。

③ 指定代表或者委托代理人可以是自然人，也可以是其他组织；指定代表或者委托代理人是其他组织的，应当另行提交其他组织证书复印件及其指派具体经办人的文件、具体经办人的身份证件。

投资人情况表

投资人姓名或名称	证照号码	投资额（万元）	投资比例（%）	签字或盖章

填表日期		年　月　日
指定代表或者委托代理人、具体经办人信息	签　字：	
	固定电话：	
	移动电话：	

（指定代表或委托代理人、具体经办人
身份证明复印件粘贴处）

注：①投资人在本页表格内填写不下的可以附纸填写。

②投资人应对第（1）、（2）两页的信息进行确认后，在本页盖章或签字。自然人投资人由本人签字，非自然人投资人加盖公章。

附件三

企业名称预先核准通知书

（　　　　　）名预核内字［　］　第　号

根据《企业名称登记管理规定》和《企业名称登记管理实施办法》，同意预先核准下列　个投资人出资，注册资本（金）　　　　万元（人民币），住所设在　　　的企业名称为：

投资人名单及投资额、投资比例：

该预先核准的企业名称保留至　年　月　日。在保留期内，不得用于经营活动，不得转让。

核准日期：　年　月　日

注：① 本通知书在保留期满后自动失效。有正当理由，在保留期内未完成企业设立登记，需延长保留期的，全体投资人应在保留期届满前 1 个月内申请延期。延长的保留期不超过 6 个月。

② 企业设立登记时，应将本通知书提交登记机关，存入企业档案。

③ 企业设立登记时，有关事项与本通知书不一致的，登记机关不得以本通知书预先核准的企业名称登记。

④ 企业名称涉及法律、行政法规规定必须报经审批，未能提交审批文件的，登记机关不得以本通知书预先核准的企业名称登记。

⑤ 企业名称核准与企业登记不在同一机关办理的，登记机关应当自企业登记之日起 30 日内，将加盖登记机关印章的该营业执照复印件，报送名称预先核准机关备案。未备案的，企业名称不受保护。

附件四

公司设立登记申请书

名　　称				
名称预先核准通知书文号			联系电话	
住　　所			邮政编码	
法定代表人姓　名			职　务	
注册资本	（万元）	公司类型		
实收资本	（万元）	设立方式		
经营范围	许可经营项目： 一般经营项目：			
营业期限	长期/　　　年	申请副本数量		个
本公司依照《公司法》、《公司登记管理条例》设立，提交材料真实有效。谨此对真实性承担责任。 法定代表人签字： 　　　年　　月　　日				

注：① 手工填写表格和签字请使用黑色或蓝黑色钢笔、毛笔或签字笔，请勿使用圆珠笔。
　　② 公司类型应当填写"有限责任公司"或"股份有限公司"。其中国有独资公司应当填写"有限责任公司（国有独资）"；一人有限责任公司应当注明"有限责任公司（自然人独资）"或"有限责任公司（法人独资）"。
　　③ 股份有限公司应在"设立方式"栏选择填写"发起设立"或者"募集设立"。
　　④ 营业期限：请选择"长期"或者"××年"。

附件五

公司股东（发起人）出资信息

股东（发起人）名称或姓名	证件名称及号码	认　缴			持股比例（%）	实　缴			备注
		出资额（万元）	出资方式	出资时间		出资额（万元）	出资方式	出资时间	

注：① 根据公司章程的规定及实际出资情况填写，本页填写不下的可以附纸填写。

② "备注"栏填写下述字母：A. 企业法人；B. 社会团体法人；C. 事业法人；D. 国务院、地方人民政府；E. 自然人；F. 外商投资企业；G. 其他

附件六

董事、监事、经理信息

姓名＿＿＿＿＿＿ 职务＿＿＿＿＿＿ 身份证件号码：＿＿＿＿＿＿＿＿＿＿＿＿＿

（身份证件复印件粘贴处）

姓名＿＿＿＿＿＿ 职务＿＿＿＿＿＿ 身份证件号码：＿＿＿＿＿＿＿＿＿＿＿＿＿

（身份证件复印件粘贴处）

姓名＿＿＿＿＿＿ 职务＿＿＿＿＿＿ 身份证件号码：＿＿＿＿＿＿＿＿＿＿＿＿＿

（身份证件复印件粘贴处）

附件七

法定代表人信息

姓　　名		联系电话	
职　　务		任免机构	
身份证件类型			
身份证件号码			

（身份证件复印件粘贴处）

法定代表人签字：

　　　　　　　　　　　　　　　　　　　　　　　　　年　　月　　日

　　以上法定代表人信息真实有效，身份证件与原件一致，符合《公司法》、《企业法人法定代表人登记管理规定》关于法定代表人任职资格的有关规定，谨此对真实性承担责任。

（盖章或者签字）
　　　　　　　　　　　年　　月　　日

　　注：依照《公司法》、公司章程的规定程序，出资人、股东会确定法定代表人的，由1/2以上出资人、股东签署；董事会确定法定代表人的，由1/2以上董事签署。

附件八

住所（经营场所）登记表

企业（公司）、个体工商户名称	
住所（经营场所）	

《中华人民共和国物权法》第七十七条规定："业主不得违反法律、法规以及管理规约，将住宅改变为经营性用房。业主将住宅改变为经营性用房的，除遵守法律、法规以及管理规约外，应当经有利害关系的业主同意。"

本企业（公司）、个体工商户将住宅改变为经营性用房，作出如下承诺：

一、知悉《中华人民共和国物权法》的相关规定；

二、遵守有关房屋管理的法律、法规以及管理规约的规定；

三、已经有利害关系的业主同意。

产权人：   申请人：

（盖章或签字）

年　　月　　日

注：① 企业（公司）设立登记时，申请人为股东（出资人）。股东是法人的，由股东盖章，股东是自然人的，由自然人签字；个体工商户开业登记时，由自然人签字。

② 企业（公司）变更登记时，由企业（公司）盖章；个体工商户变更登记时，由个体工商户盖章或签字。

附件九

组织机构代码证

组织机构代码														

```
┌──────────────────────┐
│                      │
│      粘贴条码处       │
│                      │
└──────────────────────┘
```

申领组织机构代码证基本信息登记表

申办状态	□新申办 □年检 □到期 □补办 □其他
	□变更（ ___名称 ___地址 ___法人 ___其他）

以下由·申领单位·填写(填表说明见背面)

机构名称			
法定代表人（负责人）		法人身份证号码	
经 办 人		经办人身份证号码	
办 公 电 话		法定代表人（负责人）电话	传真
注 册 号		外方投资机构国别	职工人数
行 政 区 划	广东省深圳市_____区	邮政编码	5 1 8
电 子 邮 箱	贵州省贵阳市	网 址	5 5 0
上级主管部门		主管部门机构代码	

主要产品 此栏由制造企业填写，不够填写时，请填《企业产品信息附表》	序	产 品 名 称	品牌商标	生 产 方 式	目 标 市 场
	1.			□自行生产 □进料加工 □委托生产 □来料加工	□出口 □内销 □出口及内销
	2.			□自行生产 □进料加工 □委托生产 □来料加工	□出口 □内销 □出口及内销
	3.			□自行生产 □进料加工 □委托生产 □来料加工	□出口 □内销 □出口及内销
	4.			□自行生产 □进料加工 □委托生产 □来料加工	□出口 □内销 □出口及内销

证书申请	申请代码证书正、副本及 IC 卡	申请组织机构数字证书
其他申请	信息保密申请（请提供保密局文件）	邮寄服务申请

声明：本单位委托以下经办人申领组织机构代码证书。本单位承诺所填信息真实准确，所提交的文件、证件和有关附件真实、合法、有效，复印文本与原件一致，并对因填报或提交虚假信息、资料所引发的一切后果承担相应的法律责任。

经办人（签字）：_____ 电话：_____

填表日期： 年 月 日

申请单位（盖章）

以下由·发证机关·填写

受理日期		年	月	日	机构类型		
经济行业					经济类型		
受 理		录 入			审 核		
备 注							

全国组织机构代码管理中心贵州分中心制

填表注意事项

一、请如实填写本表，并加盖单位公章。

二、附加资料（所有复印件必须清晰、分开复印、A4 纸大小、二代身份证要求双面同方向复印）

（一）初次申办

1）有效营业执照副本原件及复印件；

2）法人单位请提交法定代表人的身份证原件及双面复印件，非法人单位请提交负责人的身份证原件及双面复印件；如果法定代表人或负责人为港、澳、台人士或外国人，则提供回乡证、台胞证或护照的原件及复印件；

3）经办人身份证原件及双面复印件；

4）企业分支机构需提交上级机构代码证复印件；

5）外资法人企业还需提交预赋码通知单上联原件及复印件和批准证书复印件；

6）如果代码工作人员经审核后认为申请材料仍存有疑义，则申请单位还需按要求提交相关证明材料。

（二）变更名称／变更地址／到期换证／年检／遗失补办

1）有效营业执照副本原件及复印件；

2）法人单位请提交法定代表人的身份证原件及双面复印件，非法人单位请提交负责人的身份证原件及双面复印件；如果法定代表人或负责人为港、澳、台人士或外国人，则提供回乡证、台胞证或护照的原件及复印件；

3）经办人身份证原件及双面复印件；

4）代码证书正副本和代码卡原件；

5）企业变更单位名称或个体工商户变更负责人均需提交变更通知书原件及复印件；

6）遗失补办需提供加盖单位公章的遗失证明和未遗失的代码证原件及复印件，遗失补办正本还需在贵阳晚报或商报上刊登遗失声明，并提供整版报纸原件。

7）企业分支机构需提交上级机构代码证复印件。

8）如果代码工作人员经审核后认为申请材料仍存有疑义，则申请单位还需按要求提交相关证明材料。

第二节　税务局所需相关表格

附件十：税务登记表

税务登记表（适用于单位纳税人）								
税务登记证件号码　□□□□□□□□□□□□□□□								
纳税人管理代码　□□□□□□□□								
纳税人名称：								
填表时间　　　年　　月　　日								
贵州省地方税务局印制								
以下由纳税人填写								
请将法定代表人（负责人） 身份证或其他合法身份证件复印件粘贴此处								
法定代表人（负责人）或董事长（股份制企业填写）：								
姓名　　　　　性别　　　　职务								
年龄　　　户籍地（国别）　　　　□□□身份证件名称　□□□□□□□□□□□□□								
身份证件号码　□□□□□□□□□□□□□□□□□□								
联系电话　□□□□□□□或□□□□□□□□□								
E-mail:								
财务负责人：								
姓名　　　　性别　　　　职务　　　身份证件名称　□□□□□□□□□□□□□								
身份证件号码　□□□□□□□□□□□□□□□□□□								
联系电话　□□□□□□□或□□□□□□□□□								
E-mail:								
办税人员：								
姓名　　　　性别　　　　职务　　　身份证件名称　□□□□□□□□□□□□□								
身份证件号码　□□□□□□□□□□□□□□□□□□								
联系电话　□□□□□□□或□□□□□□□□□								
E-mail:								
单位网址网页：								

经办人（签章）	法定代表人或负责人	纳税人（公章）
年　　月　　日	年　　月　　日	填表日期：　年　月　日

附件十一

企业法人营业执照

注册号：

组织机构代码号：

税务登记证号：

企业名称：

类····型：

地····址：

法定代表人：

注册资本：

成立日期：·

经营期限：

经营范围：

发照机关：贵州财经大学综合实验

二〇一一年····月····日

企业法人营业执照

（副本）

注册号：

组织机构代码号：

税务登记证号：

企业名称：

类····型：

地····址：

法定代表人：

注册资本：

成立日期：·

经营期限：

经营范围：

须······知

1、《企业法人营业执照》是企业法人资格和合格经营的凭证。

2、《企业法人营业执照》分为正本和副本，正本和副本具有同等的法律效力。

3、《企业法人营业执照》正本应当置于住所的醒目位置。

4、《企业法人营业执照》不得伪造、涂改、出租、出售、转让。

5、登记事项发生变化，应该向公司登记机关申请变更登记。

6、每年三月一日至六月三十日，应当参加年度检验。

7、《企业法人营业执照》被吊销后，不得开展与清算相关的经营活动。

8、办理注销登记，应交回《企业法人营业执照》正本和副本。

9、《企业法人营业执照》遗失或毁坏的，应当在登记机关指定的报刊上声明报废，申请补领。

年度检验情况

登记机关：··············

二〇一····年····月····日

附件十二

纳 税 人 税 种 认 定 表

纳税人识别号 | | | | | | | | | | | | | | | | |

微机编码		纳税人名称	
一、营业税：			
应税 项目	1. 销售制造业□ 2. 机电维修□ 3. 金融保险业□ 4. 进出口贸易□		
二、企业所得税：			
类别	1. 独立核算□ 2. 非独立核算□		
预缴 方式	1. 每季度按上年度四分之一□ 2. 每季度按实际所得□ 3. 每月按实际所得□ 4. 每季按销售额和预征率预征□		
三、资源税：			
名称		应税项目	
四、土地增值税：			
类别	1. 房地产开发□ 2. 非房地产开发□		
缴纳方式	1. 按月预缴□ 2. 按次预缴□		
五、房产税：			
类别	1. 自用房产□ 2. 出租房产□		
缴纳方式	1. 按月□ 2. 按季□ 3. 按半年□		
六、车船税：			
类别	1. 机动船□ 2. 非机动船□ 3. 机动车□ 4. 非机动车□		
七、城镇土地使用税：			
类别	1. 大城市□ 2. 中等城市□ 3. 小城市□ 4. 县城、建制镇、工矿区□ 5. 农村□		
等级	1. 一级□ 2. 二级□ 3. 三级□ 4. 四级□ 5. 五级□		
八、城市维护建设税：			
类别	1. 增值税□ 2. 消费税□ 3. 营业税□		
性质	1. 市区□ 2. 县城、建制镇□ 3. 其他□		
九、教育费附加：			
类别	1. 增值税□ 2. 消费税□ 3. 营业税□		
十、个人所得税			
方式	1. 按月计算□ 2. 按年计算，分月预缴□ 3. 按次□		
类别	1. 工资薪金所得□ 2. 个体工商户生产经营所得□ 3. 对企事业单位承包承租经营所得□ 4. 劳务报酬所得□ 5. 稿酬所得□ 6. 特许权使用费所得□ 7. 利息股息红利所得□ 8. 财产租赁所得□ 9. 财产转让所得□ 10. 偶然所得□ 11. 其他所得□		
十一、印花税：			
类别	1. 购销合同□ 2. 加工承揽合同□ 3. 建设工程勘察设计合同□ 4. 财产租赁合同□ 5. 建筑安装工程承包合同□ 6. 货物运输合同□ 7. 仓储保管合同□ 8. 借款合同□ 9. 财产保险合同□ 10. 技术合同□ 11. 产权转移书据□ 12. 营业账簿□ 13. 权利许可证照□		

以上内容纳税人必须如实填写，如内容发生变化，应及时办理变更登记。

以下由税务机关填写：

税种名称	税目或品目	纳税期限	申报期限	税率或单位税额	缴款方式	金库	预算级次	款项分类	款项分类名称	是否单独纳税

认定人　　　　　认定日期　　　　　　录入人　　　　　　录入日期

附件十三

增值税一般纳税人申请认定表

纳税人名称				纳税人识别号	
法定代表人（负责人、业主）		证件名称及号码		联系电话	
财务负责人		证件名称及号码		联系电话	
办税人员		证件名称及号码		联系电话	
生产经营地址					
核算地址					
纳税人类别：企业、企业性单位□　非企业性单位□　个体工商户□　其他□					
纳税人主业：工业□　商业□　邮政电信和现代服务业□　交通运输业□　其他□					
认定前累计应税销售额（连续不超过 12 个月的经营期内）			年　月至　年　月应税货劳及劳务额共　　　元　应税服务额		
纳税人声明	上述各项内容真实、可靠、完整。如有虚假，本纳税人愿意承担相关法律责任。（签章）：　　　　　　　　　　　　　　　　年　月　日				
税务机关					
受理意见	同意受理□　　　　　　　　受理人签名：　　　　　　　　　　　　　　　　　　　年　月　日				
查验意见	经实地查验符合规定，详见查验报告□　经实地查验不符合规定，详见查验报告□　　　　　　　　　　　　查验人签名：　　　　　　　　　　　　　　　　年　月　日				
主管税务部门意见	建议自　年　月起认定为增值税一般纳税人□　建议自　年　月起至　　年　月认定为实行纳税辅导期管理增值税一般纳税人□　不符合认定办法规定条件，建议不予认定□　　　　　　　　　　（签章）　　　　　　　　　　　年　月　日				
认定机关意见	同意自　年　月起认定为增值税一般纳税人□　同意自　年　月起至　　年　月认定为实行纳税辅导期管理的增值税一般纳税人□　同意不予认定□　　　　　　　　　　　（签章）　　　　　　　　　　　年　月　日				

注：本表 A4 竖式，一式二份，税务所和纳税人各留存一份。

附件十四

领取增值税专用发票领购簿申请书

国家税务局：

我单位已于　　　　年　　月　　　日被认定为增值税一般纳税人，

纳税人识别号　　　　　　　　，现申请购买增值税专用发票。

发票名称	发票代码	联次	每次领购最大数量
			本 / 份
			本 / 份
			本 / 份

为做好专用发票的领购工作，我单位特指定＿＿＿＿＿＿＿（身份证号：　　　　　　　　　　　）和＿＿＿＿

＿＿＿＿（身份证号：　　　　　　　）　　　　位同志为购票员。

我单位将建立健全专用发票管理制度，严格遵守有关专用发票领购、使用、保管的法律和法规。

法定代表人（负责人）（签章）：

申请单位（签章）

年　　月　　日

主管税务机关审核意见：

（公章）

年　　月　　日

县（市）级税务机关审核意见：

（公章）

年　　月　　日

注：本表一式三份，一份纳税人留存，各级税务机关留存一份。

附件十五

贵州省增值税专用发票　　（教学用）

开票日期：　年　月　号　　　　№

购货单位	名称：
	纳税人识别号：
	地址、电话：
	开户银行及帐号：

第——联

货物或应税劳务名称	规格型号	单价	数量	金额								税率	税额							
				十	万	千	百	十	元	角	分		十	万	千	百	十	元	角	分
合计																				

| 价税合计（大写） | （小写）¥ |

发票联

销货单位	名称：		备注
	纳税人识别号：		
	地址、电话：		
	开户银行及账号：		

| 备注 | |

收款人：　　　　　复核：　　　　　开票人：　　　　　销货单位：（章）

附件十六

<h3 style="text-align:center">增值税纳税申报表（适用于增值税一般纳税人）</h3>

档案号（　　　　　　　）

根据《中华人民共和国增值税暂行条例》第二十二条和第二十三条的规定制定本表。纳税人不论有无销售额，均应按主管税务机关核定的纳税期限按期填报本表，并于次月一日起十五日内，向当地税务机关申报。

税款所属时间：自　年　月　日至　年　月　日　　填表日期：　年　月　日　　金额单位：元至角分

纳税人识别号						
纳税人名称 （公章）	法定代表人姓名			营业地址		
开户银行及帐号			企业登记注册类型			
			电话号码			

项　目		栏次	一般货物及劳务		即征即退货物及劳务	
			本月数	本年累计	本月数	本年累计
销售额	（一）按适用税率征税货物及劳务销售额	1				
	其中：应税货物销售额	2				
	应税劳务销售额	3				
	纳税检查调整的销售额	4				
	（二）按简易征收办法征税货物销售额	5				
	其中：纳税检查调整的销售额	6				
	（三）免、抵、退办法出口货物销售额	7			——	——
	（四）免税货物及劳务销售额	8			——	——
	其中：免税货物销售额	9			——	——
	免税劳务销售额	10			——	——
税款计算	销项税额	11				
	进项税额	12				
	上期留抵税额	13				——
	进项税额转出	14				
	免抵退货物应退税额	15			——	——
	按适用税率计算的纳税检查应补缴税额	16			——	——
	应抵扣税额合计	17＝12＋13-14 -15＋16				——
	实际抵扣税额	18（如 17<11，则为 17，否则为 11）				

续表

项　　目		栏次	一般货物及劳务		即征即退货物及劳务	
			本月数	本年累计	本月数	本年累计
税款计算	应纳税额	19 = 11-18				
	期末留抵税额	20 = 17-18				——
	简易征收办法计算的应纳税额	21				
	按简易征收办法计算的纳税检查应补缴税额	22			——	——
	应纳税额减征额	23				
	应纳税额合计	24 = 19 + 21-23				
税款缴纳	期初未缴税额（多缴为负数）	25				
	实收出口开具专用缴款书退税额	26			——	——
	本期已缴税额	27 = 28 + 29 + 30 + 31				
	① 分次预缴税额	28				——
	② 出口开具专用缴款书预缴税额	29			——	——
	③ 本期缴纳上期应纳税额	30				
	④ 本期缴纳欠缴税额	31				
	期末未缴税额（多缴为负数）	32 = 24 + 25 + 26-27				
	其中：欠缴税额（≥ 0）	33 = 25 + 26-27				
	本期应补（退）税额	34 = 24-28-29				——
	即征即退实际退税额	35				
	期初未缴查补税额	36			——	——
	本期入库查补税额	37			——	——
	期末未缴查补税额	38 = 16 + 22 + 36-37			——	——
授权声明	如果你已委托代理人申报，请填写下列资料：		申请人声明	此纳税申报表是根据《中华人民共和国增值税暂行条例》的规定填报的，我相信它是真实的、可靠的、完整的。		
	为代理一切税务事宜，现授权　　（地址）为本纳税人的代理申报人，任何与本申报表有关的往来文件，都可寄予此人。					
	授权人签字：			声明人签字：		

以下由税务机关填写：

收到日期：　　　　　　　　　　接收人：　　　　　　　　　　主管税务机关盖章：

附件十七

本期销售情况明细

税款所属时间：　　年　　月

纳税人名称：（公章）　　　　　填表日期：　　年　　月　　日　　　　　金额单位：元至角分

一、按适用税率征收增值税货物及劳务的销售额和销项税额明细

项目	栏次	应税货物						应税劳务			小计		
		17% 税率			13% 税率								
		份数	销售额	销项税额	份数	销售额	销项税额	份数	销售额	销项税额	份数	销售额	销项税额
防伪税控系统开具的增值税专用发票	1	1									1		
非防伪税控系统开具的增值税专用发票	2												
开具普通发票	3												
未开具发票	4	——			——			——			——		
小计	5＝1＋2＋3＋4	——			——			——			——		
纳税检查调整	6												
合计	7＝5＋6	——	0	0	——			——			——		

二、简易征收办法征收增值税货物的销售额和应纳税额明细

项目	栏次	6% 征收率			4% 征收率			小计		
		份数	销售额	应纳税额	份数	销售额	应纳税额	份数	销售额	应纳税额
防伪税控系统开具的增值税专用发票	8									
非防伪税控系统开具的增值税专用发票	9									
开具普通发票	10									
未开具发票	11	——					——			
小计	12＝8＋9＋10＋11	——					——			
纳税检查调整	13	——					——			
合计	14＝12＋13	——					——			

三、免征增值税货物及劳务销售额明细

项目	栏次	免税货物			免税劳务			小计		
		份数	销售额	税额	份数	销售额	税额	份数	销售额	税额
防伪税控系统开具的增值税专用发票	15				——	——	——			
开具普通发票	16			——			——			——
未开具发票	17	——		——	——		——	——	——	——
合计	18 = 15 + 16 + 17	——		——			——	——		

附件十八

本期进项税额明细表

税款所属时间： 年 月
纳税人名称：（公章）
填表日期：年 月 日
金额单位：元至 角 分

一、申报抵扣的进项税额				
项目	栏次	份数	金额	税额
（一）认证相符的防伪税控增值税专用发票	1	1		
其中：本期认证相符且本期申报抵扣	2	1		
前期认证相符且本期申报抵扣	3			
（二）非防伪税控增值税专用发票及其他扣税凭证	4			
其中：海关完税凭证	5			
农产品收购凭证及普通发票	6			
废旧物资发票	7			
运费发票	8			
6% 征收率	9			
4% 征收率	10			
（三）期初已征税款	11	——	——	
当期申报抵扣进项税额合计	12	1		
二、进项税额转出额				
项目	栏次	税额		
本期进项税转出额	13			
其中：免税货物用	14			
非应税项目用	15			
非正常损失	16			
按简易征收办法征税货物用	17			
免抵退税办法出口货物不得抵扣进项税额	18			
纳税检查调减进项税额	19			
未经认证已抵扣的进项税额	20			
	21			
三、待抵扣进项税额				
项目	栏次	份数	金额	税额
（一）认证相符的防伪税控增值税专用发票	22	——	——	——
期初已认证相符但未申报抵扣	23			
本期认证相符且本期未申报抵扣	24			
期末已认证相符但未申报抵扣	25			
其中：按照税法规定不允许抵扣	26			

续表

（二）非防伪税控增值税专用发票及其他扣税凭证	27			
其中：17% 税率	28			
13% 税率及扣除率	29			
10% 扣除率	30			
7% 扣除率	31			
6% 征收率	32			
4% 征收率	33			
	34			
四、其他				
项目	栏次	份数	金额	税额
本期认证相符的全部防伪税控增值税专用发票	35			
期初已征税款挂帐额	36	——	——	
期初已征税款余额	37	——	——	
代扣代缴税额	38	——	——	

注：第 1 栏＝第 2 栏＋第 3 栏＝第 23 栏＋第 35 栏－第 25 栏；第 2 栏＝第 35 栏－第 24 栏；第 3 栏＝第 23 栏＋第 24 栏－第 25 栏；第 4 栏等于第 5 栏至第 10 栏之和；第 12 栏＝第 1 栏＋第 4 栏＋第 11 栏；第 13 栏等于第 14 栏至第 21 栏之和；第 27 栏等于第 28 栏至第 34 栏之和

附件十九

贵阳市工商企业城建税等税费申报表

所属时间　　　年　　月

申报单位 _____ 地址 _____ 经济类型 _____

主管部门 _____ 开户银行 _____ 账号 _____

税务登记号 _____

税务管理码 _____ 注册类型 _____ 金额单位：元

税种 项目 有关税费等	增值税			营业税			消费税			合计
	税额	征收率 （税率）	应收税 （费）额	税额	征收率 （税率）	应征税 （费） 额	税额	征收率 （税率）	应征税 （费）额	10＝3＋ 6＋9
	1	2	3＝1×2	4	5	6＝4×5	7	8	9＝7×8	
城市维护 建设税										
教育费附加										
合　计	×	×		×	×		×	×		
备　注				财务负责人 负责人　年　月　日				核收人　年　月　日		

填表说明：（1）本表作为流转税申报表附件，根据财政、税收法规规定的申报日期如实申报。

（2）"经济类型"按税务登记证件上的"经济类型"项目填写。

（3）"税务登记号"指税务登记证件上"国（地）税户字…号"的"字…号"之间15位号码；"税务管理码"指税务登记证件上右上角的税务管理码15位号码。

（4）"电脑编码"指由本市税务机关计会部门赋予企业的代码。

（5）"注册类型"按本市税务机关计会部门的税票上的注册类型填写。

（6）本表一式叁份，税务机关留存两份，退还企业一份。

附件二十

企业所得税年度纳税申报表

税款所属期间：　　　年　　月　　日至　　　年　　月　　日

纳税人识别号：□□□□□□□□□□□□□□□　　　　金额单位：元（列至角分）

纳税人名称：

	行次	项　目	金　额
收入总额	1	销售（营业）收入（请填附表一）	
	2	投资收益（请填附表三）	
	3	投资转让净收入（请填附表三）	
	4	补贴收入	
	5	其他收入（请填附表一）	
	6	收入总额合计（1＋2＋3＋4＋5）	
扣除项目	7	销售（营业）成本（请填附表二）	
	8	主营业务税金及附加	
	9	期间费用（请填附表二）	
	10	投资转让成本（请填附表三）	
	11	其他扣除项目（请填附表二）	
	12	扣除项目合计（7＋8＋9＋10＋11）	
应纳税所得额的计算	13	纳税调整前所得（6-12）	
	14	加：纳税调整增加额（请填附表四）	
	15	减：纳税调整减少额（请填附表五）	
	16	纳税调整后所得（13＋14-15）	
	17	减：弥补以前年度亏损（填附表六）（17≤16）	
	18	减：免税所得（请填附表七）（18≤16-17）	
	19	加：应补税投资收益已缴所得税额	
	20	减：允许扣除的公益救济性捐赠额（请填附表八）	
	21	减：加计扣除额（请填附表九）（21≤16-17-18＋19-20）	
	22	应纳税所得额（16-17-18＋19-20-21）	
应纳所得税额的计算	23	适用税率	
	24	境内所得应纳所得税额（22×23）	
	25	减：境内投资所得抵免税额	
	26	加：境外所得应纳所得税额（请填附表十）	
	27	减：境外所得抵免税额（请填附表十）	
	28	境内、外所得应纳所得税额（24-25＋26-27）	
	29	减：减免所得税额（请填附表七）	
	30	实际应纳所得税额（28-29）	
	31	汇总纳税成员企业就地预缴比例	

续表

应纳所得税额的计算	32	汇总纳税成员企业就地应预缴的所得税额（30×31）	
	33	减：本期累计实际已预缴的所得税额	
	34	本期应补（退）的所得税额	
	35	附：上年应缴未缴本年入库所得税额	

纳税人声明：此纳税申报表是根据《中华人民共和国企业所得税暂行条例》及其实施细则和国家有关税收规定填报的，是真实的、完整的。

法定代表人（签字）：　　　　　　　　　　　年　　月　　日

纳税人公章：	代理申报中介机构公章：	主管税务机关受理专用章：
经办人：	经办人执业证件号码：	受理人：
申报日期：年 月 日	代理申报日期：年 月 日	受理日期：年 月 日

附件二十一

营业税纳税申报表
（适用于查账征收的营业税纳税人）

纳税人识别号：
纳税人名称：（公章）
税款所属期限：　　年　　月　　日至　　年　　月　　日　　　填表日期：　　年　　月　　日　　　金额单位：元（列至角分）

税目	营业额				税率（%）	本期税款计算						税款缴纳			本期应缴税额计算		
	应税收入	应税减除项目金额	应税营业额	免税收入		本期应纳税额		免（减）税额	期初欠缴税额	前期多缴税额	小计	本期应缴纳	本期已缴税额		小计	本期应缴税额	本期期末应缴（多缴）税额
			4＝2－3			小计	8＝（4－5）×6	9＝5×6			12＝13＋14＋15	已缴本期应缴税额	本期已被扣缴税额	本期已缴欠缴税额	16＝17＋18	本期应缴税额	本期期末应缴（多缴）税额
1	2	3		5	6	7＝8＋9			10	11		13	14	15		17＝8－13－14	18＝10－11－15
交通运输业																	
建筑业																	
邮电通讯业																	
服务业																	
娱乐业																	
金融保险业																	
文化体育业																	
销售不动产																	
转让无形资产																	
合　计																	
代扣代缴项目																	
总　计																	

纳税人或代理人声明：

此纳税申报表是根据国家税收法律的规定填报的，我确定它是真实的、可靠的、完整的。

纳税人（公章）：

办税人员（签章）

财务负责人（签章）

经办人（签章）

如纳税人填报，由纳税人填写以下各栏：
法定代表人（签章）
联系电话

如委托代理人填报，由代理人填写以下各栏：
代理人（公章）
联系电话

以下由税务机关填写：

受理人：

受理税务机关（签章）：

代理人名称　　　　年　　月　　日

本表为A3横式，一式三份，一份纳税人留存，一份主管税务机关留存，一份征收部门留存。

附件二十二

中华人民共和国																
税收通用缴款书　　NO.　　　　国																
隶属关系：见《填写须知》														（2010）京国缴		
填发日期：　　年　月　日																
注册类型：见《填写须知》						征收机关：国家税务局（某某税务局）										

缴款单位	代码	纳税人识别码		预算科目	编码	见《填写须知》										
	全称	必须填写全称			名称	见《填写须知》										
	开户银行				级次	见《填写须知》										
	帐号			收款国库		45 海淀支库										

税款所属时期　年　月　日				税款限缴日期　　年　　月　　日												

品目名称	课税数量	计税金额或销售收入	税率或单位税额	已缴或扣除额	实缴金额										
					亿	千	百	十	万	千	百	十	元	角	分
见《填写须知》		必须填写	必须填写												

金额合计（大写）　亿　千　百　十　万　千　百　十　元　角　分																

缴款单位（人）（盖章）经办人（章）	税务机关（盖章）经办人（章）	上列款项已核收记入收款单位账户国库（银行）盖章　　年　月　日	备注：

附件二十三

增值税纳税信用等级自评自检

	销售收入	销项税金	进项税金	应交税金	已交税金	负担率	国家标准参数	信用等级
第一期								
第二期								
第三期								
第四期								
第五期								
第六期								

附件二十四

企业所得税纳税信用等级自评自检

	销售收入	利润	税率	应交税金	已交税金	实际负担率	国家标准参数	信用等级
第一期								
第二期								
第三期								
第四期								
第五期								
第六期								

小贴士：接下来是政府工作手册的答辩，请同学们做好准备！

第三节　企业年检相关表格

附件二十五

公司年检报告书

公 司 年 检 报 告 书
（　　　　年度）

公 司 名 称：　　　　　　　　　　　　　　（盖章）

联 系 电 话：

注 册 号：

登 记 机 关：

一、登记事项情况

登记事项名称	登记事项现状
名　　称	□ 与登记一致。 □ 与登记不一致。现状是：
住　　所	□ 与登记一致。 □ 与登记不一致。现状是：
法定代表人姓名	□ 与登记一致。 □ 与登记不一致。现状是：
注 册 资 本 （万元）	□ 与登记一致。 □ 与登记不一致。现状是：
实 收 资 本 （万元）	□ 与到期应收资本额一致。 □ 与到期应收资本额不一致。现状是： 实收资本额： 到期应收资本额：
公 司 类 型	□ 与登记一致。 □ 与登记不一致。现状是：
营 业 期 限	□ 与登记一致。 □ 与登记不一致。现状是：
经营范围	1. 企业登记前置许可证件、批准文件是否期限届满、被撤消、吊销或撤回： 　□ 否。 　□ 是。许可证件、批准文件名称： 2. 有无从事未经登记的企业登记前置许可经营项目： 　□ 否。 　□ 是。从事的项目为： 3. 有无从事未经登记的一般经营项目： 　□ 否。 　□ 是。从事的项目为：
股东、发起人姓名（名称） 及出资额	1. □ 姓名（名称）与登记一致。 　□ 姓名（名称）与登记不一致。现状是： 2. □ 各股东、发起人已按期缴足认缴的出资额。 　□ 各股东、发起人未按期缴足认缴的出资额。未按期缴足认缴出资额的股东、发起 　　人是：

注：① 本年检报告书适用于依照《公司法》和《公司登记管理条例》登记注册的有限责任公司和股份有限公司，不包括外商投资的公司。

② 年检报告书可以打印填写，也可以使用黑色或蓝黑色钢笔正楷填写，字迹应清晰工整。

③ 标明"□"的选项，选填时应将"□"涂黑。

二、备案事项情况

备案事项名称	备案事项现状
章　程	□ 与备案一致。 □ 与备案不一致。修改的主要事项是：
董　事	□ 与备案一致。 □ 与备案不一致。现状是：
监　事	□ 与备案一致。 □ 与备案不一致。现状是：
经　理	□ 与备案一致。 □ 与备案不一致。现状是：
分公司	□ 未设立； □ 与备案一致； □ 未备案或未全部备案。未备案的分公司是：
公司清算组成员及负责人	□ 公司未进入清算； □ 与备案一致； □ 与备案不一致。现状是：

注："分公司"一栏填写上次年检至本次年检期间分公司的设立与备案情况。

三、对外投资情况

序号	所投资企业名称	注册号	认缴出资额（万元）	持股比例（%）

四、经营情况

企业名称		注册号	
营运状况	□ 筹建 □ 投产开业 □ 停业 □ 清算		
全年销售（营业）收入	元	其中：服务营业收入	元
全年利润总额	元	全年净利润	元
全年纳税总额	元		
全年亏损额			元
年末资产总额	元	其中：长期投资	元
年末负债总额	元	其中：长期负债	元

注：本表内容应根据资产负债表和损益表填写，并附在资产负债表之前。

本人确认公司提交的年检报告书所填内容属实。

公司法定代表人签名：

年　　月　　日

讨论与思考

1. 你所在的机构对于工作任务是如何进行分工和合作的？
2. 讨论采用什么方式才能为企业呈现一份清晰的办事指南和流程？
3. 你认为什么样性格的人适合在政府机构工作？
4. 你认为社会为什么需要政府来管理？

第6章 商业银行计划书

> 银行的业务，其实和卖手机没有什么本质差别。银行所提供的业务，同样也是商品。
>
> ——黄晓光

在本章，你将了解到以下内容：

—— 商业银行分支机构的选址并不是随意选择的

—— 专业的行业市场研究分析报告应该包括几个方面的内容

—— 银行产品的设计理念及营销技巧

—— 如何更为专业及全面地对市场以及竞争进行分析

—— 一份好的商业银行计划书需要注意哪些问题

本课程所模拟的商业银行，主要以某一区域的分支银行为背景，在做银行计划书时要综合考虑企业融资的需要，需要向投资者重点介绍的有项目内容、可行性分析、融资计划、产品、盈利前景、风险等内容，同时商业银行创业者对自己所创立的商业银行，所面对的市场前景以及潜在的风险等因素也要做出清晰的决策与判断。

商业银行计划书不是一篇学术论文，也不是一本单纯的说明书，它所面对的读者是那些对计划书感兴趣的人，他们可能是银行团队成员、投资者、制造商、顾客等。因此，在商业计划书中要清晰而务实地对银行团队、商业银行企业发展战略经营管理模式、主要业务及流程、营销方案、市场竞争分析、绩效考核方案等内容进行阐述。其相关内容要素主要涵盖如下几点：银行简介、企业发展战略、经营管理模式、主要业务及流程、市场调查分析、营销方案、财务规划及融资、机遇与风险、绩效考核方案等内容。同时，通过计划书的撰写，能让我们了解企业创业融资过程，锻炼有关市场调查、分析、团队协作、自主学习、写作等方面的能力，完善我们的思维模式。

6.1 选址及服务内容

商业银行分支机构的位置、设计以及其提供的服务等问题，首先取决于客户的偏好，其次是管理者和雇员的意愿。对于分支机构而言，客户和雇员同等重要。对于这两者而言，提供服务的部门的工作地点应该是容易找到并且能方便到达的。

提供全方位服务的分支机构的最理想的地理位置必须具备以下一些特征：

（1）交通流量大；

（2）周围有大量零售店和商场；

（3）当地人口以中老年居多；

（4）周边地区有企业老板、管理人员、专业人士工作或居住；

（5）本地区其他金融服务竞争者数量稳定或下降；

（6）人口增长较快；

（7）人口密度较大；

（8）人口与分支数目比率较高（人口与分支数目比率＝该地区接受银行服务的总人口数÷该地区银行分行数量，该比率越大，金融服务需求也就越大，从而能够达到增加收入，提高经营效率的目的）；

（9）居民收入属中上游水平。

当然，不同目的的分支机构对于选址的要求有不同的侧重点，但大致上都基于以上几条。在设立分支机构前，还要对资金预算进行考虑，即通过对该个分支机构预期收益率的估计来衡量股东意愿，从而决定其可行性。此外，管理者还需要考虑总体预期收益率的方差和预期收益率与新分支机构、已有分支机构及该金融机构已有资产等之间的协方差。综合考虑新分支机构与其他分支机构及金融资产的相关性和风险因素，即地理位置多样化效应。

小贴士：由于调查能力有限，一些衡量指标无法被考量，只能凭借经验及走访调查来做出决策。

6.2 市场调查和分析

行业市场分析是当前应用最为广泛的咨询服务，一份专业的行业市场研究分析报告主要包括以下几个方面：行业宏观背景，市场规模分析，产业竞争格局，行业现状分析，市场供需情况，市场规模分析，投资机会分析，行业相关政策法规，行业发展概况等，如图 6.1 所示。

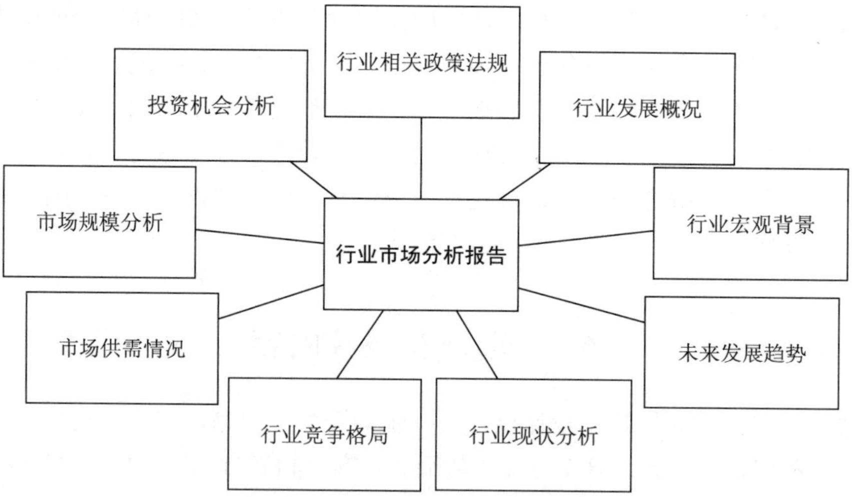

图 6.1 行业市场研究分析报告

作为通用型调研报告，行业市场研究注重指导企业或投资者了解该行业整体发展态势及经济运行状况，旨在为企业或投资者提供方向性的思路和参考。一份有价值的银行行业市场研究报告，可以完成对银行行业较为系统、完整的调研分析工作，使决策者在阅读完银行行业研究报告后，能够清楚地了解银行行业现状和整体的发展情况，确保了决策方向的正确性和科学性。

小贴士：市场分析报告要注重信息的时效性，不要采用一些过时落后的市场分析数据，从而更好地把握银行市场变化和银行行业的发展趋势。

6.3　主要业务及产品

1.　银行主要办理业务

银行业务，顾名思义就是银行办理的业务。按业务复杂程度和对网点依赖程度，银行业务可分为传统业务和复杂业务。按照其资产负债表的构成，银行业务主要分为三类：负债业务、资产业务、中间业务。

按业务复杂程度和对网点依赖程度，银行业务可分为两块：一部分是传统业务，包括一般贷款、简单外汇买卖、贸易融资等，主要是靠大量分行网络、业务量来支持。另外是复杂业务，如衍生产品、结构性融资、租赁、引进战略投资者、收购兼并上市等，这些并不是非常依赖分行网络，是高技术含量、高利润的业务领域。

按照其资产负债表的构成，银行业务主要分为三类：负债业务、资产业务、中间业务。负债业务是商业银行形成资金来源的业务，是商业银行中间业务和资产的重要基础。商业银行负债业务主要由存款业务、借款业务、同业业务等构成。负债是银行由于授信而承担的将以资产或资本偿付的能以货币计量的债务。存款、派生存款是银行的主要负债，约占资金来源的80%以上，另外联行存款、同业存款、借入或拆入款项或发行债券等，也构成银行的负债。资产业务是商业银行运用资金的业务，包括贷款业务、证券投资业务、现金资产业务。

中间业务是指不构成商业银行表内资产、表内负债形成银行非利息收入的业务，包括交易业务、清算业务、支付结算业务、银行卡业务、代理业务、托管业务、担保业务、承诺业务、理财业务、电子银行业务。

在选择我们所成立的分支机构所经营的业务时，要结合实际情况考虑，对银行的各项业务进行分析。

2.　银行理财产品

银行理财产品，按照标准的解释，应该是商业银行在对潜在目标客户群分析研究的基础上，针对特定目标客户群开发设计并销售的资金投资和管理计划。在理财产品这种投资方式中，银行只是接受客户的授权管理资金，投资收益与风险由客户或客户与银行按照约定方式承担。

在制定分支机构的理财产品时，要注意理财产品的几个构成要素：

（1）发行者：也就是理财产品的卖家，目前一般就是开发理财产品的金融机构。投资人一般应该注意发行者的研发、投资管理的实力。实力雄厚的金融机构发行的理财产品更加可靠一些。另外，一些投资渠道是有资格限制的，小的金融机构可能没有资格参与这些投资，这样就对发行者造成了投资方向的限制，最终会影响理财产品的收益率，因此，实力雄厚的机构的信用更加可靠。

（2）认购者：也就是银行理财产品的投资人。有些理财产品并不是面向所有公众的，而是为有针对性的认购群体推出的。

（3）期限：任何理财产品发行之时都会规定一个期限。目前银行发行的理财产品大部分期限都比较短，但是也有外资银行推出了期限为 5 ～ 6 年的理财产品。所以投资人应该明确自己资金的充裕程度以及投资期内可能的流动性需求，以避免由此引起的不便。当投资长期理财产品时，投资人还需要关注宏观经济趋势，对利率等指标有一个大体的判断，避免利率波动等造成损失或者资金流动性困难。

（4）价格和收益：价格是金融产品的核心要素。筹资者出售金融产品的目的是为了得到相当于产品价格的收入，投资人的投资额正好等于其购入的金融产品的价格。对理财产品而言，其价格就是相关的认购、管理等费用以及该笔投资的机会成本（可能是利息收益或其他投资收益）。投资人投资于该产品的目的就是获得等于或高于该价格的收益。收益率表示的是该产品给投资人带来的收入占投资额的百分比。它是在投资管理期结束之后，按照该产品的原定条款计算所得的收益率。

（5）风险：在有效的金融市场上，风险和收益永远是对等的，只有承担了相应的风险才有可能获得相应的收益。在实际运行中，金融市场并不是总有效或者说不是时刻有效的。由于有信息不对称等因素的存在，市场上就可能存在低风险高收益、高风险低收益的可能。所以投资人应该详细了解理财产品的风险结构状况，从而对其做出判断和评估，看其是否与所得的收益相匹配。

（6）流动性：流动性指的是资产的变现能力，它与收益率是一对矛盾，这也就是有些经济学家将利息定义为"流动性的价格"的原因。在同等条件下，流动性越好，收益率越低，所以投资人需在二者之间做出权衡。

（7）理财产品中嵌套的其他权利：目前推出的理财产品，尤其是一些结构性理财产品中，常常嵌入了期权等金融衍生品。例如：投资人可提前赎回条款，可提前赎回是一项权利（尽管不一定是最好的选择）；银行的可提前终止的权利则是有利于银行的条款。所以，投资人选择理财产品时应该充分发掘其中的信息，并充分利用这方面的权利。

6.4　商业银行营销方案

营销策划方案是商业银行在进行金融产品或服务的市场销售之前，为使销售达到预期目标而进行的各种销售促进活动的整体性策划文书，是针对某一客户开发和某一产品营销而制作的规划，它的任务是为将朦胧的"将来时"渐变为有序的"现在进行时"提供行动指南，由此而形成的营销策划方案则是商业银行开展市场营销活动的蓝本。营销策划方案必须具备鲜明的目的性、明显的综合性、强烈的针对性、突出的操作性、确切的明了性等特点，即体现"围绕主题、目的明确，深入细致、周到具体，一事一策，简易明了"的要求。

目前，在国内、国际经济环境更加复杂、竞争日趋激烈的新背景中，我国商业银行的营销工作需要继续努力，尤其应在客户导向、产品创新、品牌营销、市场定位、服务营销等方面做足工作，这样才能更好地把我国商业银行营销推到一个更高的层次。

在营销方案的制定上有以下几个对策：

（1）在市场细分基础上，注重营销组合策略的灵活选择：逐步完善产品策略、价格策略、渠道策略以及促销策略。以业务品种为载体，进行个性营销。银行面对的是众多的客户，他们对产品的需求存在着差异，不仅仅体现在金融产品的类型和档次上，而且体现在对利率、费率和销售方式的不同需求上。因此，没有一个银行能通过一种营销组合策略满足所有客户的所有需求。因此，只有将市场区分为更细小的市场或客户群体，或区分为具有不同特征的目标市场，实施不同的营销组合策略，而且根据自身的战略定位，判定和选择相应的市场组合，才能做到银行营销的市场定位准确，从而达到营销的预期效果。

（2）加强金融品牌营销，强化银行品牌形象：金融品牌营销就是指金融机构通过对金融产品的品牌的创立、塑造，树立品牌形象，以利于在金融市场中的竞争。银行作为经营货币的特殊企业，也如一般流通性服务行业一样，具有服务需求弹性大、提供产品的同一性和易模仿性等特点。我国商业银行想要在国际竞争中脱颖而出，企业形象与品牌就显得尤为重要。

（3）注重营销策略的选择：我国商业银行营销要在营销策略上逐渐寻求突破，可采用关系营销、绿色营销、文化营销等手段。例如花旗银行的营销除了突出服务意识之外，还特别突出塑造成功的形象，这对年轻顾客产生了巨大的影响。文化因素的注入已成为一种势不可挡的营销潮，这有助于传递金融企业的差别优势。金融产品的趋同现象当前非常普遍，在众多模式化的宣传中，脱颖而出形成差别优势已成为金融营销的共同追求。而文化因素的注入正是适应了这一要求。金融广告中注入丰富的文化内涵，可有效地区别于竞争对手。

（4）注重目标市场的细分：任何一家商业银行，不可能满足所有客户的整体需求，不可能为某一市场的全体顾客服务。相反的，商业银行必须确认市场中最具有吸引力且最能有效提供服务的市场区划，满足一部分人的某种需要。一般把这种商业银行选定的服务活动的对象称为"目标市场"。商业银行在目标市场战略中应分为两步：一是通过金融市场细分，选择目标市场；二是市场定位，拟定一个竞争性的市场位置。

6.5　市场和竞争分析

金融业作为国民经济发展的加速器，对我国的经济增长起了不可忽视的作用。加入WTO 之后的中国银行业，面对跨国金融集团逐步入境的"狼群效应"，如何在未来激烈的市场竞争中塑造自身的核心竞争力，巩固原有的市场，维持并发展现有的地位，已成为国内各大银行的当务之急。

在计划书撰写中，我们因充分考虑各方面的竞争因素，灵活运用 SWOT 分析等竞争分析方法，判断分支银行的外部机遇及威胁，内部劣势及内部优势之间的关系，在商业运营过程中应采取合适的战略，以抓市场机遇为主，通过不断弥补自己的先天缺陷从而在竞争中取得优势。

小贴士：在进行优劣势的分析之后，还要给出合适的解决方案，例如如何减小劣势对本银行的影响，如何更好地运用目前的优势。

6.6 财务规划及融资方案

财务规划是指纳税人或其代理人在合理合法的前提下，自觉地运用税收、会计、法律、财务等综合知识，采取合法合理或"非违法"的手段，以期降低税收成本服务于企业价值最大化的经济行为。

企业的发展离不开财务规划，由于地球村的形成，企业进行国际财务规划越来越普遍了。企业国际财务规划包含几个方面：财税安排、离岸投资、合理避税、资金对冲、国际投资融资配对以及资产管理与信托等。

财务规划是对企业财务活动的整体性决策，其着眼点不是当前，而是未来，是立足于长远的需要对企业财务活动的发展所做出的科学判断。它在日常财务活动中主要表现为几个特性：

（1）全局性。财务规划是以整个企业的筹资、投资和经营管理的全局性为对象，根据企业长远发展需要而制定的。它是从财务的角度对企业总体发展战略理论所做的描述，是企业未来财务活动的行动纲领和蓝图，对企业的各项具体财务工作起着指导的作用。

（2）长期性。制定财务规划不是为了解决企业的当前问题，而是为了谋求企业未来的长远发展。因此，财务规划一经制定就会对企业未来相当长时期内的财务活动产生重大影响。

（3）风险性。由于企业的经营环境总是在不断变化，因此，企业的财务规划也伴随着有一定的风险。财务规划风险的大小，取决于财务决策者的知识、经验和判断能力。科学合理的财务规划一旦实现，会给企业带来勃勃生机和活力，使企业得到迅速发展；反之，会给企业造成一定的损失，使企业陷入财务困境。

（4）适应性。现代企业经营的本质，就是在复杂多变的环境中，解决企业外部环境、内部条件和经营目标三者之间的平衡关系。财务规划把企业与外部环境融为一体，通过分析、评估等手段尽最大可能避免企业财务管理中所出现的问题，增强企业对各种复杂因素的适应性。

6.7 其 他 因 素

除了上面的几个因素在计划书中要进行相关阐述外，各个小组可以根据自己所成立的分支银行机构的实际情况选择性增加需要说明的项目。策划书所要达到的目的也在于此。在撰写的过程中应抓住投资者所关注的重点，避免语句累赘，计划书中最好要有创造性的内容和独特的内涵。

6.8 商业银行计划书撰写要求规范

（1）摘要。对整个银行计划书内容进行简单说明，阐述整个计划的基本内容。

（2）商业银行简介。对商业银行整体情况进行介绍，涵盖银行名称、经营业务内容、实施目标、管理团队及团队能力、岗位设置及相关要求等相关内容。

（3）市场调查和分析。对商业银行进入市场的定位与分析、市场发展的现状规模、目标市场的客户需求、市场竞争分析和竞争优势以及市场发展的趋势等内容进行调查分析。

（4）主要产品及业务办理。介绍银行主要产品服务情况、产品发展规划、办理的业务以及办理流程等内容。

（5）商业银行营销方案。介绍银行所针对的目标市场营销战略，对营销策划主体项目情况、营销策划分析、实施目标及保障进行阐述。

（6）市场和竞争分析。对目标市场进行分析，对竞争对手情况以及核心竞争力进行阐述。

（7）财务规划及融资。银行需要融资的规模及使用计划、收益预算以及相关预计的财务报表情况。

（8）机遇与风险。对商业银行经营过程中的机遇与风险情况进行阐述，并提出应对可能出现的风险情况方案。

（9）绩效考核方案。对商业银行内部管理、人员考勤、内部激励情况进行说明。

（10）业务所需凭证、表格的设计。设计商业银行所需的相关凭证、表格。

（11）同时，银行计划书的撰写要求简明扼要，让阅读者能够一目了然，其撰写要求主要涵盖以下几点：① 计划书撰写要清晰明白，避免使用过多的专业或难懂词汇；② 撰写篇幅要适当，太简短，让人看不明白，影响计划书项目的可行性；太冗长，则会表现为较啰嗦（篇幅要求一般在 30 ～ 60 页）；③ 内容完整、条理清晰、语言流畅并通俗易懂。

6.9　银行商业计划书目录参考模板

第 1 章　摘要

第 2 章　商业银行简介

2.1　商业银行名称及管理团队介绍（含股权结构）

2.2　商业银行经营内容概况及实施目标

2.3　商业银行岗位设置及要求

第 3 章　市场调查和分析

3.1　市场调查情况介绍

3.2　目标市场分析

3.3　市场竞争分析及竞争优势

3.4　市场发展趋势

第 4 章　主要产品及业务办理

4.1　银行主要产品服务情况

4.2　产品发展规划

4.3　银行经营主要业务情况简介

4.4　主要业务办理流程

第 5 章　商业银行营销方案

5.1　营销策划主体项目情况介绍

小贴士：本书中提供的计划书模板仅供同学们参考，每个团队可以根据自己所成立的银行分支机构情况进行目录的增减及改动。

讨论与思考

1. 我们为什么需要银行？

2. 服务水平对银行的生存和发展有着怎样的影响力？

3. 面对全球化的激烈竞争，我们应当支持国有银行还是支持更多国外银行进驻呢？

4. 你认为哪些是导致银行在竞争中获取胜利的因素？

5. 你认为余额宝有可能颠覆传统的银行经营模式吗？

第7章 电子商务企业策划书

> 在未来要么电子商务，要么无商可务。
>
> ——比尔·盖茨

在本章，你将了解到以下内容：

—— 什么是电子商务

—— 电子商务企业可以有哪些

—— 如何打造满足客户需求的电商产品

—— 在商业计划书中如何更好地推销自己的产品

—— 电子商务企业的商业计划书应该包含哪些内容

狭义上讲，电子商务（Electronic Commerce，EC）是指：通过使用互联网等电子工具（这些工具包括电报、电话、广播、电视、传真、计算机、计算机网络、移动通信等）在全球范围内进行的商务贸易活动。广义上讲，电子商务就是通过电子手段进行的商业事务活动。

电子商务企业经营计划书应该对本企业的经营范围、人员配置、盈利模式、可行性分析、产品介绍、经济和社会效益分析等方面进行合理分析。

7.1 企业经营范围

电子商务企业的经营范围非常广泛，涉及服装类、科技类、商贸类、食品类、百货类等行业。然而，更多的电子商务企业并没有自主的产品，而是提供以计算机网络为基础所进行的各种商务活动，包括商品和服务的提供者、广告商、消费者、中介商等有关各方行为的总和。

电子商务企业的经营范围非常广泛，在我们的经济管理仿真综合实验中，电子商务企业主要是为其他企业提供一个第三方的交易平台。通过使用互联网等电子工具，使公司内部、供应商、客户和合作伙伴之间，利用电子业务共享信息，实现企业间业务流程的电子化，配合企业内部的电子化生产管理系统，提高企业的生产、库存、流通和资金等各个环节的效率。

电子商务服务业是以信息技术应用和经济发展需求为基础，对社会全局和可持续发展具有重要引领带动作用的新兴产业。第三方电子商务交易平台在电子商务服务业发展中具有举足轻重的作用，第三方电子商务交易平台不仅沟通了买卖双方的网上交易渠道，大幅度降低了交易成本，也开辟了电子商务服务业的一个新的领域。

小贴士：第三方电子商务交易平台是指在电子商务活动中为交易双方或多方提供交易撮合及相关服务的信息网络系统总和。

7.2　电子商务企业概况

企业概况包括所建立的企业名称，企业简介，企业负责人，团队介绍，服务项目等内容。电子商务的形成与交易离不开以下三方面的关系：

（1）交易平台：第三方电子商务平台是指在电子商务活动中为交易双方或多方提供交易撮合及相关服务的信息网络系统总和；

（2）平台经营者：第三方交易平台经营者是指在工商行政管理部门登记注册并领取营业执照，从事第三方交易平台运营并为交易双方提供服务的自然人、法人和其他组织；

（3）站内经营者：第三方交易平台站内经营者（以下简称站内经营者）是指在电子商务交易平台上从事交易及有关服务活动的自然人、法人和其他组织。

7.3　企业平台搭建

基于现阶段企业对互联网的强大需求，电子商务企业应该凭着对互联网深刻的理解，为客户提供一系列最优质的解决方案，帮助客户完成品牌展示、产品营销、网络推广等服务。

在电子商务企业的商业计划书中应该有企业平台搭建情况的介绍。电子商务平台即是一个为企业或个人提供网上交易洽谈的平台。企业电子商务平台是建立在 Internet 网上进行商务活动的虚拟网络空间和保障商务顺利运营的管理环境；是协调、整合信息流、物质流、资金流有序、关联、高效流动的重要场所。企业、商家可充分利用电子商务平台提供的网络基础设施、支付平台、安全平台、管理平台等共享资源有效地、低成本地开展自己的商业活动。

小贴士：在经济管理综合仿真实验中，电子商务企业的平台展示应该包括网站前台搭建，后台设计，页面布局，技术可行性，包含有门户网站经营比较完善的信息流、资金流、物流等内容。

7.4　创新型产品

以国内电商发展为例，电子商务在近 20 年的发展过程中，也诞生了很多专为中小企业开展电子商务服务的产品，其中也不乏创新型的产品，并得到了广泛的应用。包括诚信通、中国供应商、网络联保、阿里旺旺、生意搜移动旺铺、网上试衣间、团购网站等创新型的产品，为中小企业开展电子商务提供了更为全面、实用、有效的电子商务服务。

本质上，网上消费行为变革的动力源泉之一就是电子商务的创新。基于互联网系统的电子商务活动，包括售前网上推介、信息互动，网上订购、成交、付款、客户服务等网上销售，售后服务沟通，以及利用互联网开展市场调查、团购邀约等，形成商务流程创新。创新不仅仅由于它应用了新的电子计算技术与网络通信技术，更重要的是它带来了明显的新的市场效率。有以下几种创新的思维模式可供大家借鉴参考：

（1）开拓出了一种新的网上市场流通渠道，使商务效应倍增。如网上采购、网上直销、网上商城、网上连锁店、网上专业市场、网上专卖店、网上拍卖行等带动了一大批新客户。

（2）创造出了一种新的产品销售平台。销售平台将售前信息发布、订购、成交、支付、售后服务等多种商务功能集成到一个电脑操作平台上，使供应商可将以往的各种劳动分工集中到一起，获得集成优势，使顾客购买更加方便，更乐于购买，从而实现买卖双方价值的"双赢"。

（3）创新产品销售方法，降低了商务运营成本。信息搜寻成本、交易成本、物流仓储成本等，都因商务流程创新而大大降低。

（4）多品种经营优势与规模经济性、范围经济性的获取。

（5）电子商务企业借助于互联网的方便、大容量，构建内外部人员的多层关系网，造成企业与外部世界在有效范围上的广泛连接，形成网络连接经济性。电子商务的市场效率成为网上消费者剩余的重要源泉，直接推动居民消费行为变革。

在我们的经济管理综合仿真实验中，也鼓励大家积极创新，用集体的智慧创造出更多的好点子，给电商领域带来了新鲜的血液。电子商务产品并不一定是具体的某个实物，而是广义上的能够为企业带来利润的，能够提供给市场，被人们使用和消费，并能满足人们某种需求的任何东西，包括有形的物品、无形的服务、组织、观念或它们的组合。

7.5　企业营销模式及策略

有一些学者把新兴的电子商务企业的网上销售模式归入了网上营销的范畴。从贸易活动的角度分析，电子商务可以在多个环节实现，由此也可以将电子商务分为两个层次，较低层次的电子商务如电子商情、电子贸易、电子合同等；最完整的也是最高级的电子商务应该是利用因特网能够进行全部的贸易活动，即在网上将信息流、商流、资金流和部分的物流完整地实现，也就是说，你可以从寻找客户开始，一直到洽谈、订货、在线付（收）款、开据电子发票以至到电子报关、电子纳税等通过因特网一气呵成。要实现完整的电子商务还会涉及很多方面，除了买家、卖家外，还要有银行或金融机构、政府机构、认证机构、配送中心等机构的加入才行。由于参与电子商务中的各方在物理上是互不谋面的，因此整个电子商务过程并不是物理世界商务活动的翻版，网上银行、在线电子支付等条件和数据加密、电子签名等技术在电子商务中发挥着重要的不可或缺的作用。

所谓互联网经济与其说是一种新的经济形式，倒不如说是一种新的存在方式和生活方式。但无论哪种方式，都是以为企业赢取更丰厚的利润为目的的。对于企业来说，如何才能实现这种目的呢？网络营销将会起到不可替代的作用。众多老牌企业纷纷意识到这一点，像美国通用电气公司正快马加鞭从传统业务模式过渡到全新的电子商务模式，从传统的制造业转向服务业，它的转变正印证了 GE "重视变化，视变化为机会"的生存发展准则。世界汽车业巨头福特公司建成了世界上最好的汽车交易网站，它不仅可以给企业带来无尽的财富，也为企业创造了巨大的无形资产——品牌。也许，品牌对企业未来发展意义将会更加深远，这也就是为什么 Coca-Cola 的老板会说"即使把我的厂房烧了，我一个月内可以重新造一个 Coca-Cola"。网络营销为我们创造了另一个推进品牌建设的机会，使企业能够通过网络创造超越网络本身更多的价值。

因此，电子商务企业的营销方式非常广泛，不是简单地在互联网上建站、投放广告，而是一系列有计划，有策略，有预算和效果分析的营销作业，企业网络营销效果不是单一的推广产品带来的，而是整合企业和互联网信息资源，从而针对性地开展网络营销推广，以达到低成本、高回报的商业目的。

我们来看一个通过改变企业价值链的构成的创新型营销模式案例。

商业模式的创新，往往意味着企业调整或改变既有的竞争规则，选择更强有力的方式来提高自己的竞争力。通过资源的跨行业整合来创新商业模式，就等同于企业制定了新的竞争规则，与传统的竞争对手之间有了一定的区别。

在电子商务企业的资源整合方面，携程网给我们做了一个很好的示范。如图 7.1 所示。携程网将客户、酒店、旅行社、航空公司、铁路等多种跨行业的资源整合到一起，建立了大而全的数据库，通过网络信息平台，将信息提供给供需双方。它一方面掌握着全国数十万会员客户；另一方面，则与全国数千家酒店、几乎所有的航空公司保持着密切联系。跨行业整合资源帮助携程完成了运营和商业模式的创新，打造出了携程独特的价值链，也给携程带来了巨大的经济效益。

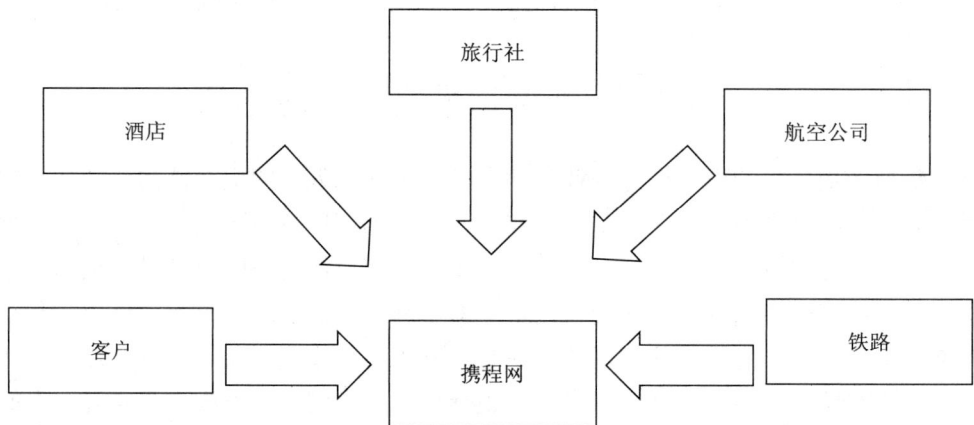

图 7.1　携程网价值链

7.6　电子商务企业经营计划书参考模版

第 1 章　电子商务企业概况

1.1　电子商务企业名称

1.2　电子商务企业承担单位及负责人

1.3　电子商务企业起始日期

1.4　电子商务企业简要内容及实施目标

1.5　企业概况

（1）企业简介

（2）人员情况

（3）企业资产信用状况

（4）企业主要产品及其在国内外市场的地位

第 2 章　电子商务企业开发的必要性

2.1　电子商务企业提出的背景

（1）中国 B2B 电子商务现状分析

（2）行业现状分析

2.2　电子商务企业提出的依据

（1）B2B 电子商务最适合的行业

（2）客户群体基数最大的行业

（3）信息化接受程度最高的行业

（4）公司具备实现电子商务所需求的资源

第 3 章　协作单位

第 4 章　电子商务企业的内容及目标

4.1　电子商务企业内容

（1）概述

（2）在线销售系统

（3）产品展示系统

（4）订单管理系统

4.2　电子商务企业盈利模式

4.3　电子商务企业服务结构示意图及介绍（含特色服务）

第 5 章　电子商务企业网站设计的技术可行性

5.1　总体概述

5.2　方案及论证

（1）设计思路

（2）设计依据

（3）系统配置（包括软硬件两个方面）

（4）控制策略和测控参数

（5）系统特点

第 6 章　设备选型及系统报价

6.1　硬件、软件明细表及设备报价

第 7 章　电子商务企业运营实施计划

7.1　项目实施计划时间表

7.2　项目实施的保证措施

（1）人员保证

（2）条件保证

（3）协作单位

第 8 章　总投资估算和资金筹措

8.1　总投资估算

（1）工程费用

（2）建设期货款利息

（3）各种税收

（4）不可预见费

（5）其他费用

8.2　资金筹措

（1）资金来源组成

（2）资金运用计划

第 9 章　经济和社会效益分析

9.1　财务成本分析

（1）投资成本预测

（2）销售收入和税金预测

（3）生产成本预测

（4）项目利润预测

（5）贷款还本利息预测

9.2　财务分析

（1）财务盈利性分析

（2）清偿能力分析

9.3　社会效益分析

（1）行业效益

（2）社会效益

小贴士：本书中提供的计划书模板仅供同学们参考，每个团队可以根据自己所成立的电子商务企业实际情况进行目录的增减及改动。

讨论与思考

1．目前比较主流的电子商务模式有哪几种？

2．电子商务企业的运营成本主要有哪些？

3．电子商务能否取代传统商业？

4．为什么电子商务人才缺口很大而电子商务专业学生又很难就业？

第8章 保险公司计划书

> 一人为众，众人为一。
>
> ——佚名

在本章，你将了解到以下内容：
—— 什么是保险公司
—— 在商业计划书中应该如何营销自己的保险产品
—— 怎样利用市场分析来加强公司的自身建设
—— 如何更好地打造适合自己公司的保险产品

保险公司是销售保险合约、提供风险保障的公司，是指经中国保险监督管理机构批准设立，并依法登记注册的商业保险公司，包括直接保险公司和再保险公司，根据保险公司公司组织形式的保险人，经营保险业务，其分为两大类型——人寿保险公司、财产保险公司，保险关系中的保险人，享有收取保险费、建立保险费基金的权利。同时，当保险事故发生时，有义务赔偿被保险人的经济损失。

8.1 公司基本情况介绍

以经营保险业务为主的经济组织就是保险公司。保险公司属于金融机构。保险公司的运作是以科学分析和专业知识为基础的综合性经营活动。它强调按照客观经济规律、自然规律、技术规律和保险活动本身的规律，合理而有效地组织经营。保险公司的经营原则是大数法则和概率论所确定的原则，保险公司的保户越多，承保范围越大，风险就越分散，也才能够在既扩大保险保障的范围，提高保险的社会效益的同时，又集聚更多的保险基金，为经济补偿建立雄厚的基础，保证保险公司自身经营的稳定。保险公司的基本情况可以从公司的经营概况，公司治理方案，经营范围，企业文化等方面进行阐述。

8.2 市 场 分 析

保险行业的发展与我们的生活已经是息息相关，俨然已经成为现在国家经济发展和人们生产生活的必需品。故我们需要对这个与我们生活有密切联系行业进行仔细的分析和科学的认知。这样或许能够为我们现在的生活和未来发展提供很好的帮助，深入地了解保险行业，或许也就是为未来更好地理财和幸福生活埋下伏笔。

在撰写保险公司的商业计划书时，可以根据保险行业发展的历史和现状，同时利用手中的一些资料，运用一些数学统计方法努力地去深入地去解读这个与我们生活密不可分的保险行业的发展，以及指出该行业所出现的新问题，并给予合理的建议。

8.3　产品制定及营销

我们都知道，现在市场上的产品同质化比较严重，对于保险行业来说，这种情况就更为突出。那么，如何让自己企业的产品独占鳌头呢？这就要求企业从客户的需求出发，开发能够让客户满足的产品，增加产品的附加价值，打造企业和产品的核心卖点。

除了在了解保险行业基础上开发创新型产品，还要注意怎样推销产品这个问题。费劲蛮力卖产品，不如巧卖产品，"附加价值＋核心卖点＋巧卖产品"，只有这样企业才能在竞争中立于不败之地。

8.4　保险公司计划书撰写的总体要求

保险公司计划书撰写的总体要求：

（1）公司人员安排及职责；

（2）简略的市场分析；

（3）本公司的业务思考或战略；

（4）本公司保险产品及费率一览表；

（5）本公司预测的风险事件表。要求根据全国或贵州省实际环境、气候及其他情况，经过调研和查询资料，列出风险事件及其预测概率。所有数据必须提供数据来源。风险事件要求 10 件以上。

（6）便于企业阅读的风险提示书。

另外，保险公司的商业计划书，其中标准商业计划书格式的内容占 30%，保险公司专有的内容占 70%，在险种上，包含企业财产险、家庭财产险、交通工具车辆险、工程险、船舶险、运输货物险、责任险等险种。在产品上，需要有保险产品原始来源（公司及产品名称），产品条款及费率（务必准确），该产品的完成人姓名等。

在撰写计划书时必须严格按照国内保险公司险种产品，制定本公司财产保险产品及条款。单个险种要全文照搬国内某家保险公司的产品内容，产品名称可以自行命名，但要在用括号内标明原产品名，条款及费率中的任何字符不得修改或录错，必须完全正确。实验中，可以自己组合多家保险公司的不同产品来构成本公司的产品线。产品范围主要是企业财产保险和机动车辆保险，学生可适当扩展。实验暂不扩展至责任保险和人身保险。

小贴士：商业计划书可以参考附件中的模板，模板中的内容可以适当取舍，不合适本保险公司的内容可以略去不写，但完成的商业计划书必须包含以下内容并放入计划书中的合适位置。

8.5　保险公司商业计划书参考模板

目录

摘要

第一部分　公司基本情况

第二部分　主要管理者情况

第三部分　产品 / 服务

第四部分　研究与开发

第五部分　行业及市场情况

第六部分　营销策略

第七部分　管理

第八部分　财务计划

第九部分　风险控制

第十部分　附录

摘要。对整个商业计划书的内容做简要说明，并阐述整个计划的核心内容。

1. 公司基本情况。主要涵盖公司名称、成立时间、注册地区、注册资本、公司宗旨等内容。

2. 主要管理者情况。对主要管理者个人情况进行说明，含姓名、性别、年龄、籍贯，学历 / 学位、毕业院校等。

3. 产品 / 服务描述。对产品 / 服务介绍，产品技术水平，产品的新颖性、先进性和独特性，产品的竞争优势等进行介绍。

4. 研究与开发。已有的技术成果及技术水平，研发队伍技术水平、竞争力及对外合作情况，已经投入的研发经费及今后投入计划，对研发人员的激励机制。

5. 行业及市场情况。行业历史与前景，市场规模及增长趋势，行业竞争对手及本公司竞争优势，未来 3 年市场销售预测。

6. 营销策略。在价格、促销、建立销售网络等各方面拟采取的策略及其可操作性和有效性，对销售人员的激励机制等内容。

7. 管理。主要涵盖劳动合同，知识产权管理，人事计划等内容。

8. 财务计划。包括财务工作说明、财务汇总、资金需求、盈利预计等。

9. 风险控制。对项目实施可能出现的风险及拟采取的相关控制措施。

10. 附录（产品条款）。

讨论与思考

1. 为何现在大多数的保险广告，突出的是公司，突出的是保险人员，而不是产品本身？

2. 你认为如何让客户明确地了解到一个保险产品能保障他的何种利益？

3. 为什么保险业 / 保险公司在中国的声誉比较差？你认为该如何改变这种现状？

第三篇　经济社会模拟实战

第9章 供应商模拟经营

即使预测将来无法完全正确，但"远见"仍是一个企业成败的关键。

——L. 杰蒂斯（英国邓洛普公司总理）

在本章，你将了解到以下内容：
—— 模拟经营需要做些什么
—— 我们将借助什么工具来展开竞争
—— 我们要实现什么目标，取得什么成绩
—— 我们接手的是一家怎样的企业
—— 我们的竞争环境是怎样的
—— 我们将在企业中扮演怎样的角色，履行哪些职责
—— 我们将遵循什么样的市场竞争规则

9.1 供应商沙盘模拟概述

9.1.1 沙盘模拟的基本内容

在模拟实战阶段，作为加工初级产品供下游企业再生产的制造型企业，我们原材料供应商的主要生产经营活动都是通过自制沙盘推演来模拟实现的。沙盘模拟对抗运用独特直观的教具，融入市场变数，结合角色扮演、情景模拟，使我们在虚拟的市场竞争环境中，全真体会企业长时间经营管理过程，运筹帷幄，决战商场。整个模拟内容包括企业完整的物流：原材料订购、在途、到货、入库、产品的销售；企业完整的资金流：费用、成本、应收账款、应付账款、贷款等；企业完整的信息流：预测下游的产品需求量及接受价格、评估风险事故的概率、竞争对手的生产能力等信息获取。具体而言，整个训练内容包括以下六个方面：

（1）整体战略方面：加强我们评估内部资源与外部环境，制定长、中、短期策略、预测市场趋势，调整既定战略的能力；

（2）研发方面：提升我们对产品研发决策的分析及制定能力，必要时做出修改研发计划，甚至中断项目决定；

（3）生产方面：使我们掌握选择获取生产能力的方式（购买或租赁），设备更新，全盘生产流程调度决策，匹配市场需求、交货期和数量及设备产能的方法、库存管理及产销配合的策略；

（4）市场营销与销售方面：模拟如何进行市场开发、新产品开发、产品组合、市场定位决策以及在市场中短兵相接的竞标过程；

（5）财务方面：预估长、短期资金需求，寻求资金来源、分析财务报表、掌握报表重

点与数据含义，学习如何以有限资金转亏为盈、创造高利润；

（6）团队协作与沟通方面：实地学习如何在立场不同的各部门间沟通协调、培养不同部门人员的共同价值观与经营理念。

在此，不得不提醒同学们，实战过程环节涉及的时间、资金、人力都是稀缺资源，一个优秀的管理者就是要对资源进行合理的分配，使它们获得最大效用，帮助企业实现初期制定的战略目标。

9.1.2 供应商沙盘模拟经营的特点

1. 生动有趣

传统的企业管理课程一般比较枯燥，通过沙盘模拟实际企业环境进行教学非常生动有趣。过去的企业经营管理类课程大多是由老师照本宣科地讲，我们边听边记，再结合一点实际企业例子。而在沙盘模拟过程中，我们能亲自动手模拟企业运营，体验企业经营管理过程，生动有趣。

2. 体验实战

沙盘模拟是让我们通过"做"来"学"，每位同学以实际参与的方式亲自体验企业商业运作的方式。这种体验式教学能使我们提高收集信息、分析问题、解决问题的能力，并在未来帮助我们更好地投身实践。

3. 主动学习

供应商沙盘模拟经营的推进，主要依靠团队每位成员自主学习经营规则、确定竞争策略，教师在其中主要扮演引导的角色，这就要求我们必须要有主动性和积极性，才能弄清规则和经营效果，这种主动的学习和运营，对于我们真正掌握相关知识、理论和技能具有很大的帮助。

4. 团队合作

沙盘模拟将同学们分成多个小组进行竞争，每组代表一个虚拟公司，每组 4～6 人，分别担任公司的重要职位（首席执行官、市场总监、生产总监、采购总监等）。当我们在模拟企业实际运营过程中，要经常进行沟通、协商，这样能培养学生的沟通协调能力，并能学会团队合作。

5. 看得见，摸得着

沙盘模拟将企业结构和管理的操作全部展示在模拟沙盘上，把复杂、抽象的经营管理理论以最直观的方式让同学们获得体验、学习，并最终对所学内容理解更透，记忆更深。

6. 想得到，做得到

传统的企业管理教学中学生的一些想法和理念只能是想想而已，而沙盘模拟却能让同学把自己的想法和经营理念在实验期间的企业模拟经营中来充分体验，并能看到自己的经营决策产生的实际效果，从而充分发挥学生的聪明才智。

9.1.3 供应商沙盘模拟经营的主要目标和效果

供应商沙盘演练涉及很多很具体的企业资源的调配、组合、安排、流程的处理，按照这样一种形态来模拟和展示企业经营和管理的全过程，将企业结构和管理的操作全部展示在沙盘上，适用于各种经济管理类专业，通过模拟经营，可达到锻炼学生以下能力的目的：

（1）理解市场导向基础上的战略管理与财务管理；

（2）提高决策能力，从整体上理解公司的经营机制及各种决策对公司经营产生的后果，演练公司在不同发展阶段的各种经营手法；

（3）培养统观公司经营全局的视野，体验担当企业高层领导者和管理者的感受；

（4）理解外部信息对公司经营效果的作用，提高利用信息进行预测和决策的能力；

（5）培养系统思考的能力，建立公司高管团队的共识力，跳出部门和职能局限，加强团队协调沟通能力；

（6）了解资金在公司内如何流动，以及资金分配的重要原则；

（7）学习重要的财务知识，包括了解和分析财务报表；

（8）培养生产规划、能力计划等整体规划的能力；

（9）学习提高自我管理能力，包括时间管理、信息处理、角色定位、团结协作等。

9.2　供应商模拟经营背景

9.2.1　基本概况

在本环节，各供应商小组进行的是再创业型实物沙盘模拟推演，即模拟原来已经生产的企业，有原来的厂房、机器设备、原材料、在产品、产成品、市场等，现在由一组新任的企业经理人接班，接管前任的工作，利用原来所有的资源进行再创业。

我们的供应商企业分布于 A、B、C 三个不同的区域，新的管理层接任时，A 区域里的供应商企业只能生产产品 P1，且必须完成相应的研发过程才能生产产品 P2 或 P3（P2、P3 是否研发和先研发哪种都完全取决于管理层的决策）；同理，B 区域里的供应商企业只能生产产品 P2，且必须完成相应的研发过程才能生产产品 P1 或 P3；C 区域里的供应商企业只能生产产品 P3，且必须完成相应的研发过程才能生产产品 P1 或 P2。同时，所有的供应商企业目前都只能通过本区域订货会将产品出售给同区域的制造商，如果他们想把产品卖给其他区域的制造商，就需要借助电子商务企业完成市场开拓。

9.2.2　股东期望

企业管理层长期以来墨守成规地经营，导致企业已缺乏活力。鉴于此，公司董事会及全体股东决定将企业交给一批优秀的新人去发展，他们希望新的管理层能够把握时机，使公司的市场地位得到进一步提升，具体包括以下方面：

（1）投资新产品的研发，丰富公司的产品线；

（2）开拓新的市场，进入本地市场以外的其他新市场；

（3）扩大生产规模，运用现代化的生产手段，获取更多利润。

9.2.3　企业运作过程

作为制造型企业，其基本职能就是要为社会提供产品，经历"投入——转换——产出"

的过程。为了实现企业的职能，从原材料的输入到产品的输出包含很多过程：企业通过市场调研情况，制定公司的总体战略，决定经营什么，生产什么，通过产品规划和生产设施计划，建设生产用的厂房和生产设备；然后就是筹备资金——企业的财务计划和管理职能；接着需要研制和设计产品，开始日常运行，采购原材料和加工制造；产品出来后，需要通过销售实现价值——进行营销活动；销售以后需要对收入进行分配，其中一部分作为下一轮的生产资金，进入新一轮的循环，图9.1展示了企业运作的基本流程：

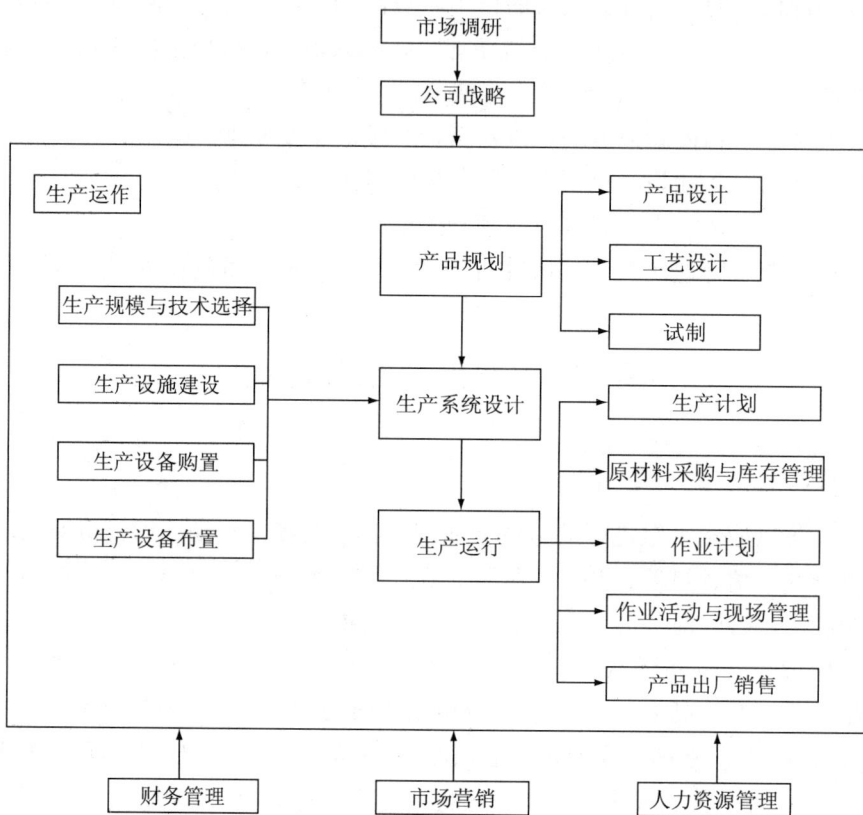

图 9.1　企业运作过程

9.3　供应商的企业组织结构与战略

企业经营管理涉及企业的战略制订与执行、市场营销、采购与生产管理、财务管理等多项内容。在企业中，这些职能是由不同的业务部门履行的，企业经营管理过程也是各职能部门协同工作，共同努力实现企业目标的过程。

9.3.1　企业组织结构

企业创建之初，任何一个企业都要建立与其企业类型相适应的组织机构。组织机构是保证企业正常运转的基本条件。在沙盘模拟中，采用了简化的事业部制来组织企业，企业组织由几个主要角色代表，包括首席执行官、营销总监、生产总监、采购总监、技术总监和财务总监。考虑到企业业务职能部门的划分，可以把学生按五六个人分为一组，组成一个企业，每个人扮演不同的角色。如果学生人数较多，在指定了首席执行官、营销总监、生产总监、采购总监、技术总监和财务总监之后，可以考虑分配财务助理等角色。此外，学生还可以选择任职不同的职位，以体验换位思考，熟悉不同职位的工作及流程。下面对每个角色的岗位职责做简单描述，以便于学生根据自身情况来选择扮演相应角色。

1. 首席执行官

企业所有的重要决策均由首席执行官带领团队成员共同决定，如果大家意见相左，由CEO拍板决定。

2. 营销总监

企业的利润是由销售收入带来的，销售实现是企业生存和发展的关键，营销总监在企业中的地位不言自明。营销总监所担负的责任是：开拓市场，实现销售。

在模拟经营环节中，销售和收款是企业的主要经营业务之一，也是企业联系客户的门户。为此，营销主管应结合市场预测及客户需求制订销售计划，有选择地进行广告投放，开拓新市场，取得与企业生产能力相匹配的客户订单，与生产部门做好沟通，保证按时交货给客户，监督货款的回收，进行客户关系管理。营销总监还可以兼任商业间谍的角色，因为他最方便监控竞争对手的情况，比如对手正在开拓哪些市场？未涉足哪些市场？他们在销售上取得了多大的成功？他们拥有哪类生产线？生产能力如何？充分了解市场，明确竞争对手的动向可以有利于今后的竞争与合作。

3. 生产总监

生产总监是企业生产部门的核心人物，对企业的一切生产活动进行管理，并对企业的一切生产活动及产品负最终的责任。生产总监既是计划的制订者和决策者，又是生产过程的监控者，对企业目标的实现负有重大的责任，他的工作是通过计划、组织、指挥和控制等手段实现企业资源的优化配置，创造最大经济效益。

在模拟经营环节中，生产总监主要负责：生产计划的制订落实及生产，能源的调度和控制，维持生产低成本和稳定的运行，及时交货，并处理好有关的外部工作关系。

4. 采购总监

采购是企业生产的首要环节。采购总监负责编制并实施采购供应计划，分析各种物资供应渠道及市场供求变化情况，力求从价格上、质量上把好第一关，确保在合适的时间点、采购合适的品种及数量的物资，为企业生产做好后勤保障。

在模拟经营环节中，采购总监的职责主要是根据生产计划制定各种原料的采购计划，按计划向原材料供应商下采购订单，安排到货原材料的入库与投入生产，进行特殊情况下的紧急采购。

5. 技术总监

一个企业的技术总监一般负责建设和维护企业的技术管理体系，制定技术标准和相关流程，实现公司的技术管理和支撑目标，为公司创造价值。

在模拟经营环节中，我们简化技术总监的职责是根据公司战略组织新产品的研发，进行ISO资格认证投资，协助生产总监扩充并改进生产设备，不断降低生产成本，提高所生产的产品质量。

6. 财务总监

在企业中，财务与会计的职能常常是分离的，它们有着不同的目标和工作内容。会计主要负责日常现金收支管理，定期核查企业的经营状况，核算企业的经营成果，制订预算及对成本数据的分类和分析。财务的职责主要负责资金的筹集、管理；做好现金预算，管好、用好资金。

在模拟经营环节中，我们将其职能归到财务总监，其主要任务是管好现金流，按需求支付各项费用、核算成本，按时报送财务报表并做好财务分析；进行现金预算、采用经济有效的方式筹集资金，将资金成本控制到较低水平。组建企业管理团队后，企业管理团队将领导公司未来的发展，在变化的市场中进行开拓，应对激烈的竞争。企业能否顺利运营下去取决于管理团队正确决策的能力。每个团队成员尽可能在做出决策时利用已有的知识和经验，不要匆忙行动而陷入混乱。

9.3.2 企业战略

在一定的时间内，企业只能做有限的事，因此目标一定要明确。企业战略是指在市场经济条件下，企业为谋求长期生存和发展，在充分分析外部环境和内部条件的基础上，以正确的指导思想，对企业主要目标、经营方向、重大经营方针、策略和实施步骤，做出长远的、系统的全局的谋划。

1. 企业战略的内容

企业战略是指决定和揭示企业的目的和目标，提出实现目的的重大方针与计划，确定企业应该从事的经营业务，明确企业的经营类型与人文组织类型，以及企业应对员工、顾客和社会做出的经济与非经济的贡献（资源配置）。一个完整的企业战略应该包括以下几个内容：

1）外部环境与内部条件分析

企业要实现其作为资源转换体的职能，就需要达到外部环境和内部条件的动态平衡。要了解外部环境中哪些会为企业带来机遇，哪些会对企业形成威胁，进而了解企业内部资源条件是否充足、资源配置是否合理。只有全面把握企业的优势和劣势，才能使战略不脱离实际。SWOT 分析（Strengths、Weaknesses、Opportunities 和 Threats）是制订企业战略时的一种方法。采用这种决策方法的根本目的是把自己公司和竞争对手公司的优势、劣势、机会和威胁进行比较，然后决定某项新业务或新投资是否可行。做 SWOT 分析有利于公司在做新业务前是否会充分发挥自己的长处而避免自己的短处，以趋利避害，化劣势为优势，化挑战为机遇，即所谓的"知己知彼、百战不殆"，从而降低公司的经营和投资风险。

2）战略目标

战略目标就是要回答：企业在一个较长的时间里要完成什么？这个目标要体现时间限制、可测量性和可行性。

3）经营方向

经营方向指明了企业现在可以提供的产品与服务领域以及在未来一定时期内决定进入或退出、决定支持或限制的某些业务领域，它为企业活动确定了界限。

4）经营策略

经营策略规定了企业如何利用其自身资源开展业务活动以求实现战略目标。它应具体地规定企业管理阶层的工作程序和决策规则，研究和规划企业的经营重点，部署资源，明确企业的主要职能领域，如营销、生产、研发、人力资源、财务等各方面的工作方针及相互关系协调的方法。

5）实施步骤

实施步骤规定了一个战略目标需要分为几个阶级及每个阶级所要达到的阶段目标。由于战略目标是一个立足于长远发展的目标，因此不可能一蹴而就，客观上需要循序渐进，同时在战略方案的长期实施过程中，外部环境与内部资源条件不可能一成不变，分阶段实施战略目标，可以帮助企业有机会对其行为效果做出回顾和评价，以期对战略方案做出适当调整，从而更有效、更现实地追求战略目标。

2. 供应商的战略选择

在沙盘模拟过程中，企业管理层通过网络、经济周刊等渠道获得一定时期内有关产品、价格、市场发展情况的预测资料，结合企业现有资源情况，进行战略选择。如：

（1）我们想成为什么样的公司？规模（大公司或小公司），生产产品（多品种、少品种），市场开拓（许多市场，少量市场），努力成为市场领导者还是市场追随者？为什么？

（2）我们倾向于何种产品？何种市场？企业竞争的前提是资源有限，在很多情况下，放弃比不计代价的掠取更明智，因此需要管理者做出决定：有限的资源是在重点市场、重点产品投放呢？还是全面铺开？

（3）我们计划怎样拓展生产设施？有四种生产设施可供企业选择，每种生产设施的购置价格、生产能力、灵活性等属性各不相同。企业目前生产设施陈旧落后，若想提高生产能力，必须考虑更新设备。

（4）企业计划采用怎样的融资策略？资金是企业运营的基础。企业融资方式是多种多样的：发行股票、发行债券、银行借款、应收账款贴现等。每种融资方式的特点及适用性都有所不同，企业在制订战略时应结合企业的发展规则，做好融资规划，以保证企业的正常运营，控制资金成本。

3. 战略调整

企业战略不是一成不变的，而是根据企业内外部环境的变化和竞争对手的发展情况动态不断调整的。每一期经营下来，都要检验企业战略的实战性，并且根据以后年度的市场趋势预测，结合公司自身优势和劣势，调整既定战略。

小贴士：我们对生产设备的选择、是否研发新产品、是否进行网络营销、是否贷款、长贷还是短贷等一系列决策的制定都是基于我们期望企业发展成什么样子——市场占有率、销售额、净利润等。

9.4 供应商模拟经营详细流程

9.4.1 供应商与外部环境流程

在模拟经营实战环节，我们构建了包括供应商企业、制造商企业、政府机构、商业银行、电子商务企业、保险公司和会计师事务所在内的市场竞争环境。供应商企业在实战中需要和市场中的其他角色发生业务往来，图9.2展示了他们之间的联系及业务关系：

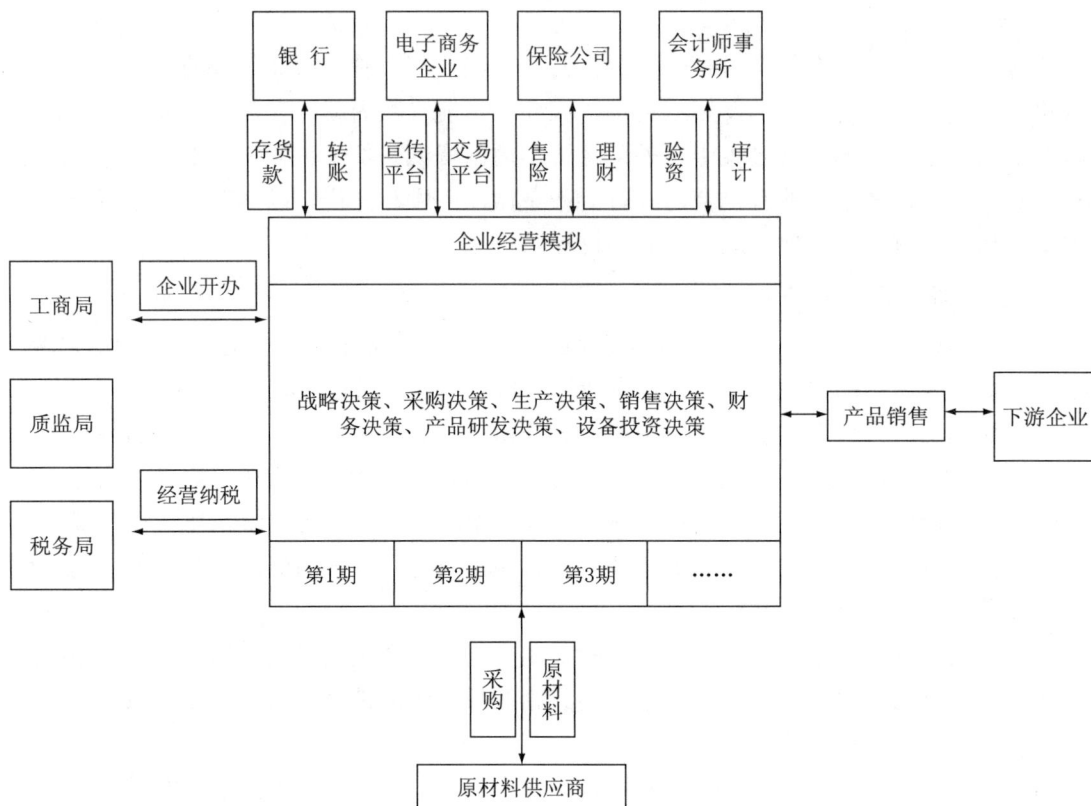

图 9.2　经营环境图

9.4.2　供应商模拟经营活动安排

（1）了解经营过程及经营规则（模拟流程、模拟规则、企业财务报表的编制、企业战略的制定等）。

（2）新的公司管理层接手公司，财务经理选择一家银行开设公司账户，选择一家会计师事务所开具验资报告，并在工商局办理工商注册，质监局办理组织机构代码证，税务局完成税务登记。

（3）跟着指导老师完成起始期生产经营的模拟推演，通过实操进一步熟悉经营过程及经营规则。

（4）进行第一阶段（春）决策：

① 新一期规划会议：讨论并制定企业基本竞争战略，对营销费用（广告费）、研发费用、生产费用、基础建设费用、质量认证费用等进行预算；

② 参加订货会：根据课程计划安排，营销总监到实验中心参加订货会，获得销售订单，与客户签订销售合同；

③ 完成期初工作：根据上期结果，支付应付税金；自愿选择是否购买保险及投保险

种；自愿选择是否进行电子商务推广；支付长期贷款利息；更新长期贷款 / 归还长期贷款；申请长期贷款；登记期初订货会上签订的销售订单；

④ 完成第一个月的生产经营：更新短期贷款 / 短期贷款还本付息；申请短期贷款；原材料入库 / 更新原料订单；下原料订单；购买 / 租用厂房；更新生产 / 完工入库；新建 / 在建 / 转产 / 变卖生产线；紧急采购原料（随时）；开始下一批生产；更新应收款 / 应收收现；紧急采购产成品（随时）；产品研发投资；厂房——出售（买转租）/ 退租 / 租转买；出售库存（随时）；厂房贴现（随时）；应收款贴现（随时）；

⑤ 按照上一条的内容，完成第二、三个月的生产经营；

⑥ 完成期末工作：按订单交货；缴纳违约订单罚款；支付广告费；支付设备维修费；新市场开拓投资 /ISO 资格认证投资；计提折旧；

⑦ 关账；

⑧ 财务总监负责完成公司报表的编制；

⑨ 财务总监根据每期经营情况向税务局报税；

⑩ 上述过程随时接受工商局、税务局的核查与管理。

（5）按照第（4）条中的①至⑩进行第二到第五阶段的决策，每季度做决策的时间均为一天；

（6）将所有五期经营手册上交至实验项目组。

（7）实验项目组老师根据各公司上交的经营手册汇总经营竞赛结果，排定各参赛公司竞争排名。

（8）各公司总结经营竞争过程中的得失，制成 PPT 文档。

（9）参加综合实训总结会，并在会上由 CEO 汇报经营决策过程及经验得失。

9.4.3 供应商模拟经营详细流程

每次模拟经营阶段都会根据实际参加实验的学生人数和实验目标，将同学们分成几轮进行，每轮按照相同的流程开展实验，表 9.1 展示了一轮经营实战的详细流程：

表 9.1 模拟经营工作安排

时间		工作内容
第一周	第一天	进入第一轮模拟经营的企业抽签决定模拟经营角色与所属政府
	第二天	企业培训
	第三天	指导公司登记注册
	第四天	公司登记注册、办理企业工商、税务和银行等业务
		企业沙盘模拟推演
		各企业派代表参加订货会
	第五天	企业第一季度沙盘推演
		办理企业工商、税务和银行等业务
第二周	第一天	公司登记注册、办理企业工商、税务和银行等业务
	第二天	企业第二季度沙盘推演
		办理企业工商、税务和银行等业务
	第三天	公司登记注册、办理企业工商、税务和银行等业务

续表

时间		工作内容
	第四天	企业第三季度沙盘推演
		办理企业工商、税务和银行等业务
	第五天	公司登记注册、办理企业工商、税务和银行等业务
第三周	第一天	企业第四季度沙盘推演
		办理企业工商、税务和银行等业务
	第二天	办理年度审计、企业工商、税务和银行等业务
	第三天	企业第四季度沙盘推演
		办理企业工商、税务和银行等业务
	第四天	公司登记注册、办理企业工商、税务和银行等业务
	第五天	各企业对模拟经营状况进行总结，指导老师通知发言的公司准备演讲内容及 PPT

小贴士：

（1）团队至少应该在模拟推演开始前完成成员分工，并根据工作量大小及重要性程度进行合理的分工，切忌一个人承担工作过多过重，而某些成员无活可干。

（2）团队成员应该严格按照时间表的安排进行实战，否则会打乱实战环节其他角色同学的工作安排，也会影响实战训练效果。

9.5　供应商企业的初始状态

实战开始的时候，为了保证有一个公平的竞争环境，每家供应商企业需要统一设定模拟企业的初始状态。每轮实验开始前，指导老师都会根据训练目的和参加实验学生情况，给出经营的初始状态。企业期初的财务状况可以根据期初余额表得出。表 9.2 展示了某次实战开始前教师给出的供应商企业期初余额表，各项财务指标的具体值详见科目余额表。从表中可以看出，模拟企业总资产为 210 万元。

表 9.2　供应商经营期初余额表示例

科目余额表		
科目名称	期初借方余额	期初贷方余额
库存现金	50000.00	
银行存款	450000.00	0
应收账款	150000.00	0
原材料	50000.00	0
库存商品	100000.00	0
生产成本（半成品）	120000.00	
土地建筑净值	600000.00	0
机器设备净值	580000.00	
短期借款		300000.00

续表

科目余额表		
科目名称	期初借方余额	期初贷方余额
应交税费		
应交企业所得税		38500.00
实收资本（或股本）		1500000.00
利润分配		
未分配利润		261500.00
合计	2100000.00	2100000.00

从科目余额表虽然可以了解企业的财务状况及经营成果，但不能得到更为细节的内容，如长期借款何时到期，应收账款何时回笼等。为了保证有一个公平的竞争环境，需要统一设定模拟企业的初始状态。下面就按照资产负债表上各项目的排列顺序将企业资源分布状况模拟摆放到沙盘上，模拟摆放的过程可以由各个角色完成，借此熟悉本岗位工作。

9.5.1　流动资产

流动资产包括现金、应收账款、存货等，其中存货又细分为在制品、成品和原料。如图9.3所示：

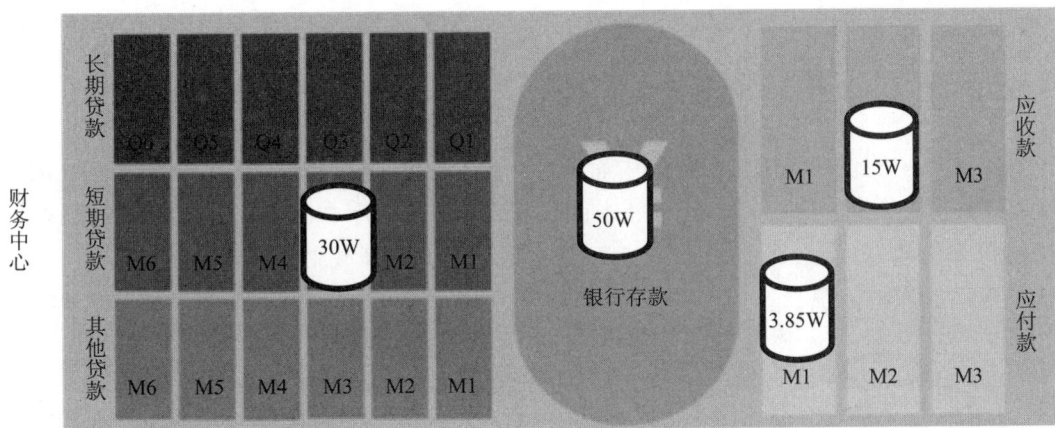

图9.3　财务中心初始盘面示例

1）现金50万元

由财务总监拿出50万元放置于现金库位置。

2）应收账款15万元

为获得尽可能多的客户，企业一般采用赊销策略，即允许各户在一定期限内缴清货款而不是货到即付款。应收账款是分账期的，由财务总监拿15万元置于应收账款2账期。

注意：账期的单位为月度。离现金库最近的为1账期，最远的为3账期。

3）在制品12W元

在制品是指处于加工过程中，尚未完工入库的产品。大厂房期初配置六条生产线，其中手工线一条、半自动线一条、全自动线四条。手工生产线有三个生产周期,靠近原料库的为第一周期,其中 10W 个单位(实训所有产品的最小生产量为 10W 个)在制品位于手工线的第一个月。半自动生产线有两个生产周期,10W 个在制品位于第二个月。全自动生产线只有一个生产周期,40W 个在制品分别位于四条全自动线的第一个月。每个产品成本由两部分构成:材料费 0.1 元 和人工费(加工费)0.1 元。所以 60W 个在制品,总共价值 12W 元。

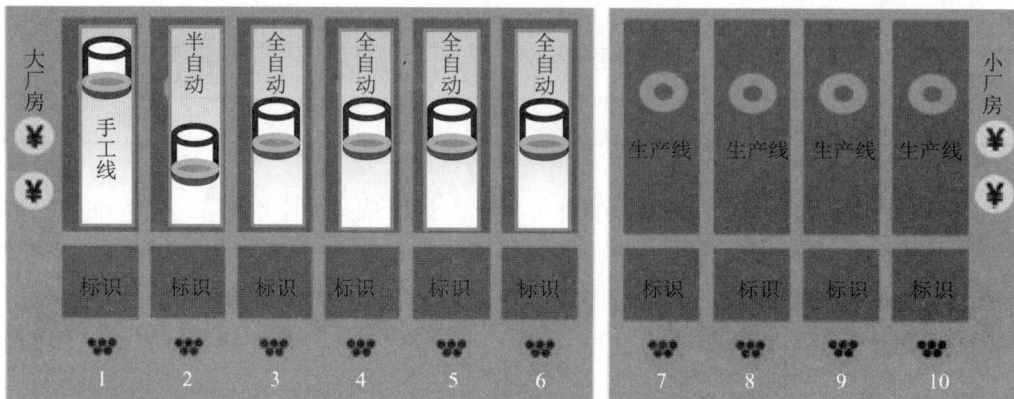

图 9.4 生产中心初始盘面示例

4)成品 10 万元

成品库中有 50 万个单位的成品,每个成品同样由一个原料费 0.1 元和人工费 0.1 元构成,所以总共价值 10 万元。

5)原材料 5 万元

A 区域中的供应商 R1 原料库中有 50 万个单位的原材料,B 区域中的供应商 R2 原料库有 50 万个单位的原材料,C 区域中的供应商 R3 原料库中有 50 万个单位的原材料。原材料每个价值 0.1 元,所以总价值 5 万元。图 9.5 以 A 区域中的供应商为例,展示了初始状态盘面的原料情况。

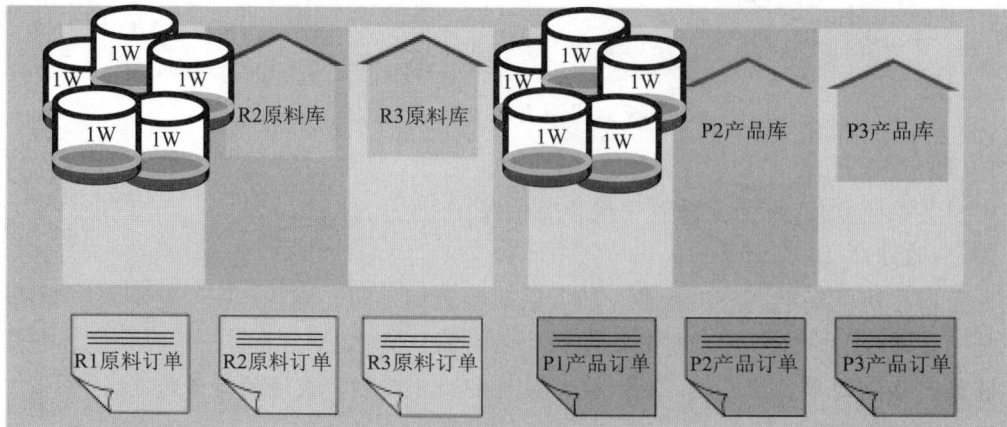

图 9.5 物流中心初始盘面示例

9.5.2 固定资产

固定资产包括土地及厂房、生产设施等。

1）大厂房 60 万元

企业拥有大厂房，价值 60 万元。

2）设备价值 58 万元

企业创办三年来，已购置了一条手工线，一条半自动线和四条全自动线，扣除折旧，目前账面价值为 58 万元。

9.5.3 负债

负债包括短期负债、长期负债及各项应付款。

1）短期负债 30 万元

企业有 30 万短期借款，位于短期借款第三个月。

2）应付税 3.85 万元

企业上按规定需交纳 3.85 万元税金。税金是下一季度交纳，此时没有对应操作。至此，企业初始状态设定完成。

小贴士：盘面上的资金变动，仅是对企业财务状况变化的一种记录，模拟过程中企业资金实际的流动必须通过银行转账来实现，且必须保证盘面财务数据与银行账户资金数据的一致性。

9.6 供应商模拟经营规则

9.6.1 企业经营的本质

企业是指从事商品生产、流通和服务等活动，为满足社会需要和盈利，进行自主经营，自负盈亏，具有法人资格的经济组织。经营是指企业以市场为对象，以商品生产和商品交换为手段，为了实现企业的目标，使企业的投资、生产、销售等经济活动与企业的外部环境保持动态均衡的一系列有组织的活动。作为一个以盈利为目的的组织，企业管理的目标可概括为生存、发展。

1. 企业生存

企业在市场上生存下来的基本条件：一是以收抵支，二是到期还债。这从另一个角度告诉我们，如果企业出现以下两种情况，就将宣告破产。

1）资不抵债

如果企业所取得的收入不足以弥补其支出，导致所有者权益为负时，企业破产。

2）现金断流

如果企业的负债到期，无力偿还，企业就会破产。

在模拟经营中一旦破产条件成立，可有三种处理方式：

（1）如果企业盘面能让股东 / 债权人看到一线希望，股东可能增资，债权人可能债转股；

（2）企业联合或兼并；

（3）破产清算。

2. 企业盈利

企业经营的本质是股东权益最大化，即盈利。而从损益表中的利润构成中不难看出盈利的主要途径一是扩大销售（开源），二是控制成本（节流）。

利润主要来自于销售收入，而销售收入由销售数量和产品单价两个因素决定。提高销售数量有以下方式：

（1）扩张现有市场，开拓新市场；

（2）研发新产品，满足不同的市场需求；

（3）扩建或改造生产设施，提高产能，满足市场更多的需求；

（4）合理加大广告投放力度，进行品牌宣传，提升市场的需求量。

提高产品单价受很多因素制约，但企业可以选择单价较高的产品进行生产，选择获利更多的市场进行产品销售。

3. 产品成本

产品成本分为直接成本和间接成本。

1）降低直接成本

直接成本主要包括构成产品的原料费和人工费。在沙盘模拟中，原料费由产品的BOM 结构决定，在不考虑替代材料的情况下没有降低的空间；用不同生产线生产同一产品的加工费也是相同的，因此在原料采购充分的情况下，产品的直接成本是固定的。但如果原料库存无法满足正常的生产需求，就需要进行紧急采购，导致原材料采购成本的增加，从而导致直接成本的增加。因此，采购经理必须严格按照生产计划提前做好原材料采购计划并执行。

2）降低间接成本

从节约成本的角度，不妨把间接成本区分为投资性支出和费用性支出两类。投资性支出包括购买/租用厂房、投资/租用新的生产线、转产费等，这些投资是为了扩大企业的生产能力而必须发生的；费用性支出包括营销广告、贷款利息，通过有效筹划是可以节约一部分的。

9.6.2　订货会与订单争取

销售预测和客户订单是企业生产的依据。销售量的高低从客户处得到，对所有企业而言是公开而透明的。众所周知，客户订单的获得对企业的影响是至关重要的。

经济管理综合仿真实验中，供应商可以通过两种渠道获得订单。第一种是线下交易的方式，由供应商所在市场区域的电子商务公司组织，只有当地的供应商和制造商可以参加。第二种是线上交易的方式，是供应商取得跨区域销售的唯一途径。供应商选择任意一家电子商务企业，将其要销售的产品数量及定价以及一些产品广告要求告知电子商务企业，由电商将其放入第三方销售平台（电商网站），制造商通过电商平台来采购自己认为合适的产品。电商为企业提供第三方销售平台属于有偿服务，需要供应商企业按照合同支付电商服务费（包括跨区域运输的物流费）。

如果由于产能不够或其他原因，导致本年不能交货，企业为此应受到以下处罚：

（1）下一期该订单必须最先交货；

（2）交货时扣除该张订单总额的 20%（取整）作为违约金。

9.6.3　模拟经营规则

1. 运营规则

企业经营中必须要遵循各项法律、法规的约束。在沙盘模拟中，本着简化的原则，将企业运营需要遵守的各项规定分为以下几个方面。

1）筹资

筹资是企业进行一系列经济活动的前提和基础，足够的资金才能保证企业正常地进行生产、经营以及投资。在市场经济环境下，企业可以从不同的渠道筹集资金，而不同的筹资渠道和方式组合又存在一定的资金成本，将给企业带来不同的预期收益，也将使企业承担不同的税负水平。所以选择合适的筹资渠道对于企业运营起着至关重要的作用。在模拟中，企业尚未上市，因此其融资渠道只能是银行借款、高利贷和应收账款贴现。如表 9.3 所示：

表 9.3　筹资方式

贷款类别	贷款时间	贷款额度	年息	还款方式
短期贷款利息	每月度初	所有长期贷款和短期贷款之和不能超过上季度权益的 3 倍	以银行贷款利率为准	到期一次还本付息；每次贷款为不少于 10 的整数
长期贷款利息	每季度末		以银行贷款利率为准	季度末付息，到期还本；每次贷款为不小于 10 的整数
高利贷利息	任何时间	贷款金额不能大于未还清长贷和短贷数额之和	不得高于银行贷款利率 4 倍	到期还本付息；贷款为不少于 10 的整数
资金贴现	任何时间	视应收账款数额	10%（1 月，2 月）12.5%（3 月）	变现时贴息，可对 1，2 月应收账款联合贴现

长期贷款主要用于构建固定资产和满足长期流动资金占用的需要；短期筹资一般是满足企业临时性流动资金需要而进行的筹资活动。

小贴士：

（1）长期贷款最长期限为 6 季度，短期借款及高利贷期限为 3 个月，贷款到期后还本付息；

（2）当期的新长期贷款当季不支付利息，从下一个季度开始支付；

（3）当季偿还的长期贷款当季仍要支付利息。

（4）高利贷使用期限为一年。

2）厂房投资

企业目前拥有自主厂房——大厂房，价值 60 万元。另还有小厂房可供选择使用，厂房只能购买，不能租赁（表 9.4）。厂房布局如图 9.6 所示：

表 9.4　厂房购买、出售

厂房	买价（万元）	售价（万元）	容量	厂房出售得到 3 个月的应收款，紧急情况下可厂房贴现（3 个月贴现），直接得到现金
大厂房	60	60	6 条生产线	
小厂房	50	50	4 条生产线	

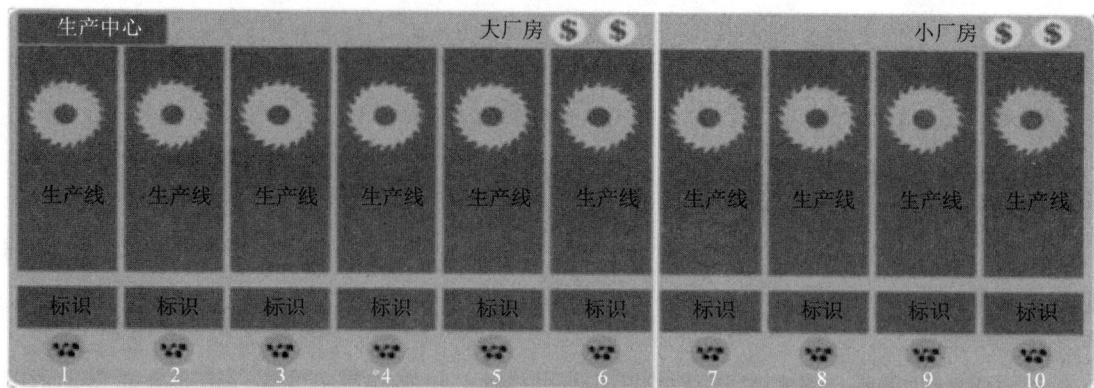

图 9.6　厂房布局图

小贴士：

（1）厂房不计提折旧；

（2）厂房中安装的生产线随厂房的出售而出售；

（3）生产线不允许在不同厂房移动。

3）生产线投资

企业目前有一条手工生产线，一条半自动生产线和四条全自动生产线，另外可供选择的生产线还有柔性生产线。不同类型生产线的主要区别在于生产效率和灵活性。生产效率是指单位时间生产产品的数量；灵活性是指转产生产新产品时设备调整的难易性。生产线的投资情况如表 9.5 所示：

表 9.5　生产线购买、安装、维护与出售

生产线	购买价格	安装周期	生产周期	转产周期	转产费用	维护费用	出售残值
手工线	4 万元 / 条	无	3 月	无	无	2000 元 / 季	1 万元
半自动	6 万元 / 条	1 月	2 月	1 月	3 万元 / 月	3000 元 / 季	2 万元
全自动	12 万元 / 条	2 月	1 月	2 月	3 万元 / 月	4000 元 / 季	3 万元
柔性线	17 万元 / 条	3 月	1 月	无	无	6000 元 / 季	5 万元

小贴士：

（1）所有生产线可以生产所有产品，但每条生产线同时只能有 10 万个单位的产品在线，且为同一种产品；

（2）产品上线时需要支付加工费。不同生产线的生产效率不同，但需要支付的加工费是相同的，按加工产品数量收取，均为 0.1 元 / 个；

（3）投资新生产线时按照安装周期平均支付投资，全部投资到位后的下一周期可以领取产品标识，开始生产。资金短缺时，任何时候都可以中断投资；

（4）生产线转产是指生产线转产生产其他产品，如半自动生产线原来生产 P1 产品，如果转产 P2 产品，需要改装生产线，因此需要停工一个周期，并支付 3 万元转产费用，且只有空的并且已经建成的生产线方可转产；

（5）不论何时出售生产线，从生产线净值中取出相当于残值的部分计入现金，净值于

残值之差计入损失；

（6）当季投资新建的生产线价值计入在建工程，当季不提折旧；

（7）当季建成的生产线为建成第 1 季度，当季不提折旧；

（8）当季在建和当季出售的生产线均不用支付维修费；

（9）生产线只能按残值出售，出售生产线时，如果该生产线净值等于或小于残值，将生产线净值直接转到现金库中；如果该生产线净值大于残值，从生产线净值中取出等同于残值的部分置于现金库，将差额部分置于综合费用的其他项。

4）生产线折旧

固定资产在使用过程中会发生耗损，导致价值降低，应对固定资产计提折旧。在本课程的实战环节，我们对固定资产折旧采用了简化的处理方法，与实际工作有一定的差异，这些差异主要体现在：折旧在每季度末计提一次，计提折旧的范围仅限于生产线，具体的折旧处理办法详见表 9.6：

表 9.6　生产线折旧额计算表

生产线	残值	建成第 1 季度	建成第 2 季度	建成第 3 季度	建成第 4 季度	建成第 5 季度	建成第 6 季度	建成第 7 季度
手工线	1 万元	0	6000 元	6000 元	6000 元	6000 元	6000 元	
半自动	2 万元	0	8000 元	8000 元	8000 元	8000 元	8000 元	
全自动	3 万元	0	1.5 万元	1.5 万元	1.5 万元	1.5 万元	1.5 万元	1.5 万元
柔性线	5 万元	0	2 万元	2 万元	2 万元	2 万元	2 万元	2 万元

小贴士：

（1）当季建成的生产线当季不提折旧，当净值等于残值时生产线不再计提折旧，但可以继续使用；

（2）生产线剩余的残值可以保留，直到该生产线变卖为止；

（3）会计处理上，折旧费全部作为当期的期间费用，不计入产品成本。

5）产品生产（表 9.7）

表 9.7　产品构成

产品	加工费	产品组成	直接成本
P1	0.1 元 / 个	R1	原材料成本
P2	0.1 元 / 个	R2	＋
P3	0.1 元 / 个	R3	加工费

小贴士：

（1）企业刚开始无法生产的产品，在研发完成后，可以接单生产。生产不同的产品需要的原料不同；

（2）每条生产线同时只能有 10 万个产品在线。产品上线时需要支付加工费，不同生产线的生产效率不同。

6）产品研发

如前所述，我们的供应商企业分布于 A、B、C 三个不同的区域，实战开始时，每个区域中的供应商企业只能生产 P1，P2 和 P3 产品中的一种，其他两种产品均需要经过研发，才能有生产的资格。实战中，所有产品的研发费用均为 5 万元 / 月，均需要 2 个月的研发周期，但研发周期可间断。

7）原材料（表 9.8）

表 9.8　原材料采购

名　称	购买价格	提前期（在途时间）
R1	指导老师给出	1 个月
R2	指导老师给出	1 个月
R3	指导老师给出	1 个月

小贴士：

原材料采购涉及两个环节，签订采购合同和按合同收料。签订采购合同时要注意采购提前期。原料需要一个月的采购提前期，货物到达企业时，必须照单全收，并按规定支付原料费或计入应付账款。

8）紧急采购

付款即到货，原材料价格为直接成本的 2 倍，产成品紧急采购价格为与提供产成品的供应商协议达成的价格。

紧急采购原材料和产品时，直接扣除现金。上报报表时，成本仍然按照标准成本记录，紧急采购多付出的成本计入费用表损失项。

9）市场投入

模拟经营开始时，指导老师会为每家供应商企业分配所在区域（A、B 和 C 之一），该区域所在的市场即为本地市场。供应商经营开始无法进入其他两个没有分配给他的市场进行销售，我们称所有的这类市场叫外地市场，供应商必须完成市场开拓后，才可与外地市场的制造商签订销售订单。每个季度初，供应商企业可以任意一家电子商务企业做市场宣传，之后便可在市场宣传影响的区域取得销售订单，具体内容详见订货会部分。

10）资格认证（表 9.9）

表 9.9　ISO 投资

认证	ISO9000	ISO14000	开发费用按开发时间在季度末平均支付，不允许加速投资，但可中断投资。ISO 开发完成后，领取相应的认证
时间	2 季	2 季	
费用	3 万元 / 季（共计 6 万）	5 万元 / 季（共计 10 万）	

小贴士：

（1）ISO 认证一旦获得，终生有效，并且之后所生产的所有产品均具有该认证资格。

（2）取得 ISO 认证的产品会提高该产品在制造商生产环节中的转换率，详见制造商规则。

（3）两种 ISO 认证效果可累加。

11）订单违约

订单必须在规定月度或提前交货，应收账期从交货当月开始算起。

12）取整规则（均精确或舍到个位整数）

违约金扣除——四舍五入（每张合同分开算）；

库存拍卖所得现金——四舍五入；

贴现费用——向上取整；

其他费用——四舍五入。

2. 沙盘盘面规则

原材料：0.1 元/个

加工费：P1：0.1 元/个　　　　　P2：0.1 元/个　　　　P3：0.1 元/个

产成品成本：P1：0.2 元　　　　 P2：0.2 元　　　　　 P3：0.2 元

在制品成本：P1：0.2 元　　　　 P2：0.2 元　　　　　 P3：0.2 元

厂房：大厂房：60 万元　　　　 小厂房：50 万元

生产线：手工线：4 万元/条　　 半自动：6 万元/条

全自动：12 万元/条　　　　　　 柔性：17 万元/条

研发：一种产品每月 5 万元，研发 2 个月

认证：ISO9000：6 万元　　　　 ISO14000：10 万元

转产：半自动：3 万元　　　　　 全自动：6 万元

短期贷款利息：参照实训中办理业务的银行利率

长期贷款利息：参照实训中办理业务的银行利率

高利贷利息：不得高于银行贷款利率 4 倍

折旧：参照折旧规则

仓储费：每季度末提取一次，按照仓库中剩余原材料和产成品价值的 10% 提取

行政管理费：固定 3 万＋销售额（含税）的 2%

本地广告费：固定 2 万＋销售额（含税）的 3%

维修费：手工线每季度 2000 元，半自动线 3000 元，全自动线 4000 元，

柔性线 6000 元

蓝色筹码：代表原材料 10 万个单位；

在制品在产状况：手工线第一个月有 10w 个在制品

　　　　　　　　半自动线第二个月有 10w 个在制品

　　　　　　　　全自动线 1 第一个月有 10w 个在制品

　　　　　　　　全自动线 2 第一个月有 10w 个在制品

　　　　　　　　全自动线 3 第一个月有 10w 个在制品

　　　　　　　　全自动线 4 第一个月有 10w 个在制品

9.7 实 战 考 核

9.7.1 模拟经营过程考核

供应商企业模拟经营部分的团队得分由权益分和经营分加权得出，经营总分＝权益分 ×60% ＋经营分 ×40%，该部分的得分占团队总成绩的 40%。

1）权益分的计算

所有者权益排名第一的该项得分 100；第二、三名得分 90；第六、七名得分 70，剩余的所有团队该项得分 60。

2）经营分的计算

经营分＝市场占有率加分＋自有生产线加分＋技术研发加分＋ ISO 加分

（1）市场占有率加分：前五名分别给予加 50、40、30、20、10 分。

（2）自有生产线加分＝自有自动生产线加分 ×40% ＋自有柔性生产线加分 ×60%。其中自有自动生产线数量排名前三的分别加分 20、15、10。同理，自由柔性生产线数量排名前三的也将加分 20、10、15。

（3）技术研发加分：完成一种产品研发的加 10 分，完成两种产品研发的加 30 分。

（4）ISO 加分：ISO 9000 ＝ 5，ISO 14000 ＝ 10。

9.7.2 总结及实战材料考核

每轮模拟经营实战结束后，指导老师都会组织参加实战的供应商企业角色的同学召开总结大会，各参加实战的团队将借助 PPT 对实战环节的战略制定、工作表现及经营成果进行展示与总结，指导老师根据展示情况及内容给出总结部分的评分。

总结一周后，参与实战的同学以小组名义向指导老师提交经营实战材料。指导老师根据提交材料的完整性和质量给出该项评分。供应商需要提交的材料主要包括：

（1）公司成立资料；

（2）模拟经营中与工商、税务、银行有关的各种证照、单据；

（3）全部的采购合同；

（4）完整的模拟经营手册；

（5）公司经营总结报告（以公司为单位提交 1 份）；

（6）经济管理仿真综合实验总结报告（纸质文档，每人一份）；

（7）会计分录及原始凭证；

（8）各季度三大报表（资产负债表、现金流量表、利润表）；

（9）各季度总分类账和明细账；

（10）各季度期末沙盘推演盘面照片。

最后，总结及实战材料的综合成绩占团队总成绩的 10%。总结及实战材料提交环节的详细评分标准如表 9.10 所示：

表 9.10　总结及实战材料评分标准

评分环节	评分指标	所占分值
总结	PPT 制作美观、规范、全面	5 分
	总结汇报表述清晰、流畅、完整	15 分
	角色经营、运作情况	10 分
	角色服务情况	10 分
	模拟经营成果	10 分
实战材料		50 分

9.7.3　组织间互评

在模拟经营结束后，各公司会对外部服务机构（包括商业银行、政府机构、电子商务企业和保险公司）的服务质量进行主观评定，并随总结材料一同上交、存档。各团队的此项得分构成其团队总成绩的 5%。企业对外部服务机构的服务质量是从办公环境布置、工作人员态度、业务操作能力等多方面进行评价的，表 9.11 是评价中所要用到的评测表：

表 9.11　外部服务机构服务质量评测表

公司信息	公司名称			
	总经理姓名		联系电话	
评价的机构名称				
序号	服务机构工作评测内容		分值	评分值
1	环境布置让人满意		5	
2	工作人员着装整洁，有胸牌等明显标识		5	
3	工作时间人员都在岗		10	
4	工作人员态度友好热情		10	
5	相关表格齐备，文件及帮助资料丰富		15	
6	业务流程清晰		15	
7	业务知识丰富		15	
8	业务操作熟练		15	
9	求助电话及信息反馈及时有效		5	
10	尽心尽力，为我们付出很多，有功劳更有苦劳		5	
总分			100	

填表说明：

1. 本表以公司为单位对外部服务机构的服务质量进行评测，并与公司其他文档一并提交至实验楼 408 室；

2. 若为该公司提供服务的同一种机构存在多家，请选择其中发生业务往来最多的一家进行评测。

9.8 供应商模拟经营使用的文档

9.8.1 供应商模拟经营手册

1. 任务清单

每季度初：（根据提示，完成部分打勾）

① 支付应付税（根据上季度结果） □

② 登记销售订单 □

③ 投保 / 保险理赔 □

④ 选择电子商务推广 □

每月：	第一月	第二月	第三月
① 更新短期贷款 / 短贷还本付息	□	□	□
② 申请短期贷款	□	□	□
③ 更新原料订单 / 原材料入库	□	□	□
④ 下原料订单	□	□	□
⑤ 购买 / 租用厂房	□	□	□
⑥ 更新生产 / 完工入库	□	□	□
⑦ 新建 / 在建 / 转产 / 变卖生产线	□	□	□
⑧ 紧急采购原料（随时）	□	□	□
⑨ 开始下一批生产	□	□	□
⑩ 更新应收款 / 应收收现	□	□	□
⑪ 紧急采购产成品（随时）	□	□	□
⑫ 产品研发投资	□	□	□
⑬ 厂房——出售	□	□	□
⑭ 出售库存（随时）	□	□	□
⑮ 厂房贴现（随时）	□	□	□
⑯ 应收款贴现（随时）	□	□	□
⑰ 按订单交货（随时）	□	□	□

每季度末：

① 支付长贷利息 □

② 更新长期贷款 / 归还长期贷款 □

③ 申请长期贷款 □

④ 缴纳违约订单罚款 □

⑤ 支付广告费 □

⑥ 支付设备维修费 □

⑦ 支付行政管理费用 □

⑧ 支付仓储费用 □

⑨ ISO 资格认证投资 □

⑩ 计提折旧 □

⑪ 关账 □

2. 起始季度订单

项目							合计
产品名称							
账期							
交货期							
单价							
订单数量							
订单销售额							
成本							
毛利							

3. 起始季度科目余额表：

单位：元

科目名称	期初余额	本期借方发生额	本期贷方发生额	余额
现金				
应收账款				
甲公司				
原材料				
R1				
R2				
R3				
库存商品				
P1				
P2				
P3				
生产成本（半成品）				
P1				
P2				
P3				
固定资产				
土地建筑净值				
机器设备净值				
短期借款				
应交税费				
应交所得税				
长期借款				
实收资本（或股本）				

续表

科目名称	期初余额	本期借方发生额	本期贷方发生额	余额
本年利润				
利润分配				
未分配利润				
主营业务收入				
主营业务成本				
销售费用				
广告费				
管理费用				
行政管理费				
研发费用				
折旧费				
ISO 认证				
维修费用				
财务费用				
贴现费				
手续费				
利息				
资产合计				
负债及所有者权益合计				
合计				

注：四舍五入到百位

4. 财务报表
1）资产负债表

单位：元

资产	期末余额	年初余额	负债及所有者权益	期末余额	年初余额
流动资产			流动负债		
货币资金			短期借款		
应收账款			应付账款		
存货			应交税金		
① 原材料			流动负债合计		
② 库存商品			非流动负债		
			长期借款		
③ 生产成本			递延税项		
			非流动负债合计		
流动资产合计			负债合计		
非流动资产			所有者权益		
固定资产			实收资本		

续表

资产	期末余额	年初余额	负债及所有者权益	期末余额	年初余额
在建工程			资本公积		
无形资产			盈余公积		
递延资产			未分配利润		
非流动资产合计			所有者权益合计		
资产合计			负债和权益合计		

2）期间费用明细表

单位：元　　　　　　　　　　损益表　　　　　　　　　单位：元

项目	金额	项目	期初数	期末数
转产费		一、主营业务收入		
产品研发		减：主营业务成本		
行政管理		主营业务税金及附加		
维修费		二、主营业务利润		
折旧费		减：管理费用		
租金		财务费用		
ISO 认证		销售费用		
广告费		三、营业利润		
仓储费用		加：营业外收入		
利息费用		减：营业外支出		
贴现费用		四、利润总额		
其他损失		减：所得税费用		
合计		五、净利润		

9.8.2　原材料销售合同范本

购 销 合 同

合同编号：_____；签订日期：_____

购货单位：_____，以下简称甲方；

供货单位：_____，以下简称乙方。

经甲乙双方充分协商，特订立本合同，以便共同遵守。

第一条　产品的名称、品种、规格和质量

1. 产品的名称、品种、规格

_____

2. 产品的技术标准（包括质量要求），按下列第（　）项执行：

（1）按国家标准执行；

（2）按部颁标准执行；

（3）由甲乙双方商定技术要求执行。

第二条　产品的数量和计量单位

1．产品的数量：＿＿＿＿＿＿。

2．计量单位：＿＿＿＿＿＿。

第三条　产品的交货方法、到货地点

1．交货方法，按下列第（　）项执行：

（1）乙方送货；

（2）乙方代运；

（3）甲方自提自运。

2．到货地点和接货单位（或接货人）＿＿＿＿＿＿＿＿。

第四条　产品的交（提）货期限：＿＿＿＿＿＿＿＿＿＿＿＿

第五条　产品的价格与货款的结算

1．产品的价格，按下列第（　）项执行：

（1）按甲乙双方的商定价格＿＿＿＿＿＿；

（2）按照订立合同时履行地的市场平均价格。

2．产品货款的结算：产品的货款、实际支付的运杂费和其他费用的结算，按照中国人民银行结算办法的规定办理。

第六条　乙方的违约责任

1．乙方不能交货的，应向甲方偿付不能交货部分货款的＿＿＿＿％的违约金。

2．乙方逾期交货的，应比照中国人民银行有关延期付款的规定，按逾期交货部分货款计算，向甲方偿付逾期交货的违约金，并承担甲方因此所受的损失费用。

第七条　甲方的违约责任

1．甲方中途退货，应向乙方偿付退货部分货款的＿＿＿＿％的违约金。

2．甲方逾期付款的，应按中国人民银行有关延期付款的规定向乙方偿付逾期付款的违约金。

第八条　不　可　抗　力

甲乙双方的任何一方由于不可抗力的原因不能履行合同时，应及时向对方通报不能履行或不能完全履行的理由，以减轻可能给对方造成的损失，在取得有关机构证明以后，允许延期履行、部分履行或者不履行合同，并根据情况可部分或全部免予承担违约责任。

第九条　其　　他

按本合同规定应该偿付的违约金、赔偿金、保管保养费和各种经济损失的，应当在明确责任后10天内，按银行规定的结算办法付清，否则按逾期付款处理。但任何一方不得自行扣发货物或扣付货款来充抵。

本合同如发生纠纷，当事人双方应当及时协商解决，协商不成时，任何一方均可向仲裁委员会申请仲裁，也可以直接向人民法院起诉。

本合同自＿＿＿年＿＿＿月＿＿＿日起生效，合同执行期内，甲乙双方均不得随意变更或解除合同。合同如有未尽事宜，须经双方共同协商，做出补充规定，补充规定与合同具有同等效力。本合同正本一式二份，甲乙双方各执一份；合同副本一份，送仲裁委员会留存。

购货单位（甲方）：＿＿＿＿＿＿　　　供货单位（乙方）：＿＿＿＿＿＿

法定代表人：（公章）	法定代表人：（公章）
地址：	地址：
开户银行：	开户银行：
账号：	账号：
电话：	电话：
年　月　日	年　月　日

小贴士：供应商企业和制造商企业需要协商好成交单价及数量后，方可向订货会指导教师索要购销合同，一旦领取合同便视为合同成立，即便在签订合同过程中发生的一方修改商品单价或数量，均视为违约，需支付初始合同总价的 10% 作为违约金。

9.8.3 原材料销售交割单

原材料交割单

合同号		原材料商		制造商	
数量		实际交割数量		未交割数量	
交割日期		教师审核签字			

小贴士：供应商企业每季度末向期初签订了购销合同的制造商企业提交原材料交割单后，才表示该季度的推演任务完成，可以进行下一步工作。

讨论与思考

1. 市场环境中的其他角色对我们企业的经营产生着怎样的影响？

2. 我们制定的企业战略是否正确，有哪些地方可以改进？

3. 我们的经营结果还令人满意吗？还能做到更好吗？

4. 我在整个实战过程中，完成了哪些工作，其中独立完成和与人配合完成的各占多少比例？

5. 一个制造型企业拥有哪些关键的经营环节？

第10章 制造商模拟经营

> 决策是管理的心脏，管理是由一系列决策组成的，管理就是决策。
>
> ——赫尔伯特·西蒙

在本章，你将了解到以下内容：
—— 模拟经营需要做些什么
—— 我们将借助什么工具来展开竞争
—— 我们要实现什么目标，取得什么成绩
—— 我们接手的是一家怎样的企业
—— 我们的竞争环境是怎样的
—— 我们将在企业中扮演怎样的角色，履行哪些职责
—— 我们将遵循什么样的市场竞争规则

10.1　制造商模拟经营概述

10.1.1　模拟经营竞赛

在经济管理仿真综合实验中，制造商角色以经营竞赛的形式参与模拟经营，主要活动为在一定外部经营环境下，向供应商购买原材料用于生产制造，并面向多个市场进行销售及竞争。在竞赛过程中，制造商角色按照团队组建规则进行组队，各个团队随即平均地被分配到几个不同产品市场的外部经营环境中，经管试验中我们将市场划分为A、B、C三个市场。

实验中，团队成员在企业中各自担任相应的职务，包括：总经理、财务经理、采购经理、生产经理、营销经理等。做出决策之前，需要团队每个成员仔细分析来自企业内外所有可能的数据资料，以及种种正式、非正式的情报而做出各自的判断，通过集体不断地、反复地讨论磋商、会议协调，最终得出企业现阶段经营方向的一组数字或文字形式的决策值，然后将各企业的决策值输入程序，进行计算得出当期经营结果。

在相互竞争中，市场状况产生变化，各企业资源也发生改变，或盈或亏。各企业评估本期决策后的经营结果，分析和总结经验和教训，在力求保有市场优势和改善公司市场劣势的期望下，又进入下一期决策，如此周而复始地完成5、6期决策，最后根据一定的标准（如期末所有者权益、投资报酬率）判定胜负。

10.1.2　制造商模拟经营的实验目标

1. 实用性目标

通过经济管理综合实验让同学们在学习中收获到实用的知识，才是我们这门课程的核心价值所在。尽管利润是制造商模拟经营竞赛胜负的主要判断依据，但参赛者的主要目标

是学习，能够从模拟经营竞赛中得到更多的启发和领悟。

一方面，竞赛可以帮助参与者更加了解产品市场的全貌，更加熟悉企业运作的情形；竞赛可以将学到的知识转变为参与者的观点，比其他学习方式更具有说服力与影响力。另一方面，通过竞赛的方式，可以发展与训练同学们与企业管理有关的有用技能，例如会计作业，生产排序；也有相当抽象的、一般概念的技能，例如报表分析技巧的使用。但是，最为重要的是帮助参与者学会如何更为有效地经营，具体如表 10.1 所示：

表 10.1　制造商模拟经营的实用性目标

认知、熟悉、了解	知识与技能
企业财会系统的特点、用途和基础功能	正确地阅读与解释会计报表并了解其意义，以所提供的信息作为决策的基础
企业的基本功能、特性及其相互影响	预测决策对于各功能的重要影响
企业的整体性、各功能的决策一致性的需求	预先调查决策一致性的构成因子
竞争环境的特性，企业有效管理的重要性	竞争因素的预期、评价、应对策略
决定性的经济变量，如产品周期、通货膨胀	经济环境变化的预期、评价、应对策略
计划的必要性，作为一致性的基础与避免犯错的可能性	有效的计划是管理决策程序的基础
决策的分析技巧的价值	选择与使用适当的数学分析技巧
学习企业经营的基本需求	学习如何发掘与有效运用所得的经验

2. 层次性目标

实验中，不同层次的模拟经营竞赛内容提供不同的学习内容。在经管试验的大环境中，我们可以了解到会计、营销、生产、财务作业的内容与企业的整体管理等知识点。

在运营决策的过程中，考验的是大家对所学知识点的融会贯通以及逻辑思考能力，通过模拟经营竞赛，可以使我们在短期内获得一些管理所需的相关经验，减少未来担任实际管理人员的不适应情形发生。当然，以后要自己创业的同学，更是要培养自己的经营管理能力。

3. 科学性目标

模拟经营竞赛是从经验中学习并使技能得到磨练的工具，这是很重要的目标。在实验几个虚拟机会的过程中，我们不能只靠经验而不学习，要从事件中学习，必须要对机会有所认知并加以重视，明了其发生的时机并进行事后的经验总结。培养这种习惯的重要性大大超过增进认知能力的重要性。

参加制造商模拟经营竞赛的同学应加强自身"从经验中学习"的意识，对于经营管理的各种课题，要建立良好的思考习惯，建议在任何事件里，都可以遵循下列步骤去思考。这些步骤是指导整个学习过程的系统性方法。通过对事件的思考，从中得到启示，吸取经验教训，不断改善。同时这一过程也可以给经营团队提供一些很好的讨论素材。

（1）描述现实状况。发生了什么事件？事件是如何发生的？

（2）着眼于本身的状况。该如何继续进行？事件有什么影响（促进或阻碍）？

（3）归纳本身的想法。不管是理性的、感性的看法。现在所想象的状况是什么？感觉如何？

（4）分析本身的选择。不同的解决方法会有什么不同的效果？

（5）推论。思考出至少一个理论架构或是经验，与面临的事件做比较，找出其相同和不同点。

（6）指出在此事件中可以学习的地方，并吸收其精华成为自身的经验。

10.2　制造商模拟经营流程

10.2.1　制造商模拟经营活动详细流程

制造商模拟经营主要流程见图 10.1：

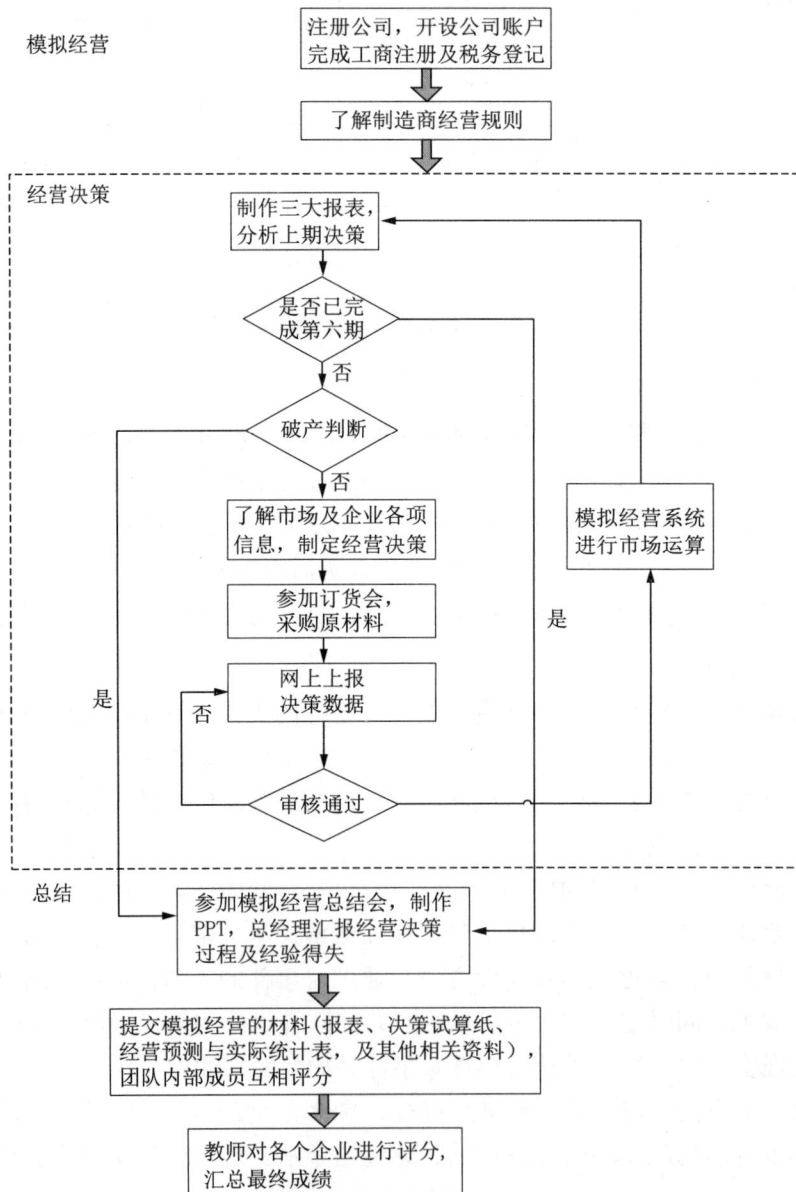

图 10.1　制造商模拟经营流程

（1）不同专业学生组队成立公司，分配不同岗位：总经理、采购经理、财务经理、生产经理、营销经理；

（2）仔细阅读并熟悉制造商模拟经营的过程及各种规则（流程、规则、报表制作方法、采购流程及规则、评分标准等）；

（3）财务经理选择银行开设公司账户；

（4）进行第一期（春季）决策（时间二天）；

① 根据期初的市场和企业情况，讨论制定企业基本竞争战略；

② 讨论制定企业激励方案（见第 15 章人力资源相关规则）；

③ 根据竞争战略决定四个市场产品销售价格；

④ 根据竞争战略决定四个市场本期营销费用投入及研发投入；

⑤ 根据竞争战略、销售价格、营销费用投入、研发投入预测公司在四个市场的销量；

⑥ 根据销售预测及库存现状决定本期生产量（注意：生产量受生产能力及原材料数量限制，原材料使用不能超出库存原材料数量）；

⑦ 根据基于基本竞争战略的长期销售预测，决定本期设备投资数量；

⑧ 根据原材料转换系数情况决定设备维护投入；

⑨ 根据生产量决策及基本竞争战略，综合考虑订购成本、库存成本等因素，决定本期原材料采购数量及付款方式；

⑩ 本期第二日，采购经理至实验中心参加原材料订货会，采购原材料，与原材料供应商签订采购合同；

⑪ 上述过程中财务经理参与各决策的制定，保障资金的使用，并依据基本竞争战略计算未来资金需求，以决定是否向银行贷款，决定贷款额度和贷款期限；

⑫ 填写本期决策试算纸；

⑬ 将各项决策在填写决策当日 20 点以前于网上提交，包括：四个市场生产量决策（加总得本期生产总量）、四个市场产品销售价格、四个市场营销费用投入、设备投资决策、设备维护决策、研发投入决策、原材料采购数量决策、银行贷款数量决策，共计 17 个决策填写项；

⑭ 确定保险有关决策，并完成相关手续；（详情见保险业务规则）

⑮ 确定电子商务有关决策，并完成相关手续；（详情见电子商务业务规则）

⑯ 财务经理根据上期经营情况向税务局报税；

⑰ 财务经理通过记账方式详细记录本期各项成本费用的发生情况，并到银行提取本期发生的各项费用总计的资金，表示费用已发生；

⑱ 上述过程期间随时接受工商局、税务局的核查与管理。

（5）进行第二期（夏季）决策（时间二天）；

① 从网上了解上一期的实际销售情况，计算相关损益；

② 填写经营预测与实际统计表，分析预测与实际产生偏差的原因；

③ 根据上一期的销售收入情况和费用发生情况，依据财务报表制作方法，完成上一期三大表的制作（财务经理负责）；

④ 根据网上部分信息及三大表信息调整竞争战略，制定本期各项决策，后续步骤与

第一期相同。

　　（6）进行第三期（秋季）决策（时间二天，步骤与第二期相同）；

　　（7）进行第四期（冬季）决策（时间二天，步骤与第二期相同）；

　　（8）进行第五期（春季）决策（时间二天，步骤与第二期相同）；

　　（9）进行第六期（夏季）决策（时间二天，步骤与第二期相同）；

　　（10）从网上了解第六期的销售竞争情况，制作第六期三大表，并将所有六期报表、决策试算纸、经营预测与实际统计表上交至实验教学部；

　　（11）实验教学部根据各公司上交的报表，及系统经营竞赛决算结果，排定各参赛公司竞争排名；

　　（12）各公司总结经营竞争过程中的得失，制成 PPT 文档；

　　（13）参加综合实训总结会，并在会上由总经理汇报经营决策过程及经验得失；

　　（14）主持教师根据评分规则对各参赛公司（小组）进行评分；

　　（15）各小组成员对其他成员在网上匿名打分，并最终计算出个人总得分；

　　（16）制造商模拟经营部分结束。

10.2.2　制造商采购原材料流程

　　制造商采购原材料流程如图 10.2 所示：

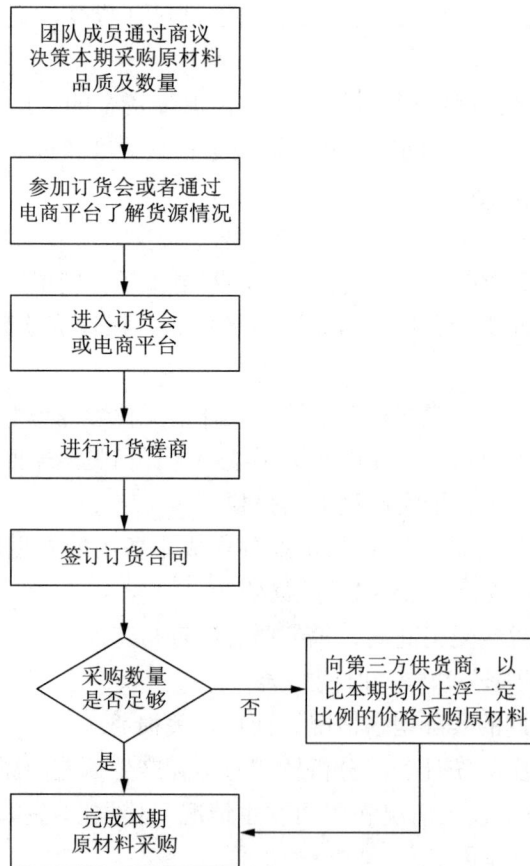

图 10.2　制造商采购原材料流程

（1）供应商和制造商企业前往订货中心进行当期的订货会，完成订货磋商，签订订货合同（合同一式三份、合同也可以学生自理），完成当天的订货会；（原材料的采购量必须为1000的整数倍）。如果订货会的采购没有满足原材料的需求，可以通过电子商务企业购买供应商线上销售的原材料，交易成功后由电子商务企业负责发货将线上采购商品录入库存。

（2）对于线下没有成功签订购货合同，线上货源也不充足的情况，第三方供货商（由老师扮演）会按当期成交情况，按照当期某种产品的均价上浮一定比例给予供货（不一定每期都有第三方供货，会根据市场情况进行调控）；

（3）订货合同的执行如遇到问题，合同双方可向订货中心管理组进行提出合同仲裁，订货中心将按有关规定和法律、法规进行仲裁。

10.3　制造商模拟经营背景

10.3.1　公司组织构架

公司的主要组织构架如图 10.3 所示：

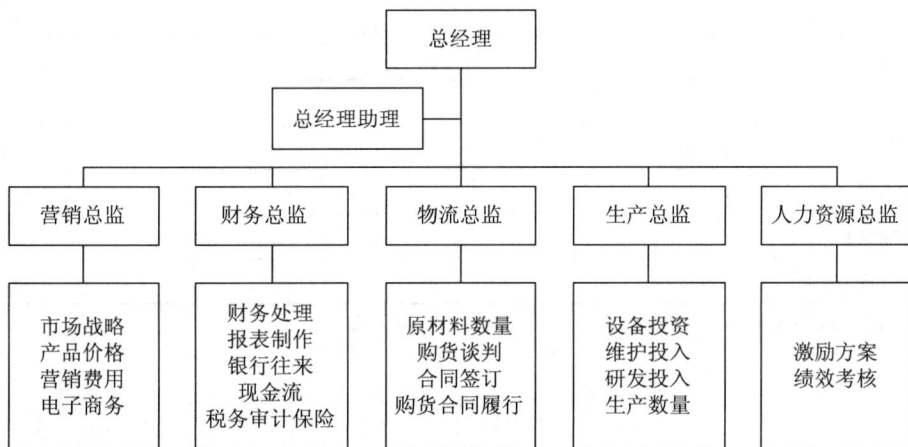

图 10.3　公司组织构架

10.3.2　公司期初业务报表

利　润　表

编制单位：　　　　　　　　　20　年　月　日　　　单位：元

项目	本期金额	上期金额
一、营业收入（亏损以"-"号表示）		
1. 销售收益		2686988
减：营业成本		1156623
主营税金及附加		
销售费用		
1. 营销费用		150000
2. 运费		99085

续表

项目	本期金额	上期金额
管理费用		
1. 研究发展费用		150000
2. 管理费用及杂项费用		369736
3. 维护费用		75000
4. 情报费用		
5. 产成品的存储成本		30592
6. 原材料的存储成本		83000
7. 设备投资费用		250
财务费用		
财务费用及利息支出		60000
资产减值损失		
加：公允价值变动收益（损失以"-"号表示）		
投资收益		
二、营业利润（亏损以"-"号表示）		512702
加：营业外收入		
减：营业外支出		
三、利润总额（亏损以"-"号表示）		512702
减：所得税费用		128175.5
减：计提盈余公积		57679
四、净利润（净亏损以"-"号表示）		326847.5

企业负责人： 主管会计： 制表： 报出日期：年 月 日

资产负债表

编制单位： 年 月 日 单位：元

资产	年初数	期末数	负债和所有者权益	年初数	期末数
流动资产：			流动负债：		
货币资金	1263330		短期借款		
存货：			应付工资		
1. 原材料	1180617		应付股利		
2. 库存商品	63553		应交税金		
存货合计	1244170		流动负债合计		
			长期负债：		
流动资产合计	2507500		长期借款	4000000	
固定资产：	8592500		长期负债合计	4000000	
固定资产原价					
减：累计折旧			负债合计	4000000	

续表

资产	年初数	期末数	负债和所有者权益	年初数	期末数
固定资产净值	8592500		所有者权益（或股东权益）：		
固定资产合计	8592500		实收资本（或股本）	7100000	
无形资产及其他资产：			减：已归还投资		
无形资产			实收资本（或股本）净额	7100000	
长期待摊费用			盈余公积		
无形资产及其他资产合计			其中：法定公益金		
递延税项：			未分配利润		
递延税款借项			所有者权益（或股东权益）合计	7100000	
资产总计	11100000		负债和所有者权益（或股东权益）总计	11100000	

企业负责人：　　主管会计：　　制表：　　　报出日期：　年　月　日

10.4　制造商模拟经营规则

10.4.1　基本业务过程

（1）设定多个参赛制造企业，企业生产的主要产品由经济管理仿真综合实验中心指定，企业被分配到不同的产品市场。在不同市场，企业向上游数家原材料供应商采购原材料进行生产，并面向 4 个市场进行竞争性销售。

（2）每 2 天为一期，每期代表一个季度，共进行六个季度的相关决策和运营，如图 10.4 所示：

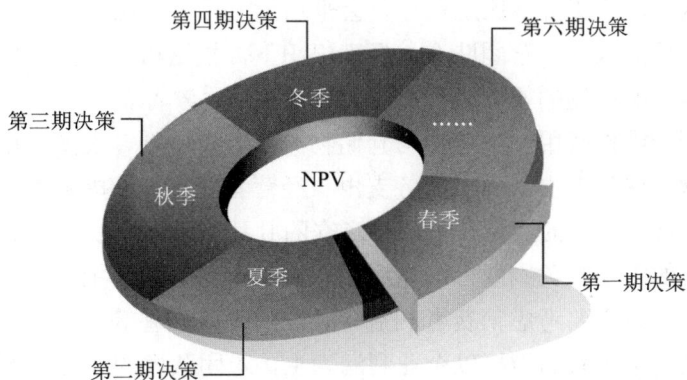

图 10.4　实验季度及决策周期划分

（3）基本模拟经营决策模型示意图如图 10.5 所示：

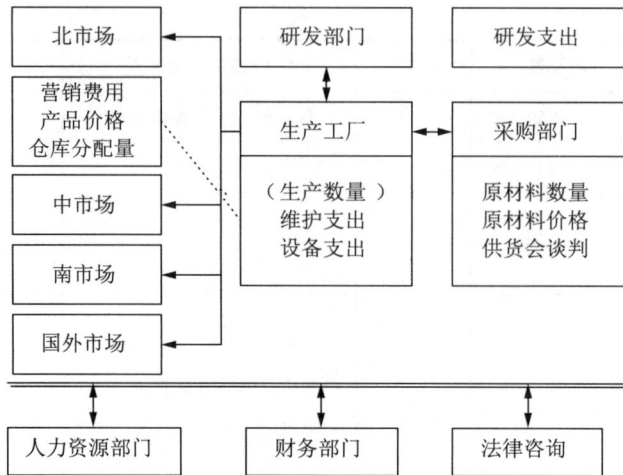

图 10.5　模拟经营决策模型

（4）经济管理综合仿真实验中，供应商及制造商双方线下交易是通过订货会完成的，订货会仅限在同一区域的供应商和制造商参加。例如，A 区制造商只能在订货会上购买 A 区供应商提供的产品，由当地的电子商务区域来组织举办本区域的订货会。对于不同区域的制造商和供应商要进行买卖交易时，则必须通过电子商务企业。供应商可以在同一轮的电子商务企业中任意选择一家，将其要销售的产品数量及定价以及一些产品广告要求告知电子商务企业，由电商将其放入第三方销售平台（电商网站），制造商通过电商平台来采购自己认为合适的产品，电子商务企业会向双方收取一定的服务费用。

每个季度举行一次订货会，由所有的原材料供应商的销售代表和所有的制造企业的采购经理参会，进行自由协商采购。本期某个区域需要用于生产的原材料种类会在具体实验中由实验教师给予规定（例如：A 区企业在模拟经营一开始时，只能使用 P1+P2 或者 P1+P3。也就是说一开始，某一区域必须用某一固定材料搭配任意另外一种材料）。未能与原材料供应商达成采购协议的制造企业，将以高出本次订货会平均成交价格，获得原材料供应。若供应商未能按时供货，则可依据采购合同索赔，未能供货部分向指导老师扮演的第三方供货商购买，购买价格比上期订货会平均价上浮一定比例。

（5）与现实世界类似，经营团队在总经理组织下，根据市场中的不同情形确定公司的竞争战略，并根据各期市场的不同表现做出相关的决策：产品的价格、营销费用预算、研发费用预算、工厂的维护费用、生产量与仓储物流分配量计划、设备费用预算、原材料的费用预算、待还款、保险支出、电子商务支出。经营者要综合考虑各个方面的情况，合理利用有限的资源，做出正确的决策，以取得竞赛的胜利。

（6）模拟经营的主要胜负判断标准是利润，虽然在现实世界中，企业并不是以财务利润为唯一的目标，它也需要考虑消费者利益、企业的良好声誉等，但这些因素很难在模拟实验中量化，所以衡量团队的指标以企业利润为主，对团队内的成员则相互打分评价。

（7）当企业短期经营步入正轨后，就必须着眼于长期运营最优化的问题，特别是工厂设备扩充的问题要仔细考虑。扩充的支出不能超过当期可运用的现金，要注意由于工厂快速扩充而产生突发性过高的成本的问题。因为最终胜负的判断依据是各期的表现总计，所以前面的亏损并不意味着经营不善，而可能是为了提高后期的竞争能力所做的铺垫。

（8）制造商的同学可以选择在电子商务企业投放企业宣传项目，如产品广告（图片，文字等），视频，企业网站建设等，根据投放资金及所签订合约的电子商务企业最终做出的效果，由指导教师按照一定的系数计算，得到一个音效系数加成的百分比，放入制造商的当季营销系数中。

10.4.2　破产及胜负判定标准

1. 胜负标准

正常营运：名次排序是主要是依据企业净资产的价值高低而定，并综合考虑三大报表的正确性。

2. 破产

由于经营不善，而造成总负债超过所有者权益 10 倍的状况下，将自动宣告该公司破产，并于当期经营报表上公告，此时该竞赛队伍亦将被迫退出此次竞赛，无法再参加后续各期经营决策，直接进入破产清算及经验总结阶段。

10.4.3　模拟经营的环境数值分析

1. 总体经济环境

（1）通货膨胀指数：影响"整体市场"，共区分为大、中、小、负四种通货膨胀状态。

（2）经济成长指数：影响"整体市场"，成长指数上升则表示景气上升，显示购买力上升，需求量增加。

公式：经济成长指数＝基期指数＋成长指数 × 竞赛期数

2. 产业背景资料

（1）季节指数：影响"竞赛产业"，当季节指数的数字上扬，则表示该季节的需求较为旺盛。

（2）市场占有率递延效果：影响"竞赛产业"，共分为高、中、低三种不同的效果。

（3）产品生命周期：影响"个别市场"，共计有高成长、中成长及低成长三种状态。产品会经历初生、成长、成熟、衰退及死亡几个阶段。通常以 0 为起点，经由市场的开发，产品生命周期的累计值逐渐升高，到达 2 时显示市场成熟，总市场潜能趋于饱和。之后市场潜能将开始衰退，各期的销售数量也将会逐渐递减。此数值可以在不同市场分别设定高、中、低三种不同生命周期的成长指数。

（4）价格弹性：影响"个别市场"，显示降价竞争的效果，可分为大、中、小三种水平。

（5）营销活动影响：影响"个别市场"，显示"营销费用"的促销效果，共计分为大、中、小三种水平。由于"价格弹性"、"营销活动影响"均可分别在"不同市场"（北、中、南、国外四个市场）设定大、中、小不同的值，故共计有 $9 \times 9 \times 9 \times 9$ 多种的组合方式。

（6）研究发展的影响：以"竞赛产业"为分析单位，共分 3 组。主要在影响产品质量，并对生产效率有一定影响，可分为大、中、小三种水平。

（7）维护支出的影响：以"竞赛产业"为分析单位，共分 3 组。主要在影响生产效率（材料转换系数值），可分为大、中、小三种水平。

3. 企业内部数据值设定

生产方式：属于"企业"内部的生产政策，竞赛主持人会设定一班制或轮班制两种不同生产方式：

（1）一班制生产时，加班至多可增加 0.5 倍的产能；

（2）轮班制生产可采用 1 ~ 3 班生产的方式生产，竞赛时，计算机会根据生产数量"自动"决定生产班次。

10.4.4 生产与销售的协调

1. 市场潜能：显示公司能够接到订单的最大总销售数量

（1）如果本期市场潜能≤生产量＋仓储量（存货），则销售量＝本期市场潜能（＝最大可供销售量）；

（2）如果本期市场潜能＞生产量＋仓储量（存货），则销售量＝生产量＋仓储量≤最大可供销售量。

2. 至于未能销售的部份市场潜能，采 50%/50% 分配：

（本期市场潜能 – 最大可供销售量）×0.5：递延下一期

（本期市场潜能 – 最大可供销售量）×0.5：分给其他公司

3. 仓储量（存货）＝上期期末存货＋本期实际生产量 – 本期实际销售量

4. 各市场销售量＝最大可供销售量 × 各市场潜能 / 总市场潜能

其生产模型图如图 10.6 所示。

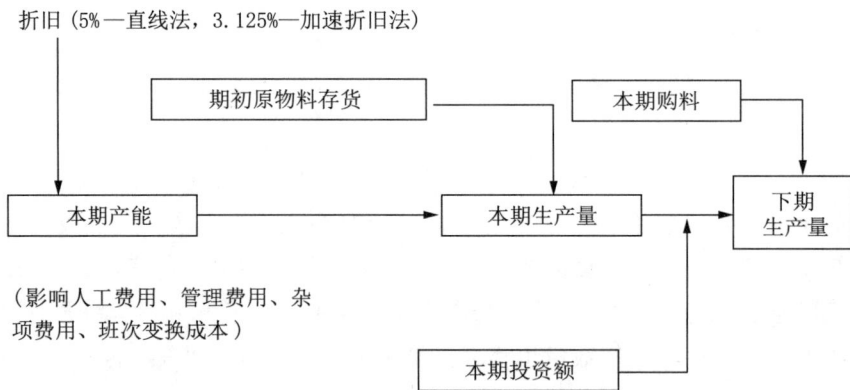

图 10.6　生产模型图

5. 本期产能＝上期产能 × 0.975 ＋上期设备投资额 / 20 × 一般物价指数（采用直线折旧法）

（1）如果原材料足够，且产能足够，则实际生产量＝预计生产量

（2）如果原材料不足，或是产能不足，则实际生产量＝最大可生产量

（3）在原材料不足或产能不堪负荷时，计划生产量将自动调整为最大可生产量，实际的仓储分配额亦将按照原决策的相对比率重新计算：

各市场实际仓储分配额＝最大可生产量 × 各市场仓储分配决策值 / 计划生产量总量

10.4.5 财务报表制作规则

1. 资产负债表

1）资产负债表制作步骤

第一步，根据本期经营决策的相关数据，全面地编制相关会计分录。

根据公司经营决策数据，所涉及的会计业务可能存在以下几种，如表 10.2 所示（仅供参考）：

表 10.2　会计业务项目

长期或短期借款	产品的销售（收入的确认与成本的结转）
订购成本费用的发生	各类应交税费的计提、申报与缴纳
物资或原材料采购	长期或短期借款的偿还
物资或原材料领用	长期或短期借款利息的支付
情报费用的发生	原材料的存储费用
研发费用的投入	产成品的存储费用
资产设备投资	产品储存成本的支付
资产设备折旧	期末结转收入与成本到本年利润
管理费用与杂项费用的发生	申报和缴纳企业所得税
维护和修理资产设备费用的发生	结转本年利润到未分配利润
职工工资的支付（总经理及部门经理工资由人力资源部门确定）	支付股利给企业股东
产品的完工	保险业务
营销费用的发生	其他业务
运费的支付	

第二步，根据编制的会计凭证，进行过账处理，并编制试算平衡表。

第三步，根据试算平衡表与账簿数据，填制制造商的资产负债表。

2）资产负债表制作的参考资料（金额取整数元）

（1）原材料

生产产品所需原材料分为三种（P1，P2，P3），每生产一单位制成品都需要共同使用这三种原材料。

原材料购买单价，参考第一期的期初数据，实际购买单价为订货会产生的材料采购单价。

原材料领用单价，采取简单加权平均法计算当期购料数量为实际采购数量。

（2）原材料耗用

P1 耗用量＝生产量 /P1 转换率

P2 耗用量＝生产量 /P2 转换率

P3 耗用量＝生产量 /P3 转换率

材料转换率是指 1 单位原材料能支撑生产的制成品数量，受原材料质量、研发费用及维护支出影响。

（3）库存商品

库存商品单价在启始时为￥3，往后各期仅随物价水平略为波动；除非当期销售量比上期存货还少时，才做调整，调幅亦很小。

库存商品发出单价，采取简单加权平均法计算。

简单加权平均单价＝（期初库存商品价值＋本期增加的库存商品的价值）/（期初库存商品数量＋本期增加的库存商品的数量）

（4）固定资产价值

固定资产折旧率是 2.5%/ 季度，不考虑净残值。

（5）应付职工薪酬

生产量大小	总人工成本	生产班次
生产量＜产能	1.25× 生产量	1
1 班产能＜生产量	1.25×1 班产能＋ 1.5×1.25×（生产量 -1 班产能）	1

（6）订购成本

欲补充原材料订购过程中所产生的成本费用(含订购手续作业费、运输过程检验费等)。其值随原材料订货单位而呈阶梯式分布，如下表所示：

原材料订购数量	订购成本
1～500000 单位	40000 元
500001～1000000 单位	80000 元
1000001～1500000 单位	120000 元
1500001～2000000 单位	160000 元
2000001 单位以上	200000 元

（7）原材料的存储成本

为保存原材料所发生的成本。

原材料持有成本＝期初原材料 ×5%

（8）产成品的存储成本

产成品库存过程中发生的成本（如资金积压的财务成本，产品过期或持有成本损坏的损失、仓储设施的折耗）。

产成品的存储成本＝￥0.2× 期末库存商品数量（各仓库期末值总和）

（9）运费

为运输产品至各市场的发货仓库所产生费用的总和。

各市场依路程远近，其每单位产品运费率为

北区市场　无

中区市场　0.1 元

南区市场　0.2 元

国外市场　0.8 元

（10）利息费用

假设公司新增银行借款均发生于期初，偿还银行借款均发生在期末。

利息费用＝（期初银行借款金额＋本期新增银行借款）× 当时银行利率。

各期银行利率根据银行提供的数据。

（11）营销费用

该公司当期决策的各市场营销费用值的总和及个别市场决策值。

（12）管理费用

因生产规模大小而产生的有关管理性质的半固定费用项，管理费用随生产量变动：

生产规模	管理费用	生产班次
生产量产能	（150000 ＋ 0.32× 本期产能）× 物价指数	1
生产量产能（即加班）	（150000 ＋ 0.32× 本期产能＋ 50000）× 物价指数	1

150000 为固定管理费用支出，且每单位产能须另付 0.32 元的管理费用，加班费则为 50000 元。

（13）杂项费用

因维持现有产能规模产生的杂支费用项。

杂项费用＝（10000 ＋ 0.18× 本期产能）× 物价指数

（14）维护费用

当期决策的维护费用支出额。

（15）研发费用

当期决策的研发费用值。

（16）设备投资费用

此项为因设备投资所产生的费用支出。

设备投资费用＝ 0.001 × 设备投资支出

（17）应交税金

按现行税法规定计算。

包含应交增值税、应交营业税、应交所得税、城建税及教育费附加。

（18）盈余公积

根据企业当期获得的净利润，按 15% 比率提取。

2．利润表

利润表制作步骤：

第一步，计算营业利润

营业利润＝营业收入－营业成本－主营税金及附加－销售费用－管理费用－财务费用－资产减值损失＋公允价值变动收益（损失以"－"号表示）

第二步，计算利润总额

利润总额＝营业利润＋营业外收入－营业外支出

第三步，计算净利润

净利润＝利润总额－所得税费用

3．现金流量表

1）现金流量表制作的方法

采取直接法计算填列现金流量表

2）现金流量表制作的参考资料

（1）销售收益

为各市场销售额的总和。

（2）现金费用支出

所有在当期有现金流出的费用项支出总额。

（3）购料支出

为当期购料金额及紧急采购费用的总和。

购料支出＝当期购料金额＋紧急采购费用

当期购料金额＝当期实际购料数量 × 实际采购价格

（4）企业所得税

同利润表所列值。

（5）设备投资支出

当期决策的设备投资支出值。

（6）借款金额

决策中的实际借款金额。

（7）还款金额

决策中的实际还款金额。

（8）现金资产增加额。

为现金流入总额－现金流出总额。

10.4.6　各决策变量的提示与建议

（1）产品价格：3.00 元至 9.00 元（到 9 元价格，则基本没有销量）。

（2）营销费用：直接影响接单数量，有递延效果，也有累积的效果

（3）计划生产量（由仓储分配量加总获得）：总生产量在不同市场的分配数（不含制成品存货）

（4）研究发展费用：影响产质量与市场潜能，有累积门槛效果

（5）维护费用：影响材料耗用额（材料转换系数）

（6）设备投资预算：影响产能，并影响当期的设备投资费用

（7）购入物料数量：购料于期末送达，并供下期使用，不可本期使用

（8）购料支出：当期购料金额。原材料单位市价在 1.00 元到 2.00 元，视整个产业原材料供应情况及购销谈判而定

（9）特别注意：原材料的使用必须依据实际库存量来决定，如果进行的生产数量决策所需原材料大于实际拥有原材料，将被判退出比赛，请每次决策一定计算是否有足够的原材料库存供应生产。另外，原材料供应方也不得提前交货。

10.4.7　与原材料供应商的采购合同

购销合同

合同编号：＿＿＿＿＿＿＿＿＿；签订日期：＿＿＿＿＿＿＿＿

购货单位：＿＿＿＿＿＿＿＿＿＿＿＿＿＿＿，以下简称甲方；

供货单位：＿＿＿＿＿＿＿＿＿＿＿＿＿＿＿，以下简称乙方。

经甲乙双方充分协商，特订立本合同，以便共同遵守。

第一条　产品的名称、品种、规格和质量

1. 产品的名称、品种、规格

＿＿＿＿＿＿＿＿＿＿＿＿＿＿＿＿＿

2. 产品的技术标准（包括质量要求），按下列第（　　）项执行：

（1）按国家标准执行；

（2）按部颁标准执行；

（3）由甲乙双方商定技术要求执行。

第二条　产品的数量和计量单位

1. 产品的数量：＿＿＿＿＿＿＿＿。

2. 计量单位：＿＿＿＿＿＿＿＿。

第三条　产品的交货方法、到货地点

1. 交货方法，按下列第（　　）项执行：

（1）乙方送货；

（2）乙方代运；

（3）甲方自提自运。

2. 到货地点和接货单位（或接货人）＿＿＿＿＿＿＿＿＿。

第四条　产品的交（提）货期限：＿＿＿＿＿＿＿＿＿＿＿＿＿

第五条　产品的价格与货款的结算

1. 产品的价格，按下列第（　　）项执行：

（1）按甲乙双方的商定价格＿＿＿＿＿＿＿；

（2）按照订立合同时履行地的市场平均价格。

2. 产品货款的结算：产品的货款、实际支付的运杂费和其他费用的结算，按照中国人民银行结算办法的规定办理。

第六条　乙方的违约责任

1. 乙方不能交货的，应向甲方偿付不能交货部分货款的＿＿＿＿＿％的违约金。

2. 乙方逾期交货的，应比照中国人民银行有关延期付款的规定，按逾期交货部分货款计算，向甲方偿付逾期交货的违约金，并承担甲方因此所受的损失费用。

第七条　甲方的违约责任

1. 甲方中途退货，应向乙方偿付退货部分货款＿＿＿＿＿％的违约金。

2. 甲方逾期付款的，应按中国人民银行有关延期付款的规定向乙方偿付逾期付款的违约金。

第八条 不可抗力

甲乙双方的任何一方由于不可抗力的原因不能履行合同时，应及时向对方通报不能履行或不能完全履行的理由，以减轻可能给对方造成的损失，在取得有关机构证明以后，允许延期履行、部分履行或者不履行合同，并根据情况可部分或全部免予承担违约责任。

第九条 其他

按本合同规定应该偿付的违约金、赔偿金、保管保养费和各种经济损失的，应当在明确责任后 10 天内，按银行规定的结算办法付清，否则按逾期付款处理。但任何一方不得自行扣发货物或扣付货款来充抵。

本合同如发生纠纷，当事人双方应当及时协商解决，协商不成时，任何一方均可仲裁委员会申请仲裁，也可以直接向人民法院起诉。

本合同自＿＿＿年＿＿月＿＿日起生效，合同执行期内，甲乙双方均不得随意变更或解除合同。合同如有未尽事宜，须经双方共同协商，做出补充规定，补充规定与合同具有同等效力。本合同正本一式二份，甲乙双方各执一份；合同副本一份，送仲裁委员会留存。

购货单位（甲方）：＿＿＿＿＿　　　　供货单位（乙方）：＿＿＿＿＿

法定代表人：（公章）　　　　　　　　法定代表人：（公章）

地址：　　　　　　　　　　　　　　　地址：

开户银行：　　　　　　　　　　　　　开户银行：

帐号：　　　　　　　　　　　　　　　账号：

电话：　　　　　　　　　　　　　　　电话：

　　　年 月 日　　　　　　　　　　　　　年 月 日

10.5　制造商模拟经营竞赛系统说明

10.5.1　进入运营界面

进入系统运营界面，如图 10.7：

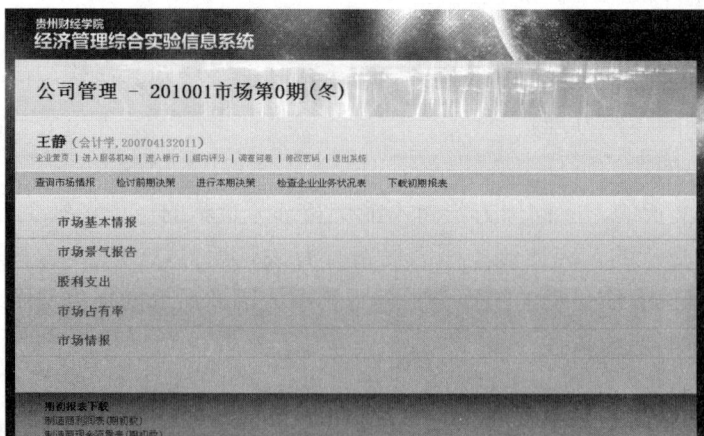

图 10.7　系统运营界面

10.5.2　了解竞赛背景

点击"市场基本情报"即进入以下画面（图 10.8）：

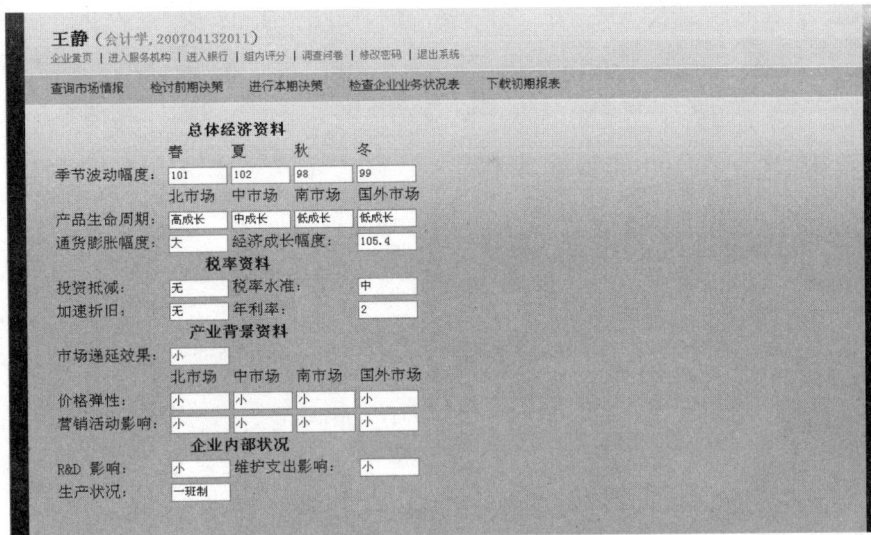

图 10.8　"市场基本情报"界面

如图 10.8 所示：该部分阐述了竞赛中宏观的经济环境以及企业自身的生产情况设定。正确理解和掌握了各项背景资料，有助于经营者做出正确的决策。

10.5.3　检讨前期决策

点击"检讨前期决策"即进入以下画面（图 10.9）：

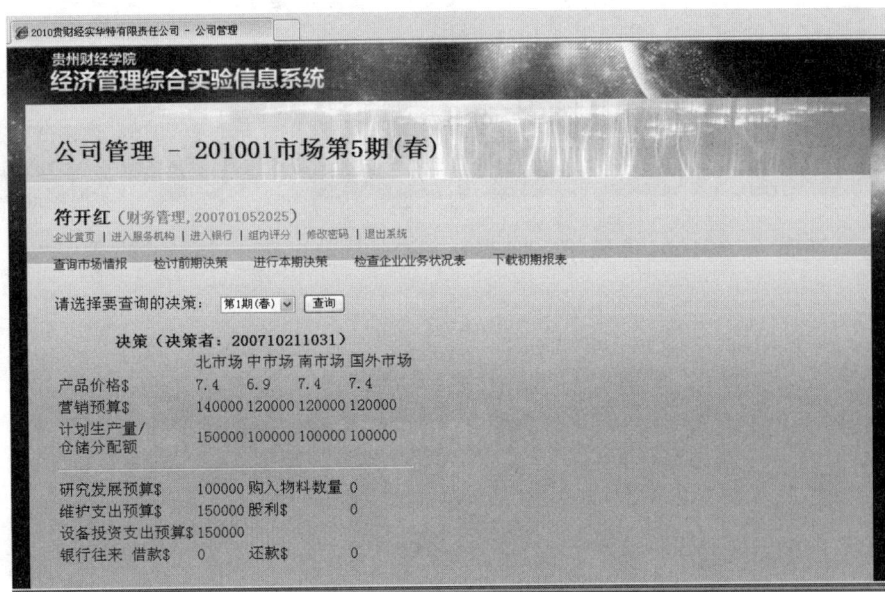

图 10.9　"检讨前期决策"界面

经营者可以选择不同的期数查看当期的决策值，然后与每次的计算结果相比较，检讨得失，为进行下期决策做准备。

10.5.4　进行本期决策

点击"进行本期决策"即进入以下画面（图10.10）：

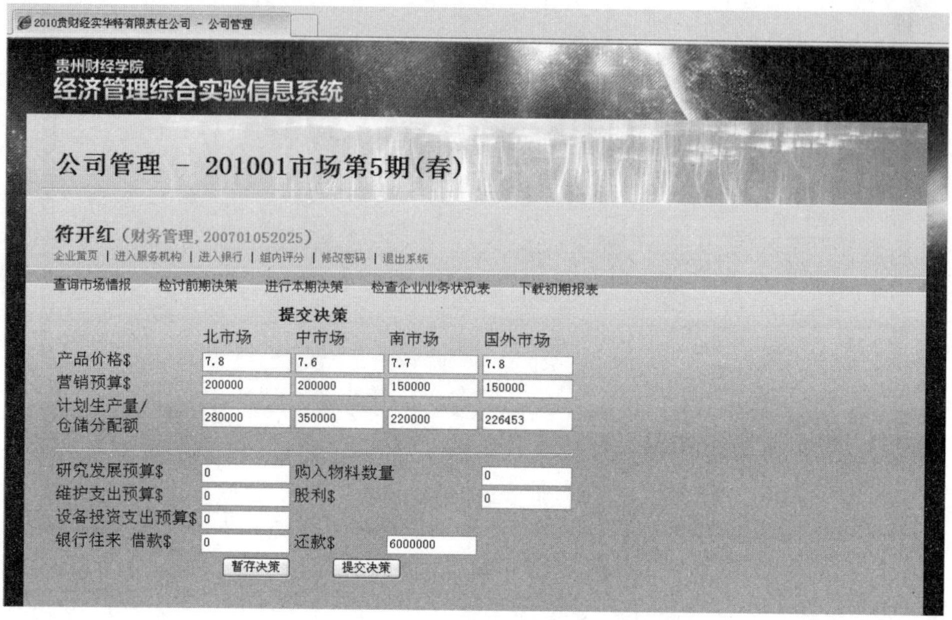

图10.10　"进行本期决策"界面

如图所示，按下"暂存决策"按钮暂存已经做出的决策，从而可以转到其他页面查看别的参数；当所有决策值都已经填好，选择"提交决策"，按确定键送出决策值。

10.5.5　市场景气情报

点击"市场景气报告"即可进入以下画面：

图10.11　"市场景气报告"界面

在这部分可以看到各期的宏观经济指数，如物价指数，季节指数和经济成长指数，这些都是做决策的基础，详细的解释说明可以看附录中关于竞赛背景的介绍。

10.5.6　市场占有率

"市场占有率"共包含总市场占有率、北市场占有率、中市场占有率、南市场占有率和国外市场占有率，见图 10.12。

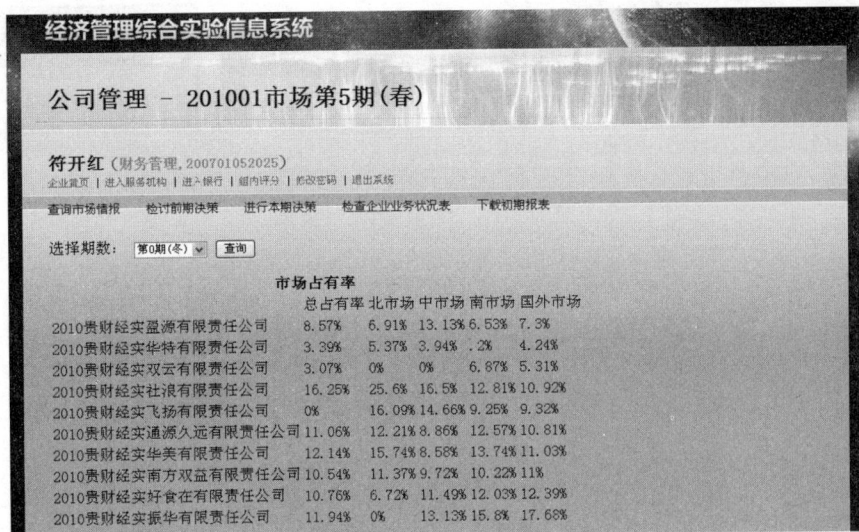

图 10.12　市场占有率

该图显示了各企业的产品销售量占所有市场产品总销售量的百分比，从总体上反映了各企业的相对市场地位。

10.5.7　市场销售情报

由此处可以了解其他参赛者的信息，例如定价策略、销售状况等。具体来说，市场销售情报可分为北市场、中市场、南市场和国外市场（图 10.13）。

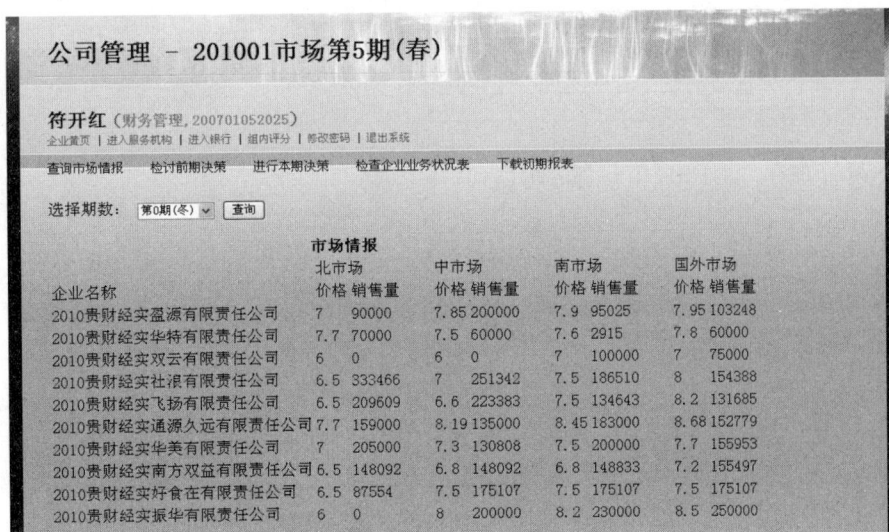

图 10.13　市场情报

该图显示了各企业在各个市场的产品销量和定价情况。

10.5.8　业务状况表

点击"检查企业业务状况表"即可得到以下画面（图 10.14）：

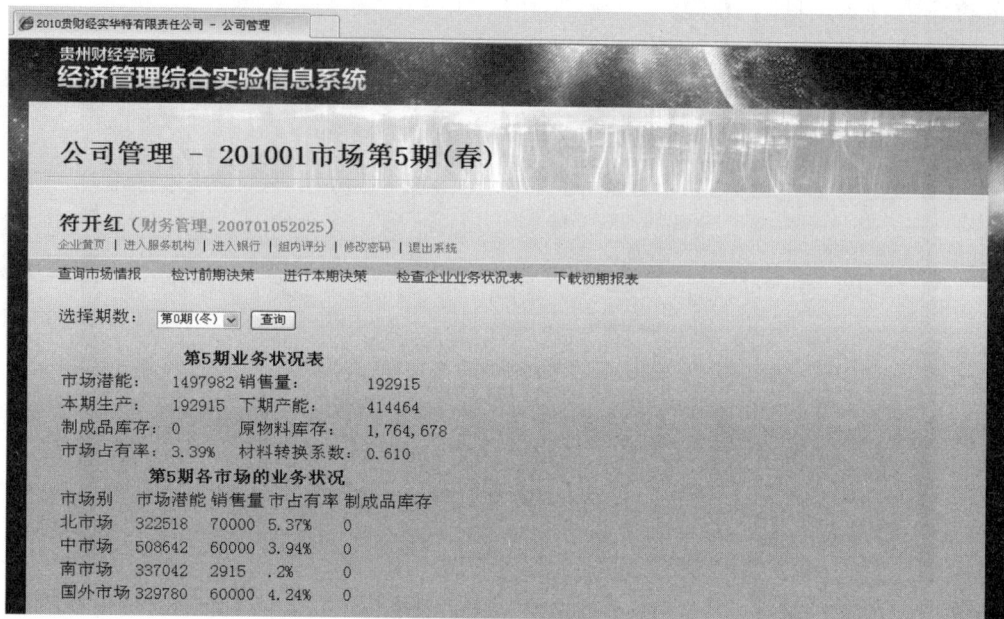

图 10.14　检查企业业务状况表

在上方选择需要查看的期数，就可以得到各期的业务状况，包括市场潜能、销售量、本期产量、下期产能、成品库存、原材料库存、原材料转换系数以及市场占有率等信息。

10.5.9　企业期初报表

点击"下载期初报表"即可得到以下画面（图 10.15）：

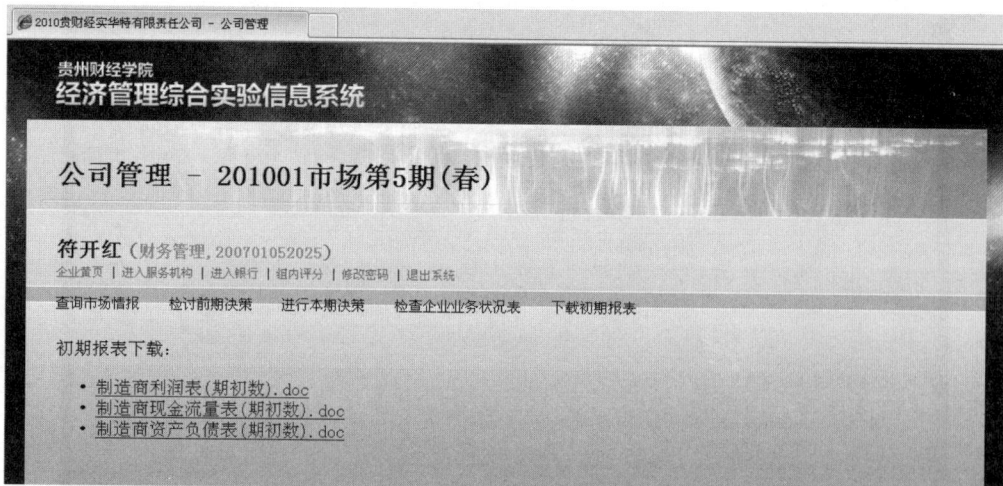

图 10.15　"初期报表下载"界面

在这里可以下载企业的各种期初报表，包括利润表、现金流量表和资产负债表，用以了解企业的基本财务状况。

10.6　制造商模拟经营运行手册

决策试算纸

第　　季		年　　月　　日	
公司内部讨论过程	内部共识	主要决策	
策目标制定 1. 主要策略及指导方针 ＿＿＿＿＿＿＿＿＿＿＿ ＿＿＿＿＿＿＿＿＿＿＿ 2. 市场占有率 北　中　南　外 　　　　　□□%□□%□□%□□% 3. 销售收入 ＿＿＿＿＿＿＿＿＿＿＿＿ 销售净利润 ＿＿＿＿＿＿＿＿＿＿ 4. 成品总库存数量 ＿＿＿＿＿＿＿＿＿＿＿ 5. 原材料总库存金额 ＿＿＿＿＿＿＿＿＿＿＿	□很高 □高 □普通 □低 □很低	产品价格　　　　营销费用 北部市场□.□□　北部市场□□□，□□□ 中部市场□.□□　中部市场□□□，□□□ 南部市场□.□□　南部市场□□□，□□□ 国外市场□.□□　国外市场□□□，□□□ 生产及分配量 北部市场□□□，□□□ 中部市场□□□，□□□ 南部市场□□□，□□□ 国外市场□□□，□□□ 研究发展预算 □□□，□□□ 购入物料数量 □，□□□，□□□ 维护支出预算 □□□，□□□ 设备投资支出预算 □□□，□□□	
主要想法讨论 1. 市场定位（产品 / 形象） 2. 价格 3. 产销协调（预测、销售、备货及备料） 4. 情报收集及判断（市场环境、竞争者动能） 5. 竞争手段 6. 财务操作 7. 其他	□很高 □高 □普通 □低 □很低	借款 / 还款 □，□□□，□□□ 产品价格：单价 生產及分配量：数量（个数） 其他项目均为总金额	
达成状况与差异		重要心得：（环境变化、竞争者、市场定位、目标、战略、战术、执行、各项差异分析及修正做法）	
市 场 份 额 总 差 异 ＿＿＿＿＿＿% 北部市场＿＿＿＿% 中部市场＿＿＿＿% 南部市场＿＿＿＿% 国外市场＿＿＿＿%	1. 销售收入差异 ＿＿＿＿＿＿ 2. 销售净利差异 ＿＿＿＿＿＿ 3. 成品库存差异 ＿＿＿＿＿＿ 4. 物料库存差异 ＿＿＿＿＿＿	□很高 □高 □普通 □低 □很低	

总经理＿＿＿＿＿＿＿＿＿＿＿＿　　　制表＿＿＿＿＿＿＿＿＿＿＿＿

利 润 表

编制单位：   20　年　月　日   单位：元

项目	本期金额	上期金额
一、营业收入（亏损以"—"号表示）		
销售收益		
减：营业成本		
主营税金及附加		
销售费用		
1．营销费用		
2．运费		
管理费用		
1．研究发展费用		
2．管理费用及杂项费用		
3．维护费用		
4．情报费用		
5．产成品的存储成本		
6．原材料的存储成本		
7．设备投资费用		
财务费用		
财务费用及利息支出		
资产减值损失		
加：公允价值变动收益（损失以"—"号表示）		
投资收益		
二、营业利润（亏损以"—"号表示）		
加：营业外收入		
减：营业外支出		
三、利润总额（亏损以"—"号表示）		
减：所得税费用		
减：计提盈余公积		
四、净利润（净亏损以"—"号表示）		

企业负责人：　　　主管会计：　　　制表：　　　报出日期：　　年　月　日

现金流量表

编制单位：　　　　　　　　　年　月　日　　　　　　　　　单位：元

项　　目	本期金额	备注
一、经营活动产生的现金流量：		
销售商品、提供劳务收到的现金		
收到的税费返还		
收到的其他与经营活动有关的现金		
现金流入小计		
购买商品、接受劳务支付的现金		
支付给职工以及为职工支付的现金		
支付的各项税费		
支付的其他与经营活动有关的现金		
现金流出小计		
经营活动产生的现金流量净额		
二、投资活动产生的现金流量：		
收回投资所收到的现金		
取得投资收益所收到的现金		
处置固定资产、无形资产和其他长期资产所收回的现金净额		
收到的其他与投资活动有关的现金		
现金流入小计		
购建固定资产、无形资产和其他长期资产所支付的现金		
投资所支付的现金		
支付的其他与投资活动有关的现金		
现金流出小计		
投资活动产生的现金流量净额		
三、筹资活动产生的现金流量：		
吸收投资所收到的现金		
借款所收到的现金		
收到的其他与筹资活动有关的现金		
现金流入小计		
偿还债务所支付的现金		
分配股利、利润或偿付利息所支付的现金		
支付的其他与筹资活动有关的现金		
现金流出小计		
筹资活动产生的现金流量净额		
四、汇率变动对现金的影响		
五、现金及现金等价物净增加额		

企业负责人：　　　　主管会计：　　　制表：　　　报出日期：　　　年　月　日

资产负债表

编制单位：　　　　　　　　　　　　　　　年　月　日　　　　　　　　　　　　　　　单位：元

资产	年初数	期末数	负债和所有者权益	年初数	期末数
流动资产：			流动负债：		
货币资金			短期借款		
存货：			应付工资		
1. 原材料			应付股利		
2. 库存商品			应交税金		
存货合计			流动负债合计		
			长期负债：		
流动资产合计			长期借款		
固定资产：			长期负债合计		
固定资产原价					
减：累计折旧			负债合计		
固定资产净值			所有者权益（或股东权益）：		
固定资产合计			实收资本（或股本）		
无形资产及其他资产：			减：已归还投资		
无形资产			实收资本（或股本）净额		
长期待摊费用			盈余公积		
无形资产及其他资产合计			其中：法定公益金		
递延税项：			未分配利润		
递延税款借项			所有者权益（或股东权益）合计		
资产总计			负债和所有者权益（或股东权益）总计		

企业负责人：　　　　主管会计：　　　　制表：　　　　报出日期：　　　年　月　日

10.7　模拟经营中涉及的战略管理知识

10.7.1　经营环境分析

　　企业的经营过程应当起始于环境分析，从内部和外部环境中监测、评估与提取信息。这些信息包括外部环境中的机会与威胁变量，如宏观环境或企业特定的任务环境，内部环境中的优势和劣势变量，如公司的结构与资源等；然后考虑企业的优势和劣势，对企业环境中的机会与威胁进行有效管理。在本模拟经营中，经营环境主要包括竞赛系统经营环境、竞争对手分析和企业自身状况的分析。

对于竞赛系统经营环境的分析主要是对给定的一些参数和指标进行分析。在起始报表中规定了总体经济、产业环境与个别企业三个层次的信息。具体来说，在总体经济状况中，规定了经济成长、通货膨胀与季节性需求的影响作用。在产业环境中规定了产品的价格、生命周期、营销支出、产品改良与研发投入对市场潜能的影响。作为战略管理的第一步，参赛者需要做的就是从以上复杂的信息中去找出企业的机遇和挑战所在。对于每个参赛企业（团队）而言，许多指标是共有的，也是无法改变的，应当在以后的经营过程中对搜集到的信息进行合理利用。

对于竞争对手的分析是必不可少的。关于对手的竞争策略，如市场定位、定价策略等，往往是经营环境分析中最重要的。竞争对手是自己最大的挑战所在，尤其那些和自己有着同样市场策略的对手。因为市场是大家共同面临的，竞争对手和本企业的间的相互影响很大。缺乏对竞争对手的了解，也会给本企业的战略管理带来巨大困难。特别是在当前期战略受到竞争对手的干扰以后，对竞争对手的分析更是刻不容缓。

对于企业自身状况的分析，主要是指要根据起始报表来分析企业目前所拥有的资源和面临的市场状况。无论企业制定何种战略，都会受到企业现有资源（主要是资金）的预算限制。制定战略不能根据想象而来，应当进行量化分析。在给定的企业资源和市场状况下，如何通过合理的战略来逐步改善企业的经营状况，是对企业自身状况分析的主要内容。巧妇难为无米之炊，缺乏对自身的客观认识，任何战略都难以成功。

10.7.2　竞争战略制定

一般而言，现实中企业的战略制定主要包含公司战略、经营战略与职能战略三个组成部分。公司战略描述公司总的方向，业务组合分析等；经营战略重点强调公司产品或服务在某个产业或事业部所处的细分市场中竞争地位的提高；职能战略通过最大化资源产出率来实现公司和事业部的目标和战略，主要考虑建立和培育能力，给企业带来竞争优势。而在模拟经营竞赛中，由于面对的产品只有一种，战略制定的主要内容是公司战略和经营战略。

公司战略的制定是在经营环境分析的基础上进行的。通过环境分析，找出企业可能的发展道路，培养企业的核心竞争力，是企业长期意图的表达。在模拟经营竞赛中，常用的战略包括：

1. 成本战略

即企业追求生产成本的持续下降，通过规模生产和批量采购来降低单位成本，从而在市场竞争中获得价格优势，配合以高促销来实现高销量，从而确保成本战略的持续进行。

2. 差异化战略

在这种战略下，企业更注重产品质量和形象，不追求产品销售数量的优势，以高研发投入和高促销来保证产品的品牌地位，从而可以高价格进行销售。

3. 集中化战略

制定该战略的企业一般是将目标市场锁定在一个较小的范围，力求能全面控制该市场来获得利润。此外，还有战略联盟的形成也是企业战略制定的一个可能的重要内容。

在模拟经营过程中，可以发现，没有什么战略是一定能获胜的。因为任何一个企业的战略效果都要受到其他竞争者的影响。制定战略是个最优化的过程，但由于无法得知竞争者的策略，所以任何战略都有风险，都是需要在整个竞赛过程中不断调整来达到目标的。因此，在制定战略的过程中，依然要对经营环境进行分析，也需要战略能够适应不断变化的环境。为了使自身的战略达到最好的效果，制定战略时，综合考虑所有可能的情况是有必要的。

10.7.3 竞争战略执行

现实中企业的战略执行的主要内容是在战略制定完成后，企业要通过行动计划、预算与规程的开发，把战略与政策推向行动。通过预算和规程，详细描述一项特定任务或工作做法的一系列步骤和技巧，涉及日常的资源分配决策及其他行动计划所必需的决策。而在模拟经营中，这个执行过程被简化了，主要就是填写决策纸上的所有决策值。具体内容包括：产品的价格、营销费用预算、研究发展费用预算、工厂的维护费用、生产量与仓储物流分配量、设备费用预算、原材料费用预算等。这一系列决策值的制定，实际是一个对制定的战略再结合企业自身现有资源的预算过程。企业自身的资源是有限的，只有对有限资源进行合理的分配才能达到战略的预期效果。

制定决策应当慎重，因为在决策定案后，除非抵触了竞赛的规则，也就是造成该决策无法实行或是很难实行的现象，否则系统会完全按照决策值来执行。所以，填写决策的过程虽然简单，但实际就是战略执行的过程。每一个决策值都应经过详细而周密的计算。既要考虑到本企业的预期目的，也要考虑竞争对手所可能采取的措施；既要满足当期的计划目标，也要满足企业可持续发展的要求。只有如此，才能将本企业的所有资源充分利用起来，为了实现企业的战略目标而做出最大的贡献。

战略执行是需要具有一致性和目的性的，竞赛者应当明确每个决策值所代表的意义。由于递延效果和"门槛效应"的存在，企业应当综合考虑对资源的运用，使决策执行自身具有明确的目标来体现战略。即使制定了同样战略的两家企业，也有可能由于对战略执行的不同认识而在若干期经营之后分出高下。战略执行也具有一系列的步骤和技巧，需要在竞赛中慢慢把握。

10.7.4 战略评估与控制

因为环境总是在变化着的，并不是完全可以预测的，也总有些事前不可确定的随机因素会影响到企业经营的结果，所以战略评估和控制是有必要的，其主要内容是在战略执行过程中和完成后，对企业的活动和业绩进行检测，比较实际业绩与期望业绩，指出正在执行和已执行的战略规划的弱点，从而使整个战略管理的过程重新开始。

模拟经营竞赛中，市场环境是随着所有企业的共同决策而不断改变的。因此很少有企业能够根据自己个体的判断来预测未来的市场发展方向。因此在战略执行以后能否达到预期效果，依然是具有风险性的。当企业经营活动的经营结果和预期目标相差很大时，对战略的评估和控制就应该值得注意了。造成目标没实现的原因有很多种，有可能是企业的销售目标未能完成，或者是财务危机的出现，也可能是竞争对手的重大举措引起了市场环境的明显变化。针对不同的情况，应当去寻找相应的原因和解决办法，但最终的结果都是要对战略进行调整和控制，以新的经营环境作为分析的起点，开始新一轮的战略管理。

战略是一个长期的意图的表达，但不代表不可以改变。如果战略本身已经明显具有实现的困难，给企业带来了很大压力，那就可以考虑进行调整和控制。经营过程应当是理性的决策过程，应当时刻注意到环境和自身的改变，围绕着获取利润的这个中心目标，采取灵活的手段来达到目标。模拟竞赛时，每期的决策完成后，经营环境都会发生较大的改变。相对于企业来说，在对前期战略执行的效果进行评估后，新的机会和威胁又会出现，重新开始对环境的分析又将开始新一轮的战略管理。

10.7.5　战略分解

作为公司经营者的竞赛者在每次竞赛以前应该首先明确自己的战略。竞赛初始，基于公平性要求，各个公司的设定是完全相同的，即各个公司的资源是完全一样的。为了在以后的各期竞争中占据优势，竞赛者必须在心中勾画出公司在以后几期的大致竞争态势，将自己有限的资源投入到相关方面，即制定公司的战略。在竞赛中没有明确目标，指哪打哪是不可能取得优胜的。有了系统、明确的战略以后，就应该将战略分解到各个部门，制定出切实可行的战术。随着竞赛的进行，各个公司将在市场上有不同的表现，竞赛者再根据不同的情况对战略的执行进行调整。

1. 销售战略

在所有的战略的中，销售战略是应该最先确定的一个。可以将整个的战略体系认为是一个销售为龙头的"拉系统"，由销售定生产，由生产定财务的资金需求。而不是传统意义上的以生产来决定销售的所谓"推系统"。另外，销售战略作为总体战略的一个分战略，需要服务和服从于总战略。

在每期决策开始的前，参赛者应该首先查阅上期的各种报表，分析市场上各公司的表现，包括各公司在每个市场上的产品的形象、质量、售价和销量。最重要的几个数据为公司在市场上的销售潜能以及销量。销售潜能决定了公司在市场上能够销售的产品数量，这个数值受公司当期及上期在各市场价格、营销费用、总研发费用、上期市场占有率、上期市场潜能延递、经济成长指数、季节指数、物价波动等因素影响。当市场潜能大于最大可供销售量（实际仓储分配量加上仓储存量）时，超溢部分的百分之五十延至下期，其余百分之五十将可能被其他厂商抢走。而如果可供销售量大于市场潜能，将出现产品库存。因此，需要尽可能使可供销售量接近市场潜能。

报表上显示的是上期的市场潜能和销售量，竞赛者需要根据这些数据以及下期可能投入的资源估计下期公司在各个市场上能销售的产品数量。这是个综合的决策过程，需要评估产品形象、产品价格、营销投入、研发投入各个因素的效果，然后需要做出各个市场的产品仓储分配量、营销投入和产品价格共 12 个决策项。各个市场可以采用不同的策略：在需要大力争取的市场，应该加大营销投入，降低产品价格，同时分配较多的产品仓储量；已经占领没有太大挑战的市场可以考虑减少投入提高价格以获得较高收益；甚至必要时可以考虑完全退出某个市场，而在个别的市场决一高低。

在考虑销售战略的时候应该注意的问题包括：开始时，各个公司的资源完全相同，在各个市场全面出击往往不能获得优势而且也没有足够的资源，可以考虑集中力量主攻一个或者数个市场；除了北市场，其他市场的销售是有运输费用的，在定价时应该考虑这一点；分配产品仓储量的时候应该注意该市场原本的制成品存货数量；一旦产品被分配到某个市场，则只能在该市场销售，不能再被分配到其他市场上。

2. 生产战略

在公司总战略和销售战略确定的情况下，生产战略的制定变得更为关键，它服务于销售战略，同时又得到财务战略的支持。当销售战略采取低价倾销、迅速占领市场时，相应的生产战略必定为成本领先战略，生产经理必须严格控制各项成本；当销售战略为差别化战略时，相应的生产战略也是差别化战略，为了实现差别化，企业必须强调创新，尤其是产品创新，这就要求企业提高研发投入，提升产品质量。

生产战略具体表现为以下几个方面：

（1）原材料的采购，为了配合销售战略，需要选购合适的物料，不至于发生太多的库存或者是有不必要的紧急采购；

（2）工作班次的安排，充分利用公司的市场潜能；

（3）设备投资，一定的投资可以抵消折旧带来的产能下降，同时还可以扩大产能，满足销售战略的需要；

（4）维护费用支出，提高原料的转换系数，增加产出；

（5）研发预算，提高产品质量和市场潜能。

3. 财务战略

财务战略同时支持销售战略和生产战略，目的是使公司有一个良好的资本结构，使公司的日常运营能够得以健康维持。作为公司的财务经理，有以下几方面的任务：

（1）核算各项成本，有助于销售部门定价销售；

（2）为公司的成长提供必要的资金支持，不至于产生过高的财务费用，甚至发生破产清算的现象；同样，充分利用公司的现金，除保留一定额度外，不使资金有太多的闲置；

（3）保持良好的财务结构，降低公司的风险；

（4）为公司战略、销售战略和生产战略的制定提供财务上的帮助，配合公司的发展制定相应的财务战略。

10.7.6 计划、执行、检讨与行动（PDCA）的管理流程

每一企业视其产业型态、多角化程度、市场区隔等状况，各有其特定的经营目标，但其基本目的却是相同，那就是在竞争中求得利润，在竞争中求得生存，在竞争中求得发展。任何企业都应有其管理的哲学观，所谓管理的哲学观是指组织结构中，设有一套引导指针、价值观及原则，作为管理者行事及决策的依据。

管理的工作内容有哪些？在"做对的事"中，要知道是否是对的事，需经过信息的搜集、分析、规划等过程，此即计划（Plan）；而做的过程即是执行（Do）；要了解是否把事情做对，则需要比较产出与投入，这一比较过程即是检讨（Check）；比较投入与产出

之间的差距后，进一步调整计划、执行或检讨的过程，使其符合当初的期待，这一调整的过程即为行动（Action）。

依照计划、执行、检讨、行动的程序，完成"做对的事"（Do Right Thing）与"把事情做对"（Do Thing Right），就是管理作业中常被提到的 PDCA 流程，而 PDCA 也是管理的最基本的四种动作，一般也称为管理流程。不断地执行管理流程，即可构成管理循环。

1. 计划（Plan）

计划是由目标的决定开始，目标的决定则起源于公司的政策。根据公司的政策，决定目标后，即可决定达成目标所需采用的方法。通常计划的内容是有关制定有关利润、交期、数量、质量、成本、改善、方针（目标、实施政策）。具体计划如下：

（1）程序计划：制定工程计划、作业计划、作业标准。

（2）工数计划：制定人员、设备的负荷状况与处理能力。

（3）日程计划：制定交货、完工的日程计划。

（4）材料计划：制定有关材料、采购的计划。

（5）外协计划：制定有关外部协议的计划。

2. 执行（Do）

执行就是将计划付诸实行的活动。具体的内容有下列项目：

（1）安排：进行作业准备、作业分配和作业指导。作业准备是进行作业前的准备，作业分配是将工作分配给个人及各个设备，作业指导是对作业标准和销售规定进行彻底指导。

（2）生产：将产品制造出来，实施利润、交期、数量、质量、成本、劳务管理等具体的实施计划。

3. 检讨（Check）

检讨是将实际成果，与标准规格做比较，决定是否应采取矫正行动。具体的内容有下列项目：

（1）进度管理：将实绩与生产计划相比，发现异常，立即进行处置。

（2）存货管理：迅速正确地进行货物清点，监督材料采购，维持适量的库存。

4. 行动（Action）

修正就是探讨目标与实际成果的差距，不论正负值，采取适当矫正行动，再确认其效果，并加以标准化，同时回馈到另一次的计划。因此，行动的重要意义，除了提出改进的措施之外，还得发掘问题的真正原因，然后尽力将矛盾的源头予以消除。一般常见的行动，可能包括三种领域：

（1）开发新的产品及新的生产方法，求量的增加而进行生产过程的改变。

（2）导入新的管理技术和组织型态，用新的方法检查，提高产品质量。

（3）训练与罗致新的适合人才，或运用激励的方法将员工心目中的目标重新建立。

10.8 模拟经营中涉及的决策及博弈

决策的重要性在于它往往关乎成败，往往一错而穷一生之力无法挽回。何谓决策？就是选择对的事去做（Do the Right Things），而不只是把事情做对（Do Things Right）。如何选择对的事去做是策略（或称战略），然后再用对的方法，把事情做好，则是技术面的事（或称战术）。决策是让个人或组织在竞争中占据优势的一种科学或艺术，其中包含了目标及思想和行动的组合。决策主要不是在解决当前的问题，而是要引导组织走向更美好的未来。决策通常谈的是明天的事，是一种远虑，而远虑是消除近忧最基本的方法。远虑必须有方向性，往哪个方向去，如何去，运用有限的资源，极大化机会、极小化威胁，为组织乃至于个人争取最大的利益。

10.8.1 经营决策

所谓经营决策，其意义是面临经营问题时，将多种可能采取的行动加以比较，选择最有利的方案执行。经营决策是个动态过程。获得 1978 年诺贝尔经济学奖的赫伯特·A. 西蒙认为，决策过程包含三个内容：情报活动、设计活动、选择活动。经营决策是组织面对资源、环境等重重限制下，分配资源，抢占最有利的位置，并贯彻经营作战的指导原则与方针。经营的致胜关键不在于资源数量多寡，而在于能否将每一分资源都发挥得淋漓尽致。由于决策的目的在于极大化资源能量，极小化威胁。因此，通过策略布局，不仅找出企业资源的质与量，进而发挥四两拨千斤的效果，做对的事情，远比把事情做对更重要。因此，关键要素的掌握及内部资源优先次序的安排才是成功的关键。在此前提下，唯有依赖清晰的策略指导，才能将有限资源投入成功的关键因素，做对的事情。换言之，策略是一种抉择，在取舍之间，快刀斩乱麻，整合出最有利的方向与行动力。由于产品的市场占有率不同，企业在市场竞争中所处的地位也高低不一，因此，企业应该采取的产品销售竞争策略亦不同。所以，企业根据自身的市场占有率，选择恰当的竞争策略是完全必要的。这些竞争策略包括：市场领导策略、市场挑战策略、市场追随策略、市场补缺策略。

10.8.2 决策分析

决策分析是运用一套概念和系统方法，合理分析不定性决策问题，从一些可能方案中找出一个满足一定目标的合适方案。企业是市场经济的主体，企业经营决策是现代社会中决策应用的最重要部分，特别是随着市场经济体制的建立和完备，迫切需要运用现代决策基本原理和方法探索企业经营中的现实问题。企业经营决策实质上是谋求企业外部环境、内部条件和经营目标三者的基本平衡。但企业在实际的经营活动中，必然会出现不平稳的状况。这种不平衡有时表现为企业内部条件不适应外部环境变化的要求；有时则表现为企业的经营目标不适应外部环境和企业内部条件的要求。无论出现哪种不平衡都会影响企业的生存和发展。因此，必须通过正确的经营决策，尽量减少三者的不平衡。

在仿真企业经营的环境仿真与竞赛过程中，学员将可练习市场预测、产品决策、价格决策、渠道决策、促销决策、成本决策、质量决策、存货决策、生产决策、配送决策、投资决策等多项主题。

10.8.3　市场预测

市场预测是经营决策的基础。何谓预测呢？就是预计和推测，预测是调查过去和现在的情况，研究已知的情况，再分析情况的发展规律，以发展规律来推测未来。市场预测是在取得与市场有关的资料的基础上，运用数理等科学方法，对未来一定时期的市场发展趋势，进行调查、分析，并做出合乎逻辑的预计和推测，进而提供可靠的依据，为企业找出经营策略与战略、制订各类经营计划。

产品的供需型态大体可分为以下四种：稳定型态；趋势型态；季节型态；随机型态。但不论哪种型态，市场供需只可能出现三种情况：供过于求；供不应求；供求平衡。供过于求，就会造成产品积压。供不应求，则由于需求不能获得满足。要供求平衡，就需满足以下四点：数量平衡；质量平衡；时间平衡；空间平衡。要达到上述四点平衡，就需要进行市场预测。市场预测工作包括：确定目标、掌握资料、选择预测方法、决定决策方式四个阶段。目标是企业与环境的焦点。资料来自企业的外部与内部。预测方法有四种：定性分析；定量分析；定时分析；定比分析。决策方式一般有两种：群体决策；集权决策。

市场预测与市场计划，是既有关联又有所区隔的。预测是计划的依据；计划必须在预测的基础上拟订。两者的区别是：预测是处于了解状况、掌握资料、分析情况，而计划则已有明确目标，处于贯彻执行的阶段；预测是研究性、近似性、参考性的，而计划则是肯定性、命令性或指导性的，两者性质不同；预测是智囊团拟订的各种供领导阶层用于决策的方案，也就是下级向上级提出的建议。而计划则是上级要求下级贯彻执行，尽力完成的目标。因此，市场预测与市场计划两者的性质和进行程序是有所不同的。

10.8.4　产品决策

广义而言，产品是为顾客提供某种预期效益的物质特性、服务和认知的组合。狭义而言，则是指工厂生产的某种物品的物质实体。产品包括三层意思：产品核心；产品形体；产品附加利益。企业之所以能够生存发展，是由于它可以提供满足市场需要的产品和服务，提供何种产品和服务，即是产品决策。产品决策在经营决策中居于重要地位，营销 4P 虽由产品、价格、渠道、促销四要素所组成，但是渠道决策、价格决策、促销决策在根本上是为了使产品和市场确实产生关系。产品决策可分为：产品种类决策、产品产能决策、产品生命周期决策。

所谓产品种类决策，就是依照市场需要，考虑企业的主客观条件，在多种产品方案中，选择经济效益最佳的产品。被选中的产品应同时具备以下三个条件：市场需要：产品应该是对市场有较大效用和吸引力；企业能力：企业应拥有生产该产品的能力，包括技术、生产设备、人员水准等，此产品必须有利于发挥己长，胜人之短，建立竞争优势；经济效益：花费在产品中的个别活动和劳动消耗比较少，使产品的效用对生产费用有较大的价值。

所谓产品产能决策，就是依照市场需要、企业能力、经济效益决定产品生产能力的决策。事实上，有三种有效的产能的不同定义：设计产能（design capacity），指所能达到的最大产出。有效的产能（effective capacity），指在既定产品组合、日程安排、机器维护、质量因素等条件下的最大可能产出。实际产出（actual output），指实际达到的产出率。它不可能超过有效的产能而且由于故障的设备、不良的产出、材料的短缺与类似因素，实际产出通常比有效产出少。产能（capacity）涉及某生产单位所能承担负荷的上限。负荷可能特定为投入或产出。产能决策（capacity decisions）是管理者所需进行设计决策中最基本的一种决策。产能决策的重要性有三：对组织机构能力的潜在影响；产能与生产成本关系密切；产能是初始成本的主要决定因素。

当企业生产能力大于最佳产能时，则表示生产过剩，为了实现利润最大化，则应调整产品的产量结构，把过剩的生产能力转向其他产品。但如果当生产能力小于最佳生产量时，则表明生产能力不足，应扩大产量，实现利润最大化。影响产能的方式有二：设备投资、设备维护。设备投资是增加设备，使产能提升。设备维护是维护原有设备的生产率，使产能维持于某一产能。

所谓产品生命周期决策，就是从该产品投入市场开始，直到被淘汰为止的全部持续时间，分析产品处于生命周期的哪个阶段，可以为企业经营，特别是新产品开发提供重要信息。一般来说，反映产品生命周期各阶段特征的因素主要有销售量、成本和价格。

在仿真企业经营中，与产品决策相关的决策项目有四个：

（1）计划生产量。

依据市场规划与销售需求所决定的预定产量。但此产量受限于产能与物料存量的限制。在本竞赛中，若产能充足，计划生产量即为最终产量，无不良品产生。

（2）研究发展预算。

研究发展对市场开发有其一定影响力。研发活动可提高产品质量、增加产品竞争力，提高市场潜能。此外，研究发展对提高材料使用效率、降低产品成本、简化工作、节省人工成本有其贡献。相于对营销，研究发展具有较大幅递延效果，是更为长期性的工作，有提高市场开发门槛的效果。

（3）维护支出预算。

维护工作能使机器设备正常运转，保持材料使用水准，进而稳定材料成本。维护支出的多寡除了对稳定人工成本有其作用，在稳定材料及人工成本方面，比研发费用更具影响力。

（4）设备投资支出预算。

设备投资可增加机器设备资产额，并提高产能。平均支出预算每投资二十元可扩充一单位产能。若定有投资抵减办法时，设备投资尚有节税的好处。

10.8.5 价格决策

所谓价格决策是指企业根据市场需求和自身能力，决定产品价格的过程。产品价格受到市场需求、竞争者、社会环境等因素的影响，于是企业根据价格的形成与变化，推测未来产品的价格趋势。价格决策的目标有五个：利润目标、占有率目标、竞争目标、区隔目标、收益目标。

利润目标是指企业以短期利润最大化为目标。从企业经营的一般原理来看，企业的决策者应追求长期的最大利润，用合理的价格来吸引顾客和扩大销售量。但有时因自身条件而需要追求短期利润，一般追求短期利润有扩大销售量和提高价格两条途径。采用利润目标的企业，通常是通过较高的价格来实现其短期利润最大化。追求短期最大利润，有可能影响企业的市场占有率，使竞争者有机可乘。占有率目标是指企业以扩大市场占有率作为定价目标。对于追求长期、稳定利润的产品，企业应选择市场目标来定价，以扩大市场占有率为定价目标，在价格不变的情况下，市场占有率的扩大意味着销售量的扩大，利润的增加；即使是在价格有所下降的情况下，市场占有率的扩大也可能增加利润。选择以扩大市场占有率为定价目标，还可以消除企业错误的安全感。竞争目标是指企业以对抗竞争者为目标来制定价格。现代企业价格决策理论认为，价格可以改变消费者的购买行为。区隔目标是指企业以吸引某一部分顾客为目标。收益目标是指企业以一定的收益指针作为定价目标。收益为目标是一种在长、短期内企业都能够获得稳定收益的做法，采用收益目标可以避免追求最大短期利润或降低促销所造成的收益不稳现象。依收益指向的不同，可以有三种形式：目标销售收益、目标投资收益、固定收益。目标销售收益是企业以一定时期内销售额中固定的利润百分比，即销售毛利率作为定价目标。目标投资收益亦称投资效益是指一定量的投资所带来的利润。固定收益亦称目标收益，即以一段时期内固定的收益额作为定价目标。

价格决策由定价方法与定价策略所构成。通常决定价格的方法有三种：成本导向定价方法、需求导向定价方法、竞争导向定价方法。定价策略有五种：高价定价策略、低价定价策略、折扣定价策略、地域定价策略、心理因素定价策略。

在仿真企业经营中，与价格决策相关的决策项目有产品价格。价格决策是对四处市场的产品个别定价。为使价格能涵盖成本，及避免恶性降价，价格被限制最低为3元，最高为9元，9元以上，产品将乏人问津。其次，价格变动幅度是决定该公司接获订单总额（市场潜量）大小的重要决定因子。

10.8.6 渠道决策

营销的渠道，是指企业的产品由生产者移转给最后顾客时所经过的流通途径或路线。渠道的可能组成有三种：零售商、批发商、代理商。影响产品营销渠道的因素很多，主要有产品因素、市场因素、企业因素等。好的营销渠道的基本要求是能够以最快的速度，最好的服务质量，最省的流通费用和最大覆盖面，把产品连续不断地输送到顾客手中。

在模拟经营中，与渠道决策相关的决策是市场选择决策，各企业可选择北市场、中市场、南市场、国外市场等全部渠道，亦可放弃部分市场。

10.8.7 促销决策

促销决策是卖方向买方传递和沟通供需信息的策略。通过促销活动，向目标顾客或产品使用者提供产品性能、特点、销售价格、何处供应、使用利益等，对提高市场占有率或扩大销售，具有重大意义。简单地说，促销活动的作用，包括刺激需求、扩大市场、提供信息等。因此，促销决策包括：人员销售策略、广告策略、促销策略、公共关系策略。

人员销售策略，指企业派出销售人员，由他们运用推销技巧向目标顾客或产品使用者直接传递信息，赢得目标顾客或产品使用者的好感，达到扩大销售的目的。销售人员必须完成寻找顾客、选择顾客、接近顾客、推销说明、结束推销等活动，因此，销售人员的培养与训练是极为重要的。广告策略是通过媒体，把产品和服务的信息广泛地告知顾客，用以促进销售。广告策略的运用需考虑投入费用、广告目标、媒体选择、效果评量。投入费用的预算编列可使用财务投资、销售比例、竞争预算等方法。广告目标需清楚需求为告知性、劝说性或提醒性的目的。可选择的媒体一般有广播、电视、报纸、杂志、邮件、户外看板等。效果评量，主要是评估广告达到预期目标的程度。广告效果评量可分为销售前后两个阶段。促销策略主要是为刺激顾客的强烈反应，促进其短期购买行为的各种方法。通常促销方法包括：营业场所的布置、产品的展示陈列、样品的提供、价格的折扣、赠品与奖品、会员制度等。

促销决策可将人员销售策略、广告策略、促销策略、公共关系策略四种方法组合起来，相互配合，充分发挥组合后的促销效果。

在仿真企业经营中，与促销决策相关的决策项目有营销预算。营销费用是决定该企业在各市场接获订单的重要因素。营销活动有小幅递延的效果，投入营销费用除对本期有效外，对下一期也有一定帮助。营销活动尚有所谓门槛效果，当各期累计营销费用达到某些定点后，其效果会增强。

10.8.8 成本决策

所谓成本决策，就是为了实现成本管理的预定目标，根据各种影响成本的可能性，在正确的计算基础上，从各种成本方案中选定一个最佳方案的过程。成本决策是现代企业经营的重要能力，是企业降低成本、提高利润的重要手段。成本决策考虑的事项包括：固定成本与变动成本、边际成本、机会成本、目标成本、可避免成本。

固定成本与变动成本是成本决策的重要概念，在一定的时间和一定的生产能力下，对产品总量来说是固定的，但摊入单位产品时却是变动的，与产量成反比例变化。

变动成本是指随产量增减而增减的成本，其数额大小取决于产品数量的多少，与产品产量成正比变化。变动成本对产品总量来说是变化的，对于单位产品来说却是固定的。

边际成本是指产品每增加或减少一个单位的产量所引起的成本变动，是成本决策的重要依据。由于固定成本在一定产量界限内是固定不变的，在此范围内，每增加一个单位的产量，就会增加一个单位的变动成本，这时单位边际成本也就等于单位变动成本。当产量超过一定的界限时，再增加产量，不仅要增加变动成本，也要增加固定成本，这时，边际成本就要大于单位变动成本。应用边际成本概念，是为了计算边际贡献，从而确定增加产量是否有利，并可作为确定单位产品售价的最低界限。因此，只要单位边际成本低于售价，企业利润就能增加。当边际成本与单位售价相等时，利润就不能再增加了。这也就是降价或增产决策的最终界限。

机会成本并不是实际可能发生的成本，而是指企业的经营资源是一定的，用在某一方面，就不能同时用在其他方面，在资源有限的情况下，决策采取了某一方案就要放弃另一方案，这个被放弃方案的可能收益就是所选择方案的机会成本，因为失去了放弃方案可能获得收益的机会。在决策中，从多种备选方案中选取一种最佳方案，就必须将其他备选方案舍弃，由于舍弃了次佳方案，就会丧失这个次佳方案可能带来的收益，在这里我们把由于选取最佳方案而舍去次佳方案而丧失的潜在收益，作为最佳方案的机会成本。有所得也一定有所失，把失去的机会所丧失的经济效果，尽可能考虑进去，才能对最佳方案做出全面合理的评价。机会成本对选择合理方案，分配和利用有限资源是非常重要的成本概念，决策要选择机会成本小的方案，这样即使出现有利于被弃方案的情况，损失也是最小的。

目标成本是根据产品的性能、质量、价格、目标利润和顾客或产品使用者所能接受的价格，来确定在一定期间内成本应维持的水准。与目标成本有重大区别的是计划成本，计划成本是以实际成本为基础，根据必须费用和成本降低措施及其效果所确定的。

可避免成本是指通过管理者的决策行为所能够改变的成本，或与方案的取舍有直接关系的成本。例如，员工培训费、广告费就属于可避免成本，它的发生与否、数额大小，直接取决于决策者的决策行为。

在模拟经营中，与成本决策相关的决策项目包括：

（1）营销费用。该公司当期决策的各市场营销费用值的总和及个别市场决策值。

（2）研究发展费用。当期决策的研发费用值。

（3）维护费用。当期决策的维护费用支出额。

（4）设备投资费用。此项为因投资设备所产生的费用支出（包含保险费及其他相关费用）。

（5）管理费用。因生产规模大小而产生的有关管理性质的半固定费用项。

（6）人工费用。为应付本期实际生产量所花费的人工成本（随生产量和生产班次变动）。单位制成品人工成本的大小受研发费用、维护费用支出多寡所影响。

（7）材料耗用。为应付本期实际生产量所消耗的材料成本。

（8）折旧。指依现行成本分摊方式所计算出的当期账面折旧额。

（9）制成品存货。制成品库存过程中发生的成本（如资金积压的财务成本，产品过期或持有成本损坏的损失、仓储设施的折耗）。

（10）原材料持有成本。为保存原材料所发生的成本。

（11）订购成本。欲补充原材料的订购过程中所产生的成本费用（含请购手续作业费、运输过程的检验费等）。

（12）工作班次。为当期所开班次数与上期不同时所产生的换班成本。

（13）财务费用及利息支出。借款经营产生的利息支出。

（14）运费。为运输产品至各市场的发货仓库所产生费用的总和。

（15）杂项费。用因维持现有产能规模产生的杂支费用项。

10.8.9 存货决策

存货是指企业存放在仓库中的成品、半成品及各种原材料。必要的存货是企业经营过程的基本条件，从生产的需要来说，存货多一些可避免需多缺货的困扰，但却会占用企业部分流动资金。存货决策就是要选择一个合理的存货方案，既满足生产经营活动的需要，又能尽量少占用流动资金，提高经济效益。为保证生产或销售顺利进行，又能使存货上所耗费的总成本达到最低水准，存货决策需要确定影响存货有关的成本项目及其组成。影响存货的成本项目有采购成本、订货成本、储存成本、缺货成本。

采购成本是指由买入费用和运杂费所构成的成本。其总额取决于采购数量和单位成本。单位货物的采购成本称为采购费率，其大小有时随订购数量（批量）的多少而变化，例如供应厂提供数量折扣的优惠办法，即采购数量多价格低。订货成本是指为订购材料、产品而发生的成本。包括采购人员的工资、采购部门的办公、水电、折旧等一般经费，和差旅费、邮电费、检验费等销售费。每次订货所需发生的订货成本通常称为订货费率，其金额一般与每次订货的数量无关。在订货费率和库存的年需用量一定的情况下，全年订货成本总额取决于全年订货总次数，而每年订货总次数又决定于每次订货数量的多少。储存成本是指物资因库存而发生的成本，即物资从入库到出库整个期间内所发生的成本。它包括与库存资金占用有关的费用和与库存实物有关的费用，如库存占用资金应计的利息、存货保险费、存货损耗费以及仓储费用、搬运费、仓库管理费等。缺货成本是指库存数量不能及时供应生产和销售的需要，所造成的损失。主要包括因待料而停工所造成的损失，因产品滞销而损失的利润，以及因交货延误而应付的罚金等。缺货成本的多少与库存量有关，当订货数量、保险储备量较大时，缺货的次数和数量就较少，缺货成本就较低；反之，缺货成本就较高。不过，当订货数量与保险储备量大时，储存成本也会较高；反之，则较低。

在制造商模拟经营中，与存货决策相关的决策项目有：

（1）仓储分配额。这项决策有两层意义，其一是先决定总计划生产量，其二是决定运送各处市场仓库的分配额。为简化起见，仅以四处市场分配额的总和为总计划生产量。总计划生产量受到产能及原材料存货量两项限制。各仓储分配额的多寡，将直接影响该公司在各市场的最大可销售数量。

（2）购入物料数量。当期决策决定采购的物料被假设在期末送达，换言之，当期所购原材料于次期才可到达并使用。

10.8.10　生产决策

当企业生产能力大于最佳产量，则表示生产能力过剩，为了实现利润最大化，则应调整产品的产量结构，把过剩的生产能力转向其他产品。但如果当生产能力小于最佳生产量时，则表明生产能力不足，应扩大产量，实现利润最大化。影响产能的方式有二：设备投资、设备维护。设备投资是增加设备，使产能提升。设备维护是维护原有设备的效率，使产能维持于某一产能。

在模拟经营中，与生产决策相关的决策项目有：

（1）计划生产量。依据市场规划与销售需求所决定的预定产量。但此产量受限于产能与物料存量的限制。在本竞赛中，若产能充足，计划生产量即为最终产量，无不良品产生。

（2）研究发展费用。当期决策的研发费用值。

（3）维护费用。当期决策的维护费用支出额。

（4）设备投资费用。此项为因投资设备所产生的费用支出（包含保险费及其他相关费用）。

（5）购入原材料数量。当期决策决定采购的原材料被假设在期末送达，换言之，当期所购原材料于次期才能到达并使用。

10.8.11　经营竞争博弈

博弈是指一些个人、团队或其他组织，面对一定的环境条件，在一定的规则约束下，依靠所掌握的信息，同时或先后，一次或多次，从各自允许选择的行为或策略中进行选择并加以实施，并从中各自取得相应结果或收益的过程。通俗地讲，博弈论是一种"游戏理论"。博弈论就是系统地研究各种各样的博弈问题，寻求各博弈方合理选择策略的情况下博弈的解，并对这些解进行讨论分析的理论。

1. **博弈的构成要素**

（1）博弈的参加者

即在博弈中究竟有哪几个独立决策、独立承担结果的个人或组织。

（2）各博弈方各自可选择的全部策略或行为的集合

即规定每个博弈方在进行决策时（同时或先后，一次或多次）可以选择的方法、做法或经济活动的水平、量值等。在不同的博弈中可供博弈方选择的策略或行为的数量很不相同，在同一博弈中，不同博弈方的可选策略或行为也常不同，有时只有有限的几种，甚至只有一种，而有时又可能有许多种，甚至无限多种可选策略或行为。

（3）进行博弈的次序

在现实的各种决策活动中，当存在多个独立决策方进行决策时，有时候这些博弈方必须同时做出选择，因为这样能保证公平合理，而很多时候各博弈方的决策又必须有先后的分别，并且，在一些博弈中每个博弈方还要做不止一次的决策选择，这就免不了有一个次序问题。因此，规定一个博弈就必须规定其中的次序，不同的次序必然是不同的博弈，即使其他方面都相同。

（4）博弈方的得益

对应于各博弈方的每一组可能的决策选择，博弈都有一个结果表示各博弈方在该策略组合下的所得和所失，由于我们对博弈结果的评判分析只能通过对数量大小的比较来进行，因此我们所研究的博弈的结果必须本身是至少可以量化为数量，结果无法量化为数量的决策问题不能放在博弈论中研究。我们把博弈中各种可能的结果的量化数值称为博弈中各博弈方在相应情况下的得益。规定一个博弈必须对得益做出规定。得益即收入、利润、损失、量化的效用、社会效用和经济福利等，可以是正值，也可以是负值。

2. **占优战略均衡、纳什均衡及相互关系**

所谓占优战略是指这样一种策略，即不管对手采取什么策略，这种策略都是最优的。在博弈论中，把对弈结局称为一种均衡状态，当这种结局出现的时候，所有的对局者都不想再改变他们所选择的策略。当对局者在所有策略中存在一个占优战略的时候，这个占优战略就是他们最优的策略。当对局者选择的都是占优战略的时候，这种均衡又叫做占优战略均衡。

纳什均衡是这样一种状态，在对手的策略选定的条件下，各个对局者所选择的策略都是最好的。

占优战略均衡：不管你选择什么策略，我所选择的是最好的；不管我选择什么策略，你所选择的是最好的。

纳什均衡：给定你的策略，我所选择的是最好的；给定我的策略，你所选择的是最好的。

还须指出重要的一点，占优战略均衡是纳什均衡中的一种特殊情况，但纳什均衡却不一定是占优战略均衡。

3. 静态博弈与动态博弈

静态博弈是指所有博弈方在一定规则的约束下，同时或可看做同时做出策略选择的博弈。动态博弈是指各博弈方不是同时，而是先后、依次进行选择、行动，而且后选择、行动的博弈方在自己选择行动之前一般能看到此前其他博弈方的选择、行动的博弈。但在现实中，企业的间的竞争一般都将持续一个较长的时期，是一种动态博弈。

4. 重复博弈与序列博弈

重复博弈是指同一个博弈在相同的环境、规则下反复多次地执行的博弈问题。

序列博弈是指对局者选择策略有时间先后的顺序，某些对局者可能率先采取行动。序列博弈也是一种动态博弈。在序列博弈中，先行者可能占据一定的有利地位，我们把它叫做先行者优势。在某些市场中，特别在涉及市场进入的竞争时，先行者优势对于企业的经营具有重要意义。

5. 重复博弈最好的策略

重复博弈最好的策略十分简单，只要将一个原则贯穿始终，即"针锋相对"。这一策略的获胜有一个十分重要的条件，即博弈是无限次重复的。也就是说，对局者都预期这一博弈将永远持续下去而不会停止。如果对局的次数是有限的话，上述结论将不再有效。

6. 阻止市场进入的策略

垄断者阻止潜在进入者进入市场的策略有：

（1）扩大生产能力策略

垄断者为阻止潜在进入者进入市场，垄断者可能对潜在进入者进行威胁。但垄断者的这种威胁是否能达到阻止进入的目的，取决于其承诺。所谓承诺，是指对局者所采取的某种行动，这种行动使其威胁成为一种令人可信的威胁。那么，一种威胁在什么条件下会变得令人可信呢？一般是，只有当对局者在不实行这种威胁会遭受更大损失的时候。与承诺行动相比，空头威胁无法有效阻止市场进入的主要原因是，它是不需要任何成本的。发表声明是容易的，仅仅宣称将要做什么或者标榜自己是说一不二的人也都缺乏实质性的涵义。因此，只有当对局者采取了某种行动，而且这种行动需要较高的成本，才会使威胁变得可信。

（2）"保证最低价格"条款的策略

所谓"保证最低价格"条款策略是指某商店规定，顾客在本商店购买这种商品一定时期内（如一个月），如果其他任何商店以更低的价格出售同样的商品，本店将退还差价，并补偿差额的一定百分比（如10%）。例如，如果你在该商店花5000元购买了一架尼康相机，一周后你在另一家商店发现那里只卖4500元，那么你就可以向该商店交涉，并获得550元的退款。

对消费者来说，保证最低价格条款使你至少在一个月内不会因为商品降价而后悔你的购买，但这种条款无疑是企业的间竞争的一种手段。保证最低价格条款是一种承诺，由于法律的限制，商店在向消费者公布了这一条款之后是不能不实行的，因此它是绝对可信的。这一承诺隐含着商店A向商店B发出的不要降价竞争的威胁，并使这种威胁产生其预期的效果。

（3）限制进入定价策略

限制进入定价是指现有企业通过收取低于进入发生的价格的策略来防范进入。潜在进入者看到这一低价后，推测出进入后价格也会那么低甚至更低，因而进入该市场终将无利可图。

（4）掠夺性定价策略

掠夺性定价是指将价格设定为低于成本，而期望由此发生的损失在新进入企业或者竞争对手被逐出市场后，掠夺企业能够行使市场权力时可能得到补偿。这也是一种价格报复策略。掠夺性定价与限制定价的间的差异在于，限制定价是针对那些尚未进入市场的企业，是想较长一段时间内维持低价来限制新企业的进入。而掠夺性定价则将矛头指向已经进入的企业或即将进入的企业。

讨论与思考

1. 企业在行业中竞争，怎么制定决策，才能够保持竞争优势？

2. 一个人的企业能够做成什么样？多个人的企业能够做成什么样？

3. 你认为企业该如何更好的管理供应商？

4. 你认为所属经营团队的人员构成在知识结构、性格、特长等方面是否合理，应该怎么调整？

5. 你认为在这个实验中是否有可能与其他对手进行合作，怎么合作？

第11章 政府机构模拟运营

> 效率就是 Do the thing right；效果就是 Do the right thing.
>
> ——彼得·德鲁克

在本章，你将了解到以下内容：
—— 实战中政府机构所处的环境
—— 政府机构模拟经营的流程及基础参数的设定
—— 企业开办的流程及相关知识
—— 企业经营纳税的流程及相关知识
—— 实战部分的考核方式

11.1 政府机构模拟概述

在整个经济管理仿真综合实验中，政府机构模拟运行是为生产制造公司为主的仿真企业有序开展生产经营活动，规范仿真市场竞争环境，管理协调不同主体经济组织各种复杂的利益关系为经济管理仿真综合实验中各企业经营活动提供服务而设立的。实验中岗位及流程的设计主要涉及企业开办、经营纳税和企业年检。一般情况下，在经济管理仿真综合实验的模拟经营阶段每个轮次设置若干企业，及相应数量的外部服务机构，服务机构通常包括：

（1）工商局：负责经济管理仿真综合实验中公司注册、营业执照发放和年审业务的办理。

（2）质量技术监督局：为企业办理组织机构代码证申领业务。

（3）税务局：含国税和地税，为公司办理税务登记和发票申购，企业税收征收与稽核业务。

在经济管理仿真综合实验中，生产制造公司与外部服务机构相关部门是主体与辅助的关系，他们在实验中发挥不同的作用，以提高综合实验的仿真效果。

11.2 政府机构模拟运营的业务流程和相关规定

11.2.1 政府机构模拟运营的总体流程

11.2.2 参与角色的相关规定

在经济管理仿真综合实验中，参与的主体角色包含供应商、制造商、保险公司、会计师事务所、电子商务公司、银行及政府。除了政府机构，其余角色均需进行注册登记。政府需要到银行开设账户，用于征缴税收。

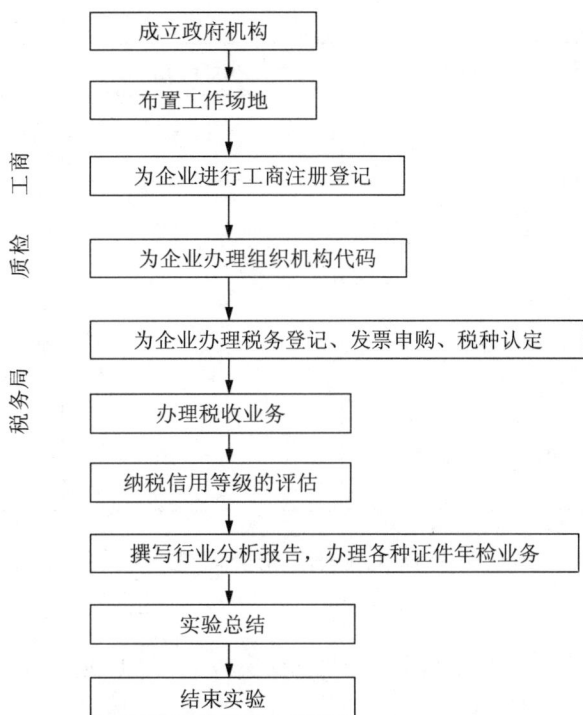

图 11.1　政府机构模拟经营总体流程图

小贴士：同学们在实战开始阶段应该搭建与服务企业的沟通平台，往届同学采用了 QQ 群，实验讨论平台等方式。

表 11.1　实验基本情况表

角色	工商注册所需材料	税种认定	纳税季度
供应商	1. 企业名称预先核准通知书； 2. 公司设立登记申请书； 3. 公司章程； 4. 公司股东（发起人）出资信息表； 5. 董事、监事、经理信息表； 6. 法定代表人信息表； 7. 住所（经营场所）登记表； 8. 组织机构代码证基本信息登记表； 9. 税务登记表； 10. 纳税人税种认定表	1. 增值税； 2. 城建税； 3. 教育附加； 4. 企业所得税	期初余额：请查看科目余额表； 需按报表缴纳 5 个季度
制造商	同上	同上	期初余额：请查看科目余额表， 需按报表缴纳 6 个季度
电子商务公司	同上	1. 营业税； 2. 城建税； 3. 教育附加税； 4. 企业所得税	需缴纳 4 个季度
会计师事务所	同上	同上	同上

续表

角色	工商注册所需材料	税种认定	纳税季度
保险公司	同上	同上	同上
银行	1. 企业名称预先核准通知书； 2. 公司设立登记申请书； 3. 公司章程； 4. 金融许可证； 5. 董事、监事、经理信息表； 6. 法定代表人信息表； 7. 住所（经营场所）登记表； 8. 组织机构代码证基本信息登记表； 9. 税务登记表	同上	同上

小贴士：实验中的具体数据和征收税种每轮会做适当的调整，具体请咨询指导教师。

11.3 政府机构模拟经营的进度安排

表 11.2 政府机构进度安排

时间	学生的主要工作内容	指导老师主要工作
第一天	在电子政务大厅布置工作场地，各小组在公告栏张贴政府机构办理事项和业务流程	1. 组织指导学生布置工作场地； 2. 检查政府机构岗位设置、工作流程是否明确
第二天	1. 工作场地评比，同学们在老师的指导下进一步调整工作场地内容； 2. 业务培训及政府服务培训，就存在的问题进行咨询	1. 进行工作场地评分； 2. 并进行业务培训
第三天	公司注册登记及相关业务办理	解答相关疑问，指导学生实验中存在的问题
第四天	公司注册登记及相关业务办理	1. 指导实践进行； 2. 根据注册阶段业务开展情况给予各小组评分
第五/六天	办理第一季税收业务	指导实践进行
第七/八天	办理第二季税收业务 进行上半年行业分析	1. 指导实践进行； 2. 根据业务办理情况、小组行业分析报告情况给予各小组评分，发布成绩
第九/十天	办理第三季税收业务	1. 指导实践进行； 2. 监督破产企业的注销
第十一/十二天	办理第四季税收业务； 办理各种证照年检业务； 撰写行业年度分析报告	1. 指导实践进行； 2. 根据业务办理情况、全年行业分析报告情况给予各小组评分，发布成绩

续表

时间	学生的主要工作内容	指导老师主要工作
第十三 / 十四天	办理第五季税收业务； 企业进行纳税信用等级自评； 税务机构进行纳税信用等级总评	对模拟运行状况进行总结，指导老师通知总结会的时间，要求各机构准备演讲内容及 PPT
第十五天	参加经济管理仿真综合实验总结会	1．组织综合实验总结会； 2．根据总结情况，给予各小组评分，发布成绩

11.4　企业开办

11.4.1　企业开办的流程

1. 企业开办一般流程（图 11.2）

图 11.2　企业开办的一般流程图

2. 注册公司的步骤

（1）核名：到工商局去领取一张"企业（字号）名称预先核准申请表"，填写准备取的公司名称，由工商局上网（工商局内部网）检索是否有重名，如果没有重名，就会核发一张"企业（字号）名称预先核准通知书"。

（2）办公场地：公司注册地址必须是商用的办公地址，需提供租赁协议、房产证复印件（实验中可省略）。

（3）公司章程：在实验网站下载"公司章程"的样本，自行修改；章程的最后由所有股东签名。

（4）注册公司：到政府综合窗口领取公司设立登记的各种表格，包括设立登记申请表、股东（发起人）名单、董事经理监理情况、法人代表登记表、指定代表或委托代理人登记表，组织机构代码证基本信息登记申请表，税务登记表、纳税人税种认定表。填好后，连同核名通知、公司章程、租房合同、房产证复印件等一起交给综合窗口后，各企业去刻实验模拟的公章、财务章（电子档）。如果材料齐全无误，核发营业执照。

（5）去银行开基本户：凭营业执照，去银行开立基本帐号。开基本户需要填很多表，最好把能带齐的东西全部带上，包括营业执照正本原件、身份证、公财章、法人章。

11.4.2　企业开办模拟经营中涉及的相关知识

1. 经营范围

经营范围请依据《中华人民共和国 GB 行业标准》及相关企业登记法律法规确定。

2. 注册资本与实收资本的区别

注册资本是法律上规定的强制性要求，而实收资本则是企业在实际业务中遵循法律规定的结果，二者不是同一个概念，但在现行制度下，它们在金额上又是相等的。

1）注册资本

企业要进行经营，必须要有一定的"本钱"。我国《民法通则》中明确规定，设立企业，法人必须要有必要的财产。我国《企业法人登记管理条例》也明确规定，企业申请开业，必须具备符合国家规定并与其生产经营和服务规模相适应的资金数额。我国《公司法》也将股东出资达到法定资本最低限额作为公司成立的必备条件。《公司法》对各类公司注册资本的最低限额有明确规定。有限责任公司的注册资本最低限额为：以生产经营为主的公司人民币 50 万元；以商品批发为主的公司人民币 50 万元；以商业零售为主的公司人民币 30 万元；科技开发、咨询、服务性公司人民币 10 万元。特定行业的有限责任公司注册资本最低限额需高于前款所定限额的，由法律、行政法规另行规定。股份有限公司注册资本的最低限额为人民币 500 万元。股份有限公司注册资本最低限额需高于上述所定限额的，由法律、法规另行规定。

2）实收资本

实收资本是指投资人按照企业章程或合同、协议的约定，实际投入到企业中的各种资产的价值。所有者向企业投入的资本，在一般情况下无需偿还，可以长期周转使用。我国实行的是注册资本制度，要求企业的实收资本与其注册资本相一致。我国企业法人登记管理条例规定，除国家另有规定外，企业的注册资金应当与实有资金相一致。企业实有资本比原注册资金数额增减超过 20% 时，应持资金使用证明或者验资证明，向原登记主管机关申请变更登记。如擅自改变注册资金或抽逃资金等，要受到工商行政管理部门的处罚。

此外，还有一点应注意，就是企业可以采用不同的方式筹集资本，既可以一次筹集，也可以分次筹集。分次筹集时，所有者最后一次投入企业的资本必须在营业执照签发之日起 6

个月以内缴足。因此，在某一特定的期间内，企业实收资本可能小于其注册资本的数额。

3. 经济类型

亦称"经济成份类型"。指国民经济的所有制构成，是反映一个国家基本经济状况的一项重要的经济数据。企业经济类型共分 9 个类别，分别是国有经济、集体经济、私营经济、个体经济、联营经济、股份制、外商投资、港澳台投资与其他经济类。

4. 经济类别

经济类别是指按投资方经济性质，如国有企业、私营企业、个人（自然人投资）独资企业、集体企业和外资企业（中外合资企业和外商独资企业和中外合作企业）。

5. 公司类型

（1）国有独资公司是指国家单独出资、由国务院或者地方人民政府授权本级人民政府国有资产监督管理机构履行出资人职责的有限责任公司。

（2）有限责任公司。

（3）一人有限责任公司。

（4）股份有限责任公司。

（5）个体工商户。

（6）个人独资企业。

（7）普通合伙企业。

备注：合伙人可以用货币、实物、土地使用权、知识产权或者其他财产权利出资；上述出资应当是合伙人的合法财产及财产权利。对货币以外的出资需要评估作价的，可以由全体合伙人协商确定，也可以由全体合伙人委托法定评估机构进行评估。经全体合伙人协商一致，合伙人也可以用劳务出资，其评估办法由全体合伙人协商确定。

6. 设立方式

公司设立的方式基本为两种，即发起设立和募集设立。

发起设立又称"同时设立"、"单纯设立"等，是指公司的全部股份或首期发行的股份由发起人自行认购而设立公司的方式。有限责任公司只能采取发起设立的方式，由全体股东出资设立。股份公司也可以采用发起设立的方式。我国《公司法》第 78 条明确规定，股份有限公司可采取发起设立的方式，也可以采取募集设立的方式。发起设立在程序上较为简便。

募集设立又称"渐次设立"或"复杂设立"，是指发起人只认购公司股份或首期发行股份的一部分，其余部分对外募集而设立公司的方式。我国《公司法》第 78 条第 3 款规定："募集设立，是指由发起人认购公司应发行股份的一部分，其余股份向社会公开募集或者向特定对象募集而设立公司。"所以，募集设立既可以是通过向社会公开发行股票的方式设立，也可以是不发行股票而只向特定对象募集而设立。这种方式只为股份有限公司设立之方式。由于募集设立的股份有限公司资本规模较大，涉及众多投资者的利益，故各国公司法均对其设立程序严格限制。如为防止发起人完全凭借他人资本设立公司，损害一般投资者的利益，各国大都规定了发起人认购的股份在公司股本总数中应占的比例。我国的规定比例是百分之三十五。

7. 公司设立中发起设立的程序

（1）发起人认购公司应发行的全部股份，签订《发起人协议》：发起人在进行创立公司的活动时，首先要确定公司的资本总额是多少以及资本总额划分为多少股份、每一股的金额是多少。每一个发起人都应当以书面的方式承诺自己将要购买多少股份，并且所有发起人所承诺购买股份的总和应当等于公司应发行的全部股份。如果所有发起人所承诺购买股份的总和小于公司应发生的全部股份，应当改变所确定的公司资本总额或者以募集方式设立，如果所有发起人所承诺购买股份的总和大于公司应发行的全部股份，则应当改变所确定的资本总额，使之与发起人认购的股份总数相一致。

（2）发起人缴纳股款：发起人在认购股份之后，就应当缴纳他所认购股份的全部金额。发起人以货币出资时，应当缴付现金。发起人以货币以外的其他财产或者权利出资时，必须对这些财产或者权利进行评估作价，以抵做股款，并且应当依法办理转移财产权的法定手续，将财产权由发起人转归公司所有。

（3）选举公司的董事会和监事会成员：发起人在交付全部出资以后，应当选举出公司的董事和监事，组成公司的董事会和监事会。选任公司的董事及监事至少应当有代表股份总数半数以上的发起人同意，方为有效。

（4）申请设立登记：发起人在交付全部出资并选任董事会和监事会后，应当由董事会依法向国家工商行政管理局或者地方工商行政管理局提出申请，并报送有关文件以登记注册。

（5）公告：自领取《企业法人营业执照》时起，公司即告成立。公司应当依法进行公告。

8. 营业期限

营业期限是指公司存续的有效时间，分为有期限和无期限两种。有期限又分两种情形：一是自拟期限，指股东或发起人在章程上载明了营业期限；二是法定期限，指管理机关要求在章程上必须标明的期限；而无期限是法律不强制要求公司表明存续期的一种态度。

中国公司法既未规定公司的最长经营期限，又未规定公司章程对营业期限加以规定：① 如果公司章程对营业期限进行补充规定，则补充规定的营业期限就应成为认定的依据；② 如果公司章程对营业期限没有进行补充规定，公司在设立过程中需要向登记机关申请公司登记，而公司登记过程中营业期限是法定的登记事项，对此，《公司登记管理条例》第 9 条第 8 项明文规定。这种法定要求表现在公司设立过程中要填写公司设立登记申请书，其中包括营业期限，如果公司设立过程中选举出的法定代表人或者指定的代表或者委托代理人在该申请书明确了营业期限，则该营业期限就应当成为认定公司营业期限的依据和标准。

9. 出资方式

出资方式，是指为公司或企业投入股份的形式。按照《公司法》第 24 条规定，有限责任公司股东出资的方式有以下几种：第一，货币。设立公司必然需要一定数量的流动资金，以支付创建公司时的开支和启动公司运营。因此，股东可以用货币出资。第二，实物。实物出资一般是以机器设备、原料、零部件、货物、建筑物和厂房等作为出资。第三，工业产权和非专利技术。工业产权和非专利技术作为一种无形资产，经过评估作价后一样可以作为出资。第四，土地使用权。公司取得土地使用权的方式有两种，一种是股东以土地使用权作价后向公司出资而使公司取得土地使用权；另一种是公司向所在地的县市级土地管理部门提出申请，经过审查批准后，通过订立合同而取得土地使用权，公司依照规定缴纳场地使用费。前者为股东的出资方式，但必须依法履行有关手续。

10. 营业执照注册号

我国现行的营业执照上的注册号都是 15 位，由 14 位数字本体码和 1 位数字校验码组成，其中本体码从左至右依次为：6 位首次登记机关码、8 位顺序码，1 位数字校验码组成。

工商注册号的赋码及使用工商注册号应按照以下原则进行赋码和使用。

（1）唯一性，工商注册号在全国范围内是唯一的，任何一个市场主体只能拥有一个工商注册号，任何一个工商注册号只能赋予一个市场主体。

（2）工商注册号一旦生成，不包含任何含义。

（3）终身不变性，工商注号应在市场主体首次设立登记时赋予，在该市场主体存续期间，工商注册号保持不变，包括：市场主体发生迁移时工商注册号不变，新的登记机关不应为该市场主体重新赋予注册号，而应使用原工商注册号。

（4）市场主体注销后，该注册号应被保留，不能赋给其他市场主体。

11. 组织机构代码

组织机构统一代码是对中华人民共和国境内依法成立的机关、企业、事业单位、社会团体和民办非企业单位等机构赋予一个在全国范围内唯一的、始终不变的法定代码标识。代码证书是证明持证单位具有法定代码标识的凭证和传递代码信息的载体。

组织机构代码的结构是由 8 位数字（或大写拉丁字母）本体代码和 1 位数字（或大写拉丁字母）校验码组成，是无含义码，即无论是事业机构转为企业机构、内资转外资、行政区划改变等一系列变化，组织机构代码均不变。采用无含义码可以保证组织机构代码的唯一性、统一性和终身不变性，尤其适用于计算机管理。

组织机构代码作为沟通不同系统之间互通互联的纽带，以实时、动态、准确地维护和传递组织机构信息为财税经贸部门间的业务联动服务，在协助国家对财政、税务、金融、外贸等领域的监管，加强宏观经济调控，准确及时地决策信息以及进一步发展电子政务、电子商务中具有不可替代的重要作用。

12. 国民经济行业分类

《国民经济行业分类》国家标准于 1984 年首次发布，分别于 1994 年和 2002 年进行修订。本标准适用于在计划、统计、财政、税收、工商行政管理等国家宏观管理及部门管理中，对经济活动进行的行业分类。

13. 《营业执照》的正本和副本

《营业执照》均分为正本和副本，二者具有相同的法律效力。正本为悬挂式的，每个企业只核发一个，应当置于住所或营业场所的醒目的位置，否则可能会受到行政处罚。副本为折叠式的，企业根据需要可以向登记机关申请核发多个。副本一般在外出办理业务等时使用，如：办理银行开户、企业代码证、签订合同、参加诉讼等等。副本复印件盖上企业行政公章就可以当原件用。

14. 税务登记证件号码

税务登记证号是发证机关给出的一张税务"身份证"，按行业类别不同，有国税税务登记证和地税税务登记证。纳税人的组织机构代码证号＋税务局的地区编码来作为纳税登记号，一般为15位，其纳税人识别号采用6位行政区划码加9位技术监督局组织机构代码。

15. 纳税人管理代码

每个单位，在领取税务登记证的时候，除了税务登记证号以外，还给出了一个税务局内部的电脑编码，也称为纳税人管理码。

16. 纳税人识别号

纳税人识别号，通常简称为"税号"，其实就是税务登记证上的号。

17. 微机编码

微机编码一般是税务局为了便于纳税人信息的计算机管理，对纳税人由计算机产生的一个编号，主要是为了税务局信息查找方便，尤其是对开通网报的企业。

18. 企业登记注册类型

注册类型具体包括内资企业和外资企业。内资企业包括有限责任公司、股份有限公司、非公司企业法人、个人独资企业、合伙企业。外资企业包括中外合作企业、合营企业和外商独资企业。

19. 经营范围分为许可经营项目和一般经营项目有什么区别

许可经营项目是指企业在申请登记前依据法律、行政法规、国务院决定应当报经有关部门批准的项目。例如，医疗许可证，销售医疗类商品；卫生许可证，食品生产等。

一般经营项目是不需要批准，自主申请经营的项目。

20. 公司的营业期限可以多长

没有限制，由股东通过章程来决定。

21. 公司章程具有什么作用

① 是公司设立的最主要的条件和最重要的文件；② 是全面指导公司活动的基本法律规范；③ 是公司对外进行经营交往的基本依据；④ 是国家有关部门对公司实行管理的依据。

22. 企业名称中能否使用阿拉伯数字

企业名称中不能使用阿拉伯数字。

11.5　企业经营纳税

11.5.1　企业办税（税务工作）具体流程

（1）纳税人到税务局领取纸质版及电子版税务登记表；

（2）进行税种认定及填写税种认定表表格；

（3）领取纸质版以及电子版一般纳税人审批表；

（4）填写发票领购表；

（5）领购增值税专用发票；

（6）第一期生产经营活动结束后到税务机关领取增值税纳税申报表、城建税申报表、企业所得税申报表等并填报；

（7）纳税人带上资产负债表、利润表、增值税、城建及教育附加税申报表、企业所得税申报表等进行申报；

（8）税务部门开具通用缴款书；

（9）纳税人带上增值税、城建及教育附加税、企业所得税的通用缴款书到银行缴税；

（10）税务组进行企业完成税收任务统计，并进行增值税、企业所得税纳税信用等级评估。

11.5.2　税务工作中涉及的相关知识

1. 发票代码

普通发票代码由国地税代码、行政区域代码、年份代码、行业代码、发票种类代码等组成，共 12 位。从左至右按照下列顺序编制：第 1 位为国地税代码，第 2～5 位为行政区域代码，第 6 位、第 7 位为年份代码，第 8 位为行业代码，第 9～12 位为发票种类代码。

增值税专用发票和增值税普通发票的代码为 10 位。增值税专用发票第 1～4 位为行政区划代码，第 5～6 位为年份，第 7 位为印刷批次，第 8 位为文字版，第 9 位为联次，第 10 位为金额版。增值税普通发票第 1～4 位为行政区划代码，第 5～6 位为年份，第 7 位为印刷批次，第 8 位为发票种类（增值税普通发票为 6），第 9 位为联次，第 10 位为金额版（增值税普通发票为 0）。

2. 发票号码

发票号码是税务部门给予发票的编码。在查询发票真伪的时候，需要输入发票号码。发票号码一般是 8 位，但是在网上查询发票真伪时，一般要在发票号码前面输入信息码或发票代码。所以，在查询发票真伪时的"发票号码"由"信息码＋发票号码"或"发票代码＋发票号码"组成。

3. 发票业务

1）认购规定

依法办理税务登记的企业，在领取税务登记证件后向主管税务机关申请领购发票。

（1）一般纳税人在向国税主管税务机关签订《增值税专用发票责任书》后，可以认购各种增值税专用发票及普通发票；

（2）小规模纳税人可以认购普通发票；

（3）新办一般纳税人，暂认定期（1 年）只能认购普通发票（在暂认定期内，因需要使用增值税专用发票可在国税主管税务机关监管下开具）；

（4）对有税务违章行为的企业一律实行发票控管。

2）认购程序

（1）核销。纳税人到发票领购窗口提供下列资料：已使用发票存根联、发票领用存月报表。

（2）核发、领购。发票领购窗口负责出售各种发票，领购发票时应提供下列资料：

① 办税员证。② 《购票手则》。③ 《申请购买发票审批表》。④ 领购增值税专用发票应在销货单位栏加盖戳记。

3）使用保管发票

（1）增值税专用发票必须在规定期限内使用，限期内未用完的应到主管国税机关注销作废；

（2）必须按规定的时限、顺序、逐栏、全部联次一次性如实开具，并加盖发票专用章；

（3）发票不得拆本使用；不得携带外地使用，不得虚开、代开；

（4）发票存根联必须妥善保管，增值税专用发票存根联、普通发票存根联保存期5年，期满须报经税务机关查验后方可销毁。

4. 纳税申报需报送资料

1）小规模纳税人

（1）《发票领用存月报表》（由认购发票者填报）；

（2）财务、会计报表；

（3）《增值税纳税申报表》；

（4）主管税务机关规定的其他资料。

2）一般纳税人

（1）《增值税纳税申报表》；

（2）《增值税纳税申报表附列资料》；

（3）《分支机构销售明细表》（由分支机构者填）；

（4）《发票领用存月报表》；

（5）《月份增值税专用发票存根联明细表》；

（6）《月份增值税专用发票抵扣联明细表》；

（7）本期申报抵扣的增值税专用发票抵扣联、收购发票和运输及购进农产品等发票；

（8）代扣代缴税款凭证存根联（由代扣代缴税款者填）；

（9）财务会计报表；

（10）主管税务机关规定的其他备查资料。

5. 违章处理

1）税务登记

纳税人未按照规定的期限申报办理税务登记、变更或注销登记的，由税务机关发出责令限期改正通知书，逾期不改正的，可以处以二千元以下的罚款；情节严重的，处以二千元以上一万元以下的罚款。

2）账簿

纳税人未按规定设置、保管账簿和记账凭证等有关资料的，由税务机关发出责令限期改正通知书，逾期不改正的，可以处以二千元以下的罚款；情节严重的，处以二千元以上一万元以下的罚款。

3）纳税申报

纳税人未按照规定的期限办理纳税申报的，由税务机关责令限期改正，可以处以二千元以下的罚款；逾期不改正的，处以二千元以上一万元以下的罚款。

4）税款征收

（1）纳税人未按照规定期限缴纳税款的，从滞纳税款之日起，按日加收滞纳税款千分之二的滞纳金。

（2）纳税人采取伪造、变造、隐匿、擅自销毁账簿、记账凭证，在账簿上多列支出或者不列、少列收入，或者进行虚假的纳税申报的手段，不缴或者少缴应纳税款的，是偷税。偷税数额占应纳税额的百分之十以上并且偷税数额在一万元以上的，或者因偷税被税务机关给予二次行政处罚又偷税的，依照关于惩治偷税、抗税犯罪的补充规定第一条的规定处罚；偷税数额不满一万元或者偷税数额占应纳税额不到百分之十的，由税务机关追缴其偷税款，处以偷税数额五倍以下的罚款。

（3）扣缴义务人采用前款所列手段，不缴或者少缴已扣、已收税款，数额按第一条的规定处罚；偷税数额不满一万元或者偷税数额占应纳税额不到百分之十的，由税务机关追缴其不缴或者少缴的税款，处以不缴或者少缴的税款五倍以下的罚款。

5）发票管理

违反发票管理法规的行为包括：

（1）未按照规定印制发票或者生产发票防伪专用品的；

（2）未按照规定领购发票的；

（3）未按照规定开具发票的；

（4）未按照规定取得发票的；

（5）未按照规定保管发票的；

（6）未按照规定接受税务机关检查的。

对有前款所列行为之一的单位和个人，由税务机关责令限期改正，没收非法所得，可以并处一万元以下的罚款，有前款所列两种或者两种以上行为的，可以分别处罚。

6. 纳税信用等级

纳税信用是指纳税人依法履行纳税义务，并被社会所普遍认可的一种信用，是社会信用体系建设重要内容之一。纳税信用等级评定管理制度，是税务机关根据纳税人履行纳税义务的情况，依法将纳税人评定为不同的纳税信用等级，进行分类管理的制度。纳税信用等级评定按照纳税人税务登记、纳税申报、账簿凭证管理、税款缴纳、违反税收法律、行政法规行为处理等情况分指标计分，设置A、B、C、D四级。纳税信用等级两个纳税年度评定一次，采用申报评定和审核评定相结合的办法。A级纳税信用等级实行申报评定制，B、C、D级纳税信用等级实行审核评定制。

1）A级信用

考评分在95分以上的，为A级。但有下列情况之一的，不得认定为A级：

（1）具有涉嫌违反税收法律、行政法规行为，至评定日仍未结案或已结案但未按照税务机关处理决定改正的；

（2）两年内（指税务机关确定纳税信用等级之日起向前推算两年）新发生欠缴税款情形的；

（3）不能依法报送财务会计制度、财务会计报表和其他纳税资料的；

（4）评定期前两年有税务行政处罚记录的；

（5）不能完整、准确核算应纳税款或者不能完整、准确代扣代缴税款的。

2）B级信用

通过对评定指标进行考评考评分在60分以上95分以下的，为B级。

但至评定日为止有新发生欠缴税款5万元以上的（自评定日起向前推算两年内发生，至评定日尚未清缴的），不具备评定为B级纳税人的资格。对办理税务登记不满两年的纳税人，不进行纳税信用等级评定，视为B级管理。

3）C级信用

考评分在20分以上60分以下的，为C级。

特殊情形，考评分超过60分，但有下列情形之一的纳税人，一律定为C级：

（1）依法应当办理税务登记而未办理税务登记的；

（2）评定期内同时具备按期纳税申报率在90%以下，纳税申报准确率在70%以下，应纳税款按期入库率在80%以下，代扣代缴申报准确率在80%以下，代扣代缴税款入库率90%以下的；

（3）两年内（指税务机关确定纳税信用等级之日起向前推算两年）有违反税收法律、行政法规的行为，且受到税务行政处罚的；

（4）纳入增值税防伪税控系统的纳税人，一年内两次不能按期抄报税的；

（5）应税收入、应税所得核算混乱，有关凭证、账簿、报表不完整、不真实的。

4）D级信用

考评分在20分以下的，为D级。

若有下列情形之一的，不进行计分考评，一律定为D级：

（1）具有涉税犯罪嫌疑，已依法移送公安机关，尚未结案的；

（2）两年内（指税务机关确定纳税信用等级之日起向前推算两年）有偷税、逃避追缴欠税、骗取出口退税、抗税、虚开增值税专用发票等涉税犯罪行为记录的；

（3）骗取税收优惠政策、骗取多缴税款退回的。

7. 税务局对企业破产管理办法

1）破产财产在优先清偿破产费用和共益债务后，依照下列顺序清偿：

（1）破产人所欠职工的工资和医疗、伤残补助、抚恤费用，所欠的应当划入职工个人账户的基本养老保险、基本医疗保险费用，以及法律、行政法规规定应当支付给职工的补偿金；

（2）破产人欠缴的除前项规定以外的社会保险费用和破产人所欠税款；

（3）普通破产债权。

破产财产不足以清偿同一顺序的清偿要求的，按照比例分配。

破产企业的董事、监事和高级管理人员的工资按照该企业职工的平均工资计算。

2）破产费用

（1）破产案件的诉讼费用；

（2）管理、变价和分配债务人财产的费用；

（3）管理人执行职务的费用、报酬和聘用工作人员的费用。

3）共益债务

（1）因管理人或者债务人请求对方当事人履行双方均未履行完毕的合同所产生的债务；

（2）债务人财产受无因管理所产生的债务；

（3）因债务人不当得利所产生的债务；

（4）为债务人继续营业而应支付的劳动报酬和社会保险费用以及由此产生的其他债务；

（5）管理人或者相关人员执行职务致人损害所产生的债务；

（6）债务人财产致人损害所产生的债务。

11.6　企 业 年 检

11.6.1　企业年检程序

（1）企业提交年检材料；

（2）企业登记机关受理审查企业年检材料；

（3）企业登记机关在营业执照副本上加盖年检戳记，并发还营业执照副本。

11.6.2　企业申报年检应当提交的材料

（1）年检报告书；

企业年检报告书包括下列内容：

① 登记事项情况；

② 备案事项情况；

③ 对外投资情况；

④ 设立、撤销分支机构情况；

⑤ 经营情况。

（2）企业指定的代表或者委托代理人的证明；

（3）营业执照副本；

（4）经营范围中有属于企业登记前置行政许可经营项目的，加盖企业印章的相关许可证件、批准文件的复印件；

（5）国家工商行政管理总局规定要求提交的其他材料。

企业法人应当提交年度资产负债表和损益表，公司还应当提交由会计师事务所出具的审计报告，企业有非法人分支机构的，还应当提交分支机构的营业执照副本复印件。已进入清算的企业只提交第一款所列材料。企业非法人分支机构、其他经营单位申报年检除提交年检报告书外，非法人分支机构还应当提交隶属企业上一年度已年检的营业执照副本复印件；其他经营单位还应当提交隶属机构的主体资格证明复印件。

11.6.3 年检的对象和范围

领取营业执照的有限责任公司、股份有限公司、非公司企业法人、合伙企业、个人独资企业及其分支机构、来华从事经营活动的外国（地区）企业，以及其他经营单位。

当年设立登记的企业，自下一年起参加年检。

11.6.4 企业年检主要审查内容

对公司的年检材料主要审查下列内容：

（1）公司是否按照规定使用公司名称，改变名称是否按照规定办理变更登记；

（2）公司改变住所是否按照规定办理变更登记；

（3）公司变更法定代表人是否按照规定办理变更登记；

（4）公司有无虚报注册资本行为；股东、发起人是否按照规定缴纳出资，以及有无抽逃出资行为；

（5）经营范围中属于企业登记前置行政许可的经营项目的许可证件、批准文件是否被撤销、吊销或者有效期届满；经营活动是否在登记的经营范围之内；

（6）股东、发起人转让股权是否按照规定办理变更登记；

（7）营业期限是否到期；

（8）公司修改章程、变更董事、监事、经理，是否按照规定办理备案手续；

（9）设立分公司是否按照规定办理备案手续，是否有分公司被撤销、依法责令关闭、吊销营业执照的情况；

（10）公司进入清算程序后，清算组是否按照规定办理备案手续；

（11）一个自然人是否投资设立多个一人有限责任公司。

对非公司企业法人的年检材料主要审查下列内容：

（1）企业是否按照规定使用企业名称，改变名称是否按照规定办理变更登记；

（2）企业改变住所、经营场所是否按照规定办理变更登记；

（3）企业变更法定代表人是否按照规定办理变更登记；

（4）企业改变经济性质是否按照规定办理变更登记；

（5）经营范围中属于企业登记前置行政许可的经营项目的许可证件、批准文件是否被撤销、吊销或者有效期届满；企业经营活动是否在登记的经营范围之内；

（6）有无抽逃、转移注册资金行为；

（7）经营期限是否到期；

（8）设立、撤销分支机构是否按照规定办理变更登记；

（9）主管部门变更是否按照规定办理备案手续；

（10）企业章程有无修改。

对企业非法人分支机构、其他经营单位的年检材料主要审查下列内容：

（1）是否按照规定使用名称，改变名称是否按照规定办理变更登记；

（2）营业（经营）场所改变是否按照规定办理变更登记；

（3）负责人变更是否按照规定办理变更登记；

（4）经营范围中属于企业登记前置行政许可的经营项目的许可证件、批准文件是否被撤销、吊销或者有效期届满；经营活动是否在登记的经营范围之内。

（5）其他经营单位的隶属机构变更是否按照规定办理变更登记。

11.7 实战考核

实战考核部分的分值占总成绩的 55%，分值由场地布置评分（5%）、模拟经营实战情况（35%）、总结会（5%）、总结材料（5%）以及组间评价（5%）构成。

11.7.1 场地布置评分

指导教师会根据每个团队对工作场地的布置情况进行评价，评价标准如表 11.3 所示：

表 11.3 场地布置评分表

评价指标	评价内容	分值
政府业务公开内容	主题明确，应具备机构设置、办事指南、业务流程、联系方式等基本要素	50 分
整体布局	整体布局合理、清晰、规范、美观，板块划分清楚	20 分
氛围营造	能够营造一定的服务氛围，如标语、口号、办公用品摆放等	20 分
特色加分项	能体现政府特色的项目	10 分

11.7.2 政府机构模拟经营评分标准

指导老师会从业务流程、业务处理、文档规范和服务态度四个方面对政府机构在模拟经营阶段的表现进行评分，详细的评分标准，如表 11.4 所示：

表 11.4 政府机构模拟经营评分标准

评价指标	指标要求
业务流程（30分）	业务流程明确、清晰，方便企业办理
业务处理（20分）	业务处理熟练，能解答企业提出的疑问，按各项规定办理业务
文档规范（30分）	企业注册登记、经营纳税、年检等所需材料规范、齐全，符合相关业务管理规定
服务态度（20分）	热情、周到、微笑服务，获得企业好评

11.7.3 总结会及实战材料

模拟经营实战结束后，指导老师将组织总结大会，参加实战的团队将借助 PPT 对实战环节的表现及工作成果进行展示与总结，指导老师根据展示情况及内容给出总结部分的评分。

总结一周后，各团队向指导老师提交经营实战材料。指导老师根据提交材料的完整性和质量给出该项评分，详细的评分标准如表 11.5 所示：

表 11.5 总结环节评分标准

评分环节	评分指标	所占分值
总结	PPT 制作美观、规范、全面	5 分
	总结汇报表述清晰、流畅、完整	15 分
	角色经营、运作情况	10 分
	角色服务情况	10 分
	模拟经营成果	10 分
实战材料		50 分

11.7.4 组间评价

此评分标准适用于政府服务部门对单个企业在业务办理过程中的资料准备情况、参与实验的积极性和体现的专业、敬业精神进行评价，每个分局针对所服务的每家企业按表 11.6 所示的评分标准进行评分。企业团队的此项得分构成其团队总成绩的一部分。

表 11.6 组间互评评分表

政府服务机构信息	分局名称			
	负责人姓名	联系电话		

公司名称：

序号	评测内容		分值	评分
1	业务办理的及时性：企业是否在规定的时限内到我局办理相关业务	注册阶段	10 分	
		税收申报阶段	10 分	
2	业务资料的规范性和完整性：在业务办理中，能否按照我局的要求提供规范和完整的申报表格和财务报表	注册阶段	20 分	
		税收申报阶段	20 分	
3	参与实验的积极程度	企业是否主动积极地配合我局的各项要求	10 分	
		企业是否有专人负责各项业务的办理	10 分	
4	实验过程中体现的专业、敬业精神：企业在办事过程中，工作态度是否体现了严肃、认真、负责的专业精神		20 分	
总分			100 分	

讨论与思考

1. 我们的办事指南和流程图清晰吗？对企业办事指导效果如何？

2. 我们的工作任务分配合理吗？还需要做什么调整？

3. 我在整个模拟经营的过程中，完成哪些工作，其中独立完成和与人配合完成的各占多少比例？

4. 现在普遍认为去政府机构办事门槛难进，你认为可以用什么样的办法来保持其工作人员的工作热情？

第 12 章　银行模拟经营

政府和法律没法做的事，让钱来做。

——约翰·皮尔庞特·摩根（美国银行家）

在本章，你将了解到以下内容：

—— 银行在模拟经营过程中能培养学生的哪些能力

—— 银行扮演者需要注意哪些规则

—— 银行模拟经营的主要工作职责

—— 银行模拟经营的主要业务范围

12.1　银行经营概述

经实商业银行作为经济管理仿真综合实验中的一部分，是具有计划创设的仿真开放式的银行经营环境，是连接经济管理仿真综合实验中各企业资金之间的纽带，主要为经济管理仿真综合实验中的生产制造型企业、电子商务公司、保险公司等相关企业办理对公存款业务、信贷业务以及相关中间业务，企业单位存款一般有活期存款、定期存款、协议存款、通知存款等存款类型，在本模拟经营过程中，协议存款不列入本实验课程项目。

在银行经营过程中，由来自不同专业背景的学生组成数家商业银行，以学生自主开放式学习为主，在自己的"工作岗位"上进行运作管理，参考商业银行金融业务的相关标准，制定银行相关的理财产品，完成对公存款、信贷及相关中间业务。各银行之间存在竞争的关系，老师将根据各家银行的业务经营情况、规范程度、业务收入、经营分析报告、客户评价等作为其成绩评定的依据。

此课程开设一方面让学生全面掌握银行职业岗位的基本知识、环节以及经营管理问题，另一方面，让其在仿真的环境下，加深对银行整体认识，掌握知识的同时，提升自身的实践创新及就业方面的能力。

12.2　银行经营工作内容

12.2.1　商业银行业务综合实验岗位设计

商业银行综合实验是贵州财经大学经济管理系统仿真综合实验的一部分，实验内容的设计主要以配合企业管理实验内容为目的，因此岗位和流程的设计仅设公司业务类。

岗位牌：应由学生佩戴，标志其所在岗位。

岗位选择采用随机方式，岗位牌面朝下，由学生自行随机选择。

1. 支行设置

支行的设置要按照参加实验的学生人数来安排，在支行之间应当有适当的竞争，因此支行的设置应以 6 个以上为宜。在各支行应自行完成支行标志符号的设计，如行名、行徽。

（1）模拟银行实验室现有 10 个柜台，可以划分为 5 ～ 8 个支行；

（2）每个支行可设置 1 ～ 5 个柜台；

（3）每个支行应有自己的标志、公章，以和其他支行区别；

（4）支行之间平等竞争，以市场营销手段竞争客户，不能以提高或降低利率、给经办人员好处等不正当方式竞争。

2. 岗位设置

（1）综合会计柜员岗位：共有 1 ～ 3 个综合柜员岗位，每个综合柜员岗位应能处理所有会计业务，并承担存款业务的营销。

（2）主管会计岗位：一个岗位，每个主管会计岗位主要岗位职责为轧账、成本核算、绩效核算。

（3）信贷业务岗位：承担企业信贷业务的受理、审查、发放、贷后管理、贷款清收等项职责，并承担存款业务的影响。

（4）主管岗位：负责信贷业务的审批、综合会计业务，并承担存款业务的营销。

12.2.2　银行经营业务工作内容

1. 经营业务内容

（1）成立支行，进行工作场地布置；

（2）领用各类办公用品；

（3）在智盛模拟银行系统中设置各行数据；

（4）企业基本账户开户；

（5）企业临时账户开户；

（6）行内转账、跨行转账；

（7）企业现金存取；

（8）受理支票；

（9）缴纳税款；

（10）发放企业贷款；

（11）企业临时账户销户；

（12）企业基本账户销户；

（13）日终、月终、季末、年末轧账；

（14）进行实验经营情况总结；

（15）提交商业银行经营实战材料。

2. 公司业务会计分录

（1）单位账户基本账户转账支付会计分录：

营业网点辖内转账支付：

   借：2013 单位活期存款 XXXXXX 账户

    贷：2013 单位活期存款 YYYYYY 账户

跨行转账支付：

借：2013 单位活期存款 XXXXXX 账户

贷：3001 清算资金往来

（2）单位存款账户存取现会计分录：

存现：

借：1001 库存现金

贷：2013 单位活期存款 XXXXXX 账户

取现：

借：2013 单位活期存款 XXXXXX 账户

贷：1001 库存现金

（3）贷款偿还及贷款利息的收取会计分录：

一般性贷款：

贷款发放：

借：1303 贷款 XXXXXX 账户

贷：2013 存款 YYYYYY 账户

一次性还本付息：

借：2013 存款 XXXXXX 账户

贷：1303 贷款 YYYYYY 账户

6011 利息收入

分期偿还本金和利息：

本金偿还：

借：2013 存款 XXXXXX 账户

贷：1303 贷款 YYYYYY 账户

利息计收：（在计息日结计利息，并从贷款人存款账户自动扣收）

借：2013 存款 XXXXXX 账户

贷：6011 利息收入

12.2.3 公司理财部工作业务内容

1. 产品设计

（1）根据实验中各类企业（特别是制造商和供应商）的具体情况，结合真实的金融市场产品的价格变化，设计理财产品（上交具体设计过程）；

（2）理财产品分为以下几类：稳健型、成长型、收益型、保本型；

（3）运用投资组合管理对标的资产进行组合，要求风险适中，产品营利能力显著高于银行同期存款利率；

（4）设计产品宣传手册，以便进行产品营销。

2. 产品营销

（1）将理财产品销售给企业，将销售业绩作为个人考评标准；

（2）将理财产品介绍给同行员工进行柜台销售，将销售业绩和销售获益作为该银行考评标准；

（3）与客户签订产品购买合同，每天进行结算（每天为一个季度），并按此作为评判企业投资损益的依据，银行按此对企业资金的损益进行调节。

3．风险收益分析

（1）随时跟进企业所购买的理财产品的收益变动情况，为企业提出更优的投资方案；

（2）通过一周的交易（实际为 2 个季度），对各投资品种的收益情况进行分析，指出理财产品的优劣，并提出修改意见。

12.3 商业银行模拟经营规则要求

12.3.1 经营业务规则

（1）在经济管理系统仿真综合实验中，商业银行实战共分为 4 轮，按照前期阶段的成绩情况依次进入，每轮组建 8 家商业银行。

（2）每家商业银行中有 8 名成员，其中金融学、金融工程专业各 2～3 名，可允许保险专业的同学参与商业银行，但不能超过 2 名，成员具体要依据参加专业学生人数进行随机调整。

（3）指导教师根据每家商业银行组队的情况，由指导教师审核批准其商业银行进入实战经营阶段。

（4）经批准进入实战阶段的模拟商业银行，办理金融行业经营许可证，并凭该许可证向工商行政管理部门办理登记，领取营业执照。

（5）各家商业银行要求办理的客户量在 10 家以上。

（6）每家商业银行最终提交的实战材料含为每家企业办理各项业务的材料（以企业为单位整理）；经营期间各季度的财务情况；银行经营分析报告；经济管理系统仿真综合实验总结报告；银行对企业的评分标准。如表 12.1 所示：

表 12.1 经营总结提交材料一览表

序号	提交内容	要求
1	为每个企业办理各项业务的材料	以企业为单位进行整理
2	经营期间各季度的财务情况	至少提交 3 个季度的纸质文档
3	银行经营分析报告	以银行为单位提交 1 份，可参考商业银行经营分析报告模板（可登录贵州财经大学经济管理综合实验信息系统进行下载查看）
4	经济管理仿真综合实验总结报告	银行成员每人 1 份，可参考基于多专业协同的经济管理仿真综合实验总结报告模板（可登录贵州财经大学经济管理仿真综合实验信息系统进行下载查看）
5	银行对企业的评分标准	对所办理的每家企业情况进行打分

12.3.2 商业银行经营实战阶段要求

贵财经实商业银行基于多专业协同的经济管理系统仿真综合实验环境下组建成立，银行经营要坚持为企业服务的理念，做好模拟实验中的各项工作，其具体要求主要涵盖以下几点：

（1）在整个实战经营过程中，各家银行要做好对企业的相关服务工作，银行人员要按时上岗，到岗，由各部门记录、审核人员考勤及业务情况，人事部进行统筹。

（2）银行经营在凸显各自经营特色的同时，要实现支行之间的平等竞争，利率调整必须在本课程商业银行利率规定的原则下，进行调整。

（3）理财产品销售管理要依据现行的《商业银行理财产品销售管理办法》，并结合经济管理仿真综合实验中的实际，进行销售。

（4）各家银行每季度末需定期向税务局缴纳相应税款。

（5）在经营过程中，各家商业银行要彰显服务理念，并体现出严肃、认真、负责的专业精神。

12.3.3 商业银行业务相关规定

1. 单位基本存款账号开户相关规定

根据中国人民银行文件的相关规定以及结合经济管理仿真综合实验模拟商业银行的实际，单位开户所需的资料包括：

（1）企业法人营业执照（或营业执照副本）复印件；

（2）组织机构代码证的副本及复印件；

（3）税务登记证的正本原件及复印件；

（4）企业法定代表人的身份证复印件；

（5）企业的公章及其他需要证明的文件；

2. 企业贷款的相关规定

依照相关文件规定，信用管理的基本流程分为贷款申请受理、信用评估、合规性审查、风险评估、发放贷款及贷后管理六个阶段，在经济管理系统仿真综合实验中，结合模拟商业银行实际，企业在提交贷款申请时所需的资料：

（1）企业最近的财务报表情况；

（2）企业贷款的投资项目或消费品的相关资料（抵押贷款可提交抵押物资料，对抵押物进行价值评估；担保贷款，提交能证明承担担保责任的企业当前的信用状况、财务状况、经济能力等的相关资料）；

（3）各个商业银行执行的贷款利率，可以根据企业的实际情况在本课程商业银行允许的浮动范围内在基准利率的基础上进行浮动，上浮不超过15%。商业银行贷款利率基准表如表12.2所示；

表 12.2 贷款利率基准表

贷款种类		基础利率
短期贷款	六个月以内（含六个月）	5.65%
	六个月至一年（含一年）	6.0%
中长期贷款	一年至三年（含三年）	6.15%
	三年至五年（含五年）	6.40%
	五年以上	6.55%

小贴士：贷款时间按照本实验课程中虚拟模拟经营的时间。

3. 银行业务相关要求

（1）企业基本账户开户，提交《企业名称预先核准通知书》复印件、公司章程、法人身份证复印件，开立基本存款账户应出具的证明文件：企业法人，应出具企业法人营业执照正本；非法人企业，应出具企业营业执照正本；机关和实行预算管理的事业单位，应出具政府人事部门或编制委员会的批文或登记证书和财政部门同意其开户的证明；非预算管理的事业单位，应出具政府人事部门或编制委员会的批文或登记证书；军队、武警团级（含）以上单位以及分散执勤的支（分）队，应出具军队军级以上单位财务部门、武警总队财务部门的开户证明；社会团体，应出具社会团体登记证书，宗教组织还应出具宗教事务管理部门的批文或证明；民办非企业组织，应出具民办非企业登记证书；外地常设机构，应出具其驻在地政府主管部门的批文；外国驻华机构，应出具国家有关主管部门的批文或证明；外资企业驻华代表处、办事处应出具国家登记机关颁发的登记证；个体工商户，应出具个体工商户营业执照正本；居民委员会、村民委员会、社区委员会，应出具其主管部门的批文或证明；独立核算的附属机构，应出具其主管部门的基本存款账户开户许可证和批文；其他组织，应出具政府主管部门的批文或证明。存款人为从事生产、经营活动纳税人的，还应出具税务部门颁发的税务登记证。

企业开设临时账户，提交《单位开户申请书》（附件一）、法人身份证复印件，申请条件和申请材料：临时机构，应出具其驻在地主管部门同意设立临时机构的批文；异地建筑施工及安装单位，应出具其营业执照正本或其隶属单位的营业执照正本，以及施工及安装地建设主管部门核发的许可证或建筑施工及安装合同；异地从事临时经营活动的单位，应出具其营业执照正本以及临时经营地工商行政管理部门的批文；注册验资资金，应出具工商行政管理部门核发的企业名称预先核准通知书或有关部门的批文。本条第二、三项还应出具其基本存款账户开户许可证。

当建筑施工及安装单位以建筑施工及安装单位名称后加项目部名称开立临时存款账户时，还应出具建筑施工及安装单位项目部负责人的身份证件、建筑施工及安装单位授权该项目部开户的授权书。

（2）银行审核开户资料，合格则开立基本账户，不合格则退回客户资料。

（3）企业支票业务，凭支票（附件二）支付货款。

（4）受理企业贷款申请，企业提交贷款申请书（附件三）。

（5）审核贷款申请，发放贷款。

（6）贷后管理（监督贷款用途）。

4. 银行经营实战工作初始要求

在经济管理仿真综合实验中，银行主要的服务对象为供应商制造商企业，为更好切合本仿真实验实际，各家银行在经营之初，除为企业建立公司自己的基本账号外，每个支行还需为实验本身建立 3 个基本帐户。

（1）经管费用账户＋支行交易部门号：企业用来支付广告费、营销费（不包含电商）、管理费、财务费用等相关的基本费用；（每季度催缴企业缴纳相关费用）。

（2）经销商账号＋支行交易部门号：a．作为老师要支付给企业创收费用的账户；b．每家银行为此账户存入资金100亿元，作为教师可以支配的费用资金。

（3）第三方帐号＋交易部门号：a．企业向第三方（老师扮演）进行买、卖交易时所用的账户；b．每家银行为此账户存入资金100亿元，作为教师可以支配的费用资金。

12.4　商业银行业务流程

12.4.1　总业务流程（图12.1）

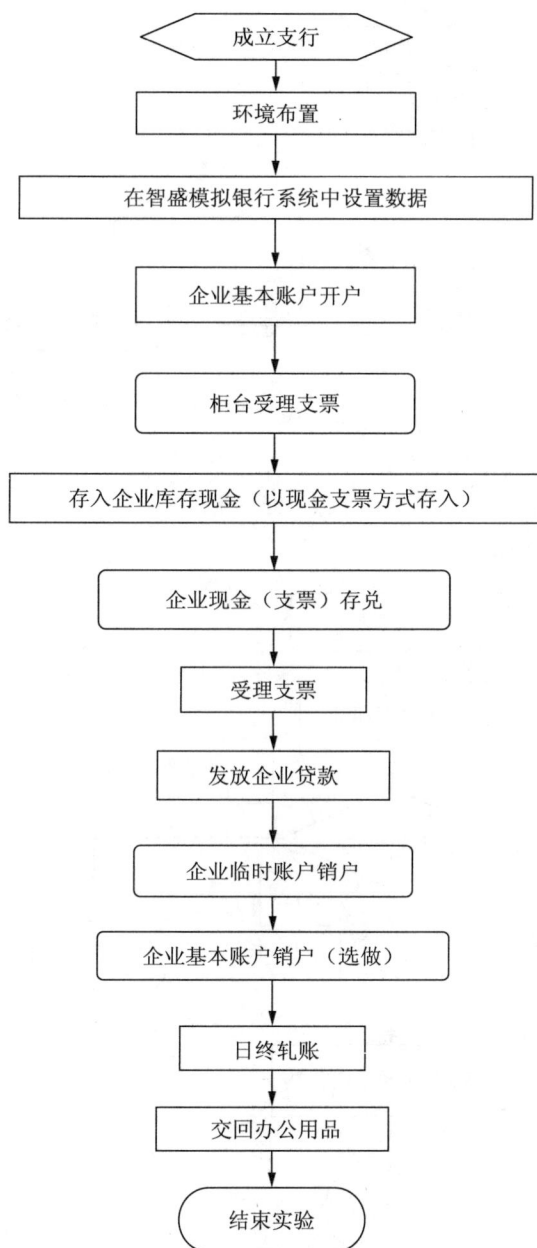

图 12.1　银行总业务流程图

12.4.2　具体业务流程

1. 开户流程（图 12.2）

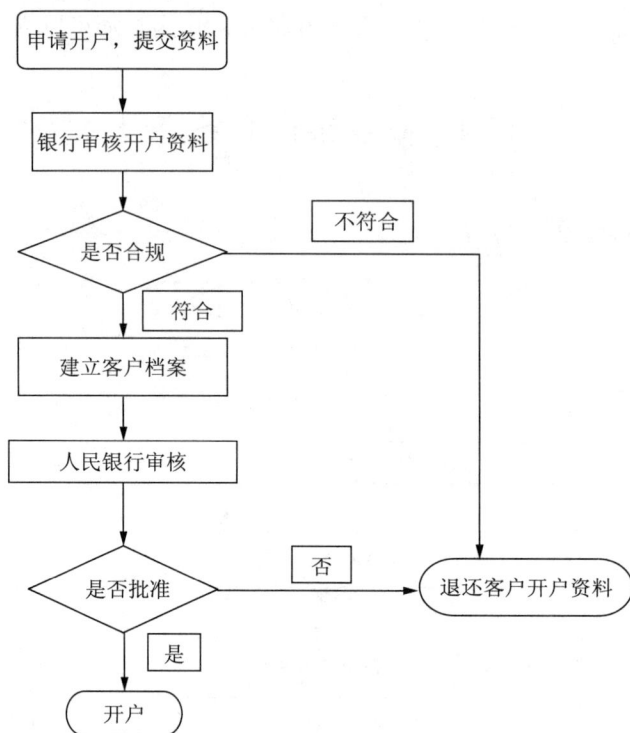

图 12.2　开户流程图

2. 支票业务（图 12.3）

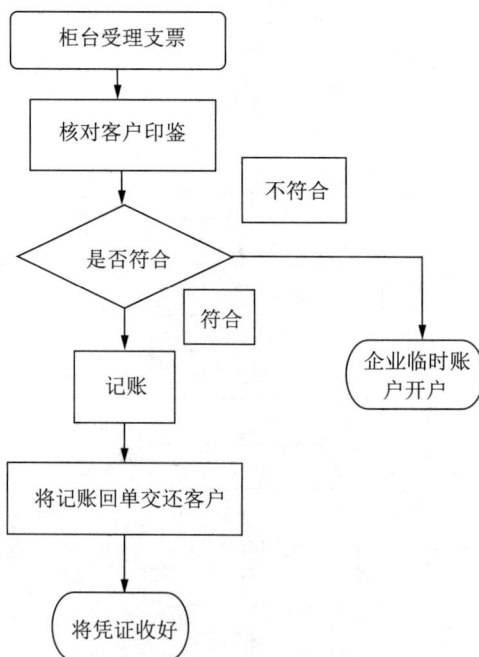

图 12.3　支票业务流程图

3. 贷款业务流程（图 12.4）

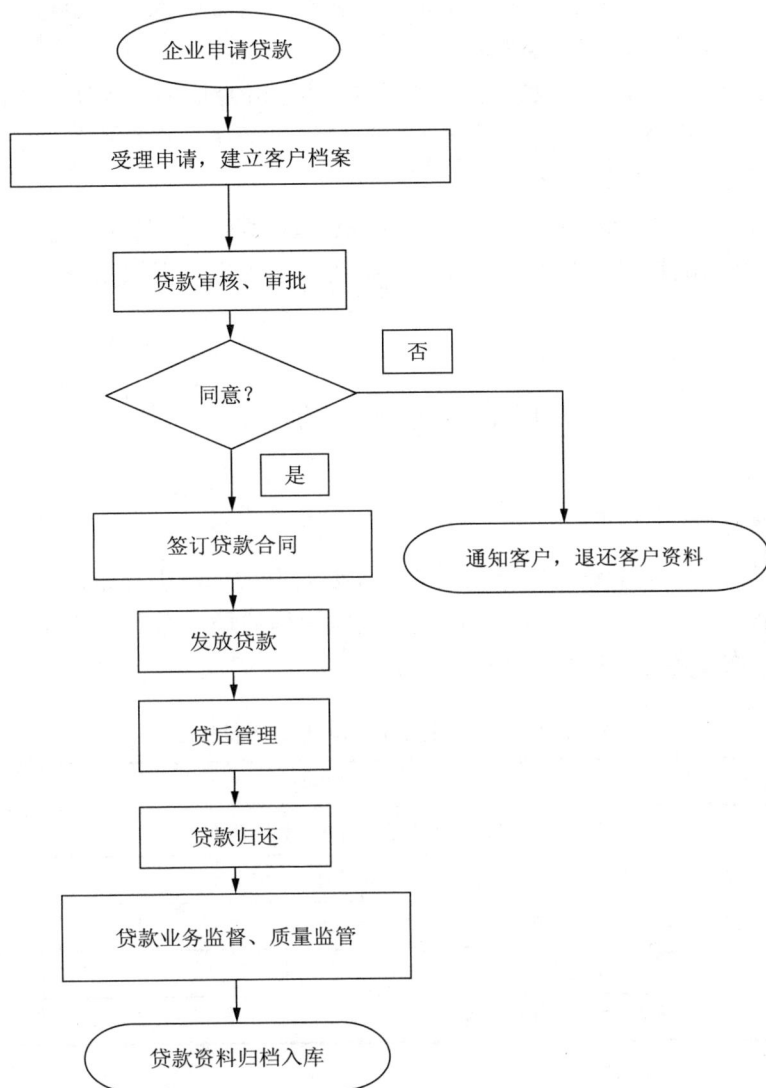

图 12.4 贷款业务流程

12.5 银行经营实战工作进度安排

实战阶段工作主要涵盖场地布置，实战经营、经营总结，经营材料整理提交等工作内容，由于时间限制，实战阶段经营时间为六个季度（其中实验规定两天为一个经营季度）。

（1）在银行办公地点布置银行工作场地。

（2）各小组在公告栏张贴银行办理事项和业务流程。

（3）等待教师进行工作场地布置评比，查缺补漏；支行设置及人员岗位设置；认知熟悉智胜银行模拟系统软件。

（4）办理成立支行的相关手续（工商税务登记，办理营业执照等）验资账户开户；

基本账户开户；临时存款账户开户。

（5）购买支票；支票付方入账；支票收方入账；现金收入；现金付出；为公司办理基本账户开户，存取款、转账支票等业务；轧账。

（6）购买支票、支票付、收、现金收入、支付等相关业务；办理相关银行业务。

（7）请各个开户公司进行对所选择的银行所提供的服务指标进行评定，考核各家银行所提供的服务工作的质量。

（8）参加综合实训总结会，撰写经营分析报告，对工作情况进行交流总结。

（9）对经营实战材料进行汇总，各成员撰写总结报告，根据系统发布的时间提交总结材料。

12.6 实 战 考 核

12.6.1 工作场地布置考核

实战开始的时候，商业银行需要根据业务需要对办公场所进行布置，指导老师会对其布置情况进行评分，分数占团队成绩的 5%。政府机构的场地布置评分标准和非政府外部服务机构的场地布置评分标准如表 12.4 所示：

表 12.4 商业银行工作场地布置考核标准

评价指标	评价内容	分值
工作场地布置	工作场地布置能体现创新、办事机构的特色	20 分
	相关业务流程及办事流程张贴有序、清晰	25 分
	信息发布及时、规范、准确	20 分
	相关业务资料准备充分	25 分
	工作场地环境整洁、规范	10 分

12.6.2 模拟经营过程考核

商业银行指导老师会从业务流程、业务处理、文档规范和服务态度四个方面对团队在模拟经营阶段的表现进行评分，分数占团队总成绩的 35%，详细的评分标准如表 12.5 所示：

表 12.5 银行经营实战评分标准

评价指标	指标要求	分值
业务流程	业务流程明确、清晰，方便企业办理	40 分
业务处理	业务处理熟练，能解答企业提出的疑问，按各项规定办理业务	30 分
文档规范	开户资料、贷款审批、发放、财务情况等所需材料规范、齐全，符合相关业务管理规定	20 分
服务态度	热情、周到、微笑服务，获得企业好评	10 分

12.6.3 总结及实战材料考核

模拟经营实战结束后，指导老师将分别组织各个角色学生的总结大会，各参加实战的团队将借助 PPT 对实战环节的表现及工作成果进行展示与总结，指导老师根据展示情况及内容给出总结部分的评分。

总结一周后，各角色向指导老师提交经营实战材料。指导老师根据提交材料的完整性和质量给出该项评分，详细的评分标准如表 12.6 所示：

表 12.6　总结及实战材料评分标准

评分环节	评分指标	所占分值
总结	PPT 制作美观、规范、全面	5 分
	总结汇报表述清晰、流畅、完整	15 分
	角色经营、运作情况	10 分
	角色服务情况	10 分
	模拟经营成果	10 分
实战材料		50 分

12.6.4 组织间互评

在模拟经营结束后，各商业银行会以团队名义对所服务的各家企业在业务办理过程中的资料准备情况、参与实验的积极性和体现的专业、敬业精神进行评价。各团队的此项得分构成其团队总成绩的一部分。表 12.7 为商业银行对企业的测评表：

表 12.7　商业银行对企业的评分标准

机构信息	机构名称	
	负责人姓名	

公司名称：		
序号	评测内容	分值
1	业务办理的及时性：企业是否在规定的时限内到我机构办理相关业务	20 分
2	业务资料的规范性和完整性：在业务办理中，能否按照我行的要求提供规范和完整的申报表格、财务报表、合同等	40 分
3	参与实验的积极程度	20 分
4	实验过程中体现的专业、敬业精神：企业在办事过程中，工作态度是否体现了严肃、认真、负责的专业精神	20 分
总分		100 分

注：每家机构依据以上评分表格对所服务的每家企业进行评分，并将各个企业的评分表格随同机构其他资料一起提交。

12.7 银行所需文档附件

12.7.1 单位开户申请书

20** 贵财经实 ** 银行

单位开户申请书

申请开户单位名称	20** 贵财经实 ** 公司	申请开立账户名称（全称）	与单位名称一致
单位性质及级别	根据公司所属行业来定	工商管理局批准文号	营业执照编码
地 址	营业执照上单位地址	联 系 电 话	单位办公电话
上级主管单位	如有填写，如无可不填写（一般只有分公司开户填写该项，同时也需提供分公司开户一整套资料作为附件如：营业执照（正副本）、组织机构代码证、税务登记证、法人身份证复印件、开户许可证、机构信用代码证）	联 系 电 话	上级法人电话
申请单位盖章：（公章 + 法人章） （正式公章及负责人章） 年 月 日		上级主管单位意见： （盖章） 年 月 日	
银行调查意见： 		科目归属	
		账号	
		支票或存折户	
		是否计息	
审批意见：			

账户基本情况如下

资金来源	
资金运用	
生产、经营范围	填写公司的经营项目
商品、原料来源	
主要产品	
注册资本	填写
利润和亏损	
资产总值	
库存现金总额	
固定资产	
其中：	厂房现值		机器设备现值	

12.7.2 企业贷款申请书

企业贷款申请书

企业名称：＿＿＿＿＿＿＿＿＿＿＿＿＿＿＿＿＿＿＿

申请贷款金额（万元）：

贷款方式：

申请贷款期限自 ＿＿ 年 ＿＿ 月 ＿＿ 日至 ＿＿ 年 ＿＿ 月 ＿＿ 日

贷款资金用途：

还款资金来源：

还款计划：

申请企业意见：

申请企业盖章：＿＿＿＿＿＿法人代表签字：（盖章）

申请日期：＿＿＿年＿＿＿月＿＿＿日

12.7.3 记账凭证

记 账 凭 证

年 月 日 第 号

摘要	会计科目		借方余额	贷方余额	附件
	总账科目	明细科目			
					张
合 计					

会计主管　　　　记账　　　　审核　　　　出纳　　　　制证

12.7.4 转账支票

	贵财实验银行转账支票　　　XVI89600002												
本支票付期限十天	出票日期（大写）　年　月　日	付款行名称：贵财实验银行											
	收款人：	出票人账号：											
		亿	千	百	十	万	千	百	十	元	角	分	
	人民币（大写）												
	用途 _____	科目（借）_____											
	上列款项请从我账户内支付	对方科目（贷）_____											
		转账日期　　年　　月　　日											
	出票人签章	复核　　　　　记账											

12.7.5 转账支票回单

转账支票回单

付款单位		收款单位	
单位名称		单位名称	
账号		账号	
金额	大写：　　　　　　　小写：		
签字（盖章）			

日期　　　　　　　　　　　　经办人　　　　　　　　　复核

讨论与思考

1．商业银行要想提高收益，应该从哪些方面努力？

2．结合当下的经济形势和政策，分析一下商业银行的发展前景。

3．谈谈互联网金融对传统商业银行业务产生的影响。

4．马云说，银行就是一个把不喜欢花钱的人的钱聚集起来，给那些喜欢花钱的人花，你认为这句话对你有什么启发？

第13章 保险公司经营模拟

惟有道者能备患于未形也。

——《管子·牧民》

在本章，你将了解到
—— 在本实验中保险公司扮演着一个怎样的角色
—— 保险公司在模拟经营过程中能培养学生的哪些能力
—— 保险公司扮演者需要注意哪些规则
—— 保险公司模拟经营的主要工作职责
—— 保险公司模拟经营的主要业务范围

13.1 保险公司模拟经营概述

在多专业协同的经济管理系统仿真综合实验中，由学生组建的保险公司将以模拟经营的形式参与到外部环境的构建中，构建起模拟仿真的职场氛围，主要实验内容为向经管综合实验的各企业提供相关保险服务。

在整个课程实验过程中，首先由来自不同专业背景的同学，主体专业为保险学专业的学生，组成数家保险公司，对潜在的市场进行调查，在老师的指导下，完成保险公司商业计划书的撰写，并进行答辩，根据其成绩情况进入经营实战阶段。

在经营实战阶段过程中，不同专业背景学生组成的数家保险公司将参考现实的保险产品及相关费率，制定自己公司的产品，在模拟的市场环境下，向参与经管综合实验的各家企业宣传推广自己的保险产品，完成企业的投保、保全、报案、理赔等相关业务，各保险公司之间存在竞争关系，最后，将以各保险公司的保险产品及其规范程度、业务收入、客户评价等作为其成绩评定的依据。

13.2 保险公司模拟经营的特色

相对于课题教学、案例教学及学生实习等方式，在经管综合实验中的保险公司模拟经营拥有独特的教学特色，具体表现如下。

1. 理论与实践相结合

保险公司模拟经营将保险核心业务流程和专业知识有机结合，缔造出一个拟真的保险公司模拟经营平台，通过学生组建保险公司并饰演相关角色，分别进入车辆运输险实验平台、企业财产险实验平台、家庭财产险实验平台、工程责任险实验平台、公众责任险实验平台、运输工具船舶险实验平台等，操练保险实践业务。

2. 多角度提升学生实践能力

在模拟经营中，首先学生通过参加撰写商业计划书、保险公司产品收集整理，重温和学习保险知识，组成公司后，由学生添加自己所经营的保险产品，以及相关的费率，投保客户根据险种的特点、性质，向保险公司投保。保险公司接到客户投保单之后，根据投保险种的不同，进行投保管理。通过一系列、多流程操作，使学生真正学习到保险实务中的保险代理、投保、承保、核保、变更、理赔、核赔等核心流程，多方位提升保险专业知识和实践能力，较全面地把握保险业务流程，增强学生的社会就业竞争力。

3. 紧密结合现实经营

在保险公司模拟经营中，各保险公司不可以随意杜撰其保险产品类别，不可以随意制定保险产品的保险责任和除外责任，也不可以随意制定产品相关费率，所有产品均需要以现实社会的法律法规和经保监会批准的产品为模本创建，保证学生感受真实产品，也保证给经管综合实验的企业提供逼真的、现实的保险产品。

4. 具有强烈的竞争性

一般教学法由于缺乏竞争性，在激发学生学习动力上存在一定困难，而保险公司模拟经营因为需要在各企业间开展业务，目标富有挑战性，各保险公司之间也存在竞争关系，同时又明确地订出判定胜负的标准，直接指出学生努力的目标，因此能较为有效地激发其争取胜利的旺盛斗志，从而提高学生学习和实验的热情。

5. 锻炼学生的团队协作能力

因为各企业的成员假想分工的关系，使得经营竞赛兼具角色扮演的教学效果，在实验中，各人因职责考虑与风险认知的不同，往往各持己见，通过模拟经营及竞赛，协助学生初步认识企业工作，了解企业只有通过各部门、众员工的同心合力才能扩展，并在此过程中培养学生沟通、决策和团队协助的能力。

6. 实验具有完整性和连续性

保险公司模拟经营的各阶段构成一个完整的有机整体。在商业计划书阶段，保险公司制订的业务战略及业务计划，将会形成该保险公司的具体文化及企业风格，在进入到经管综合实验的模拟经营阶段后，直接体现为它的营销策略、产品构成、咨询服务等多个方面，综合实验的两阶段有机衔接，在内容上具有完整性，在流程上具有连续性。

13.3　保险公司相关规则

13.3.1　学生组队规则

结合多专业协同经济管理系统仿真综合实验的实际需求及相关安排，保险公司团队人员主要来自保险学专业（团队一般由 5 人组成，其中含保险学专业的同学 2 ~ 3 名），其他两名成员可来自金融学、会计学、财务管理、市场营销等相关经济管理类的不同专业。根据其组队规则要求，竞选胜出的 CEO 与人力资源公司一起根据其规则要求进行成员招聘，招聘人员完成后，录入经济管理仿真综合实验信息系统，等待系统审核，审核通过后，由 CEO 下载打印团队成员表报送给经济管理仿真综合实验指导教师。

13.3.2　模拟经营主要业务规则

（1）经管综合实验中，保险公司一般分 3 轮组建（根据学生人数的多少来确定轮次数），每轮组建 N 个保险公司（根据具体学生人数分配）。

（2）模拟经营分为创业计划书撰写、实验准备及业务推介、实验开展、实验小结几个阶段。

（3）各保险公司公司预测风险事件要求 10 件以上。

（4）在经管综合实验模拟阶段，由系统参考风险发生概率，随机从前述"风险事件表"中选取风险事件，不定期随机产生风险事件。

（5）第一天后，系统随机抽取部分企业作为风险事件的承受者。

（6）第二、第三轮次以此类推。

13.4　保险公司模拟经营基础数据

（1）组建的保险公司名单及成员构成。

（2）现行保险公司的相关产品，归纳整理其完整条款、费率等资料，将其录入系统。

（3）了解在企业经营中，可能涉及的风险事件的性质及发生概率，整理相关数据提供给模拟经营的管理人员。

（4）各公司的产品简介、投保单、退保、变更，支付批单。

13.5　保险公司模拟经营工作内容

13.5.1　模拟经营流程

模拟经营流程图如图 13.1 所示。

13.5.2　主要工作内容

（1）填写财产保险公司名称、法人代表等资料。

（2）录入本公司产品名称、条款及费率。

（3）在保险公司车险产品及相应商业险费率、交强险费率的基础上，对企业车辆进行投保。录单之后，进行缴费。客户可以变更投保单信息，进行投保单注销、退保、变更，支付批单。在发生车险所载明的危险事件后，企业向投保的财产保险公司报案，保险公司查勘确认。

① 投保。客户对车辆投保，保险公司录单、核保，客户缴费等，其中在确定支付前客户可退保、变更。最后保险公司退费。

② 理赔。发生风险事故后，客户向保险公司报案，经保险公司处理、勘探、定损，客户签字后，保险公司进行立案、理算、核赔、支付、结案。期间可由客户和保险公司反复协商决定。

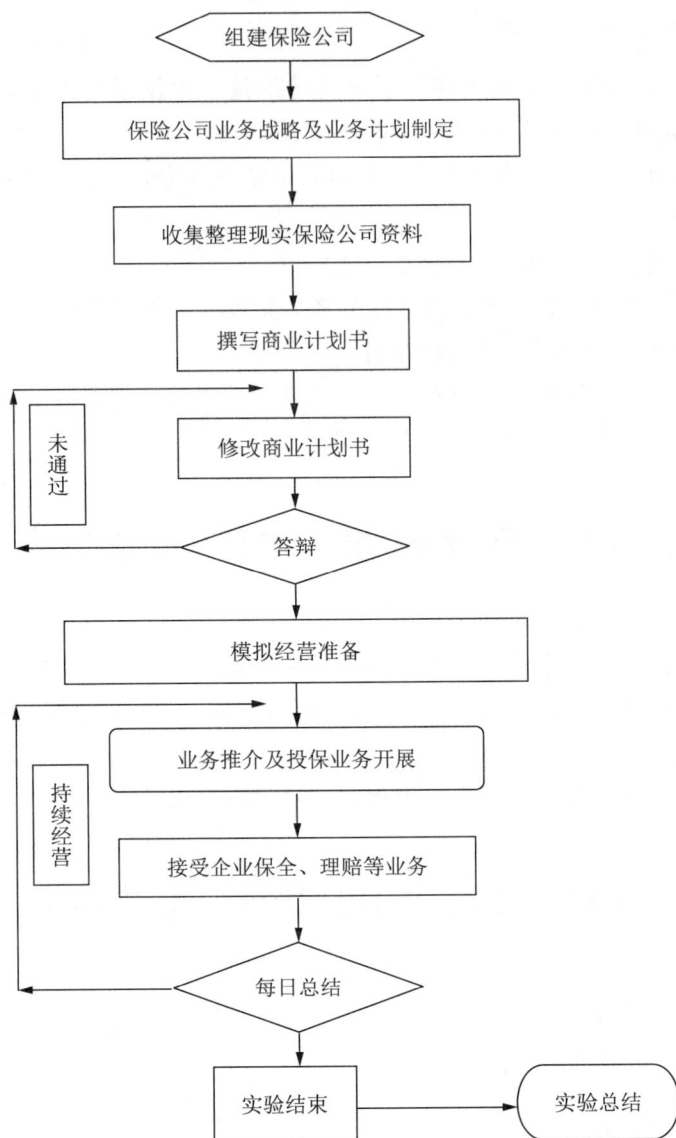

图 13.1　模拟经营流程图

（4）客户填写企业基本信息，向保险公司投保企业财产险。保险公司后对保单进行签字、签收，支付保费，还可以对保单信息进行变更。在发生"企业财产险"合同所载明的危险事件后，向财产保险公司报案，并进行查勘确认、理赔申请，最后确认支付。

①投保。保险公司发布产品，客户向保险公司询价后投保。客户保单签字递交，保险公司核保、签发，客户签收、缴费，投保完成。

②直接投保。保险公司发布产品，客户查看后进行投保——递交保单——保险公司核保、签发——客户签收保单、保费支付——保单生效、投保结束。

③变更。在保费支付前客户可向保险公司或经纪公司进行变更申请、经过保险公司处理后，生成批单，然后客户支付保费生成有效保单。

④ 理赔。发生风险事故后，客户向保险公司进行报案——保险公司受理报案、查勘——客户勘查确认后递交理赔申请——保险公司立案处理、理算、核赔、支付——客户进行赔付确认——理赔过程结束。

13.6 保险公司模拟经营时间安排表

13.6.1 保险公司前期准备阶段安排

保险公司前期准备分为启动培训、自主组队、创业计划书撰写三个阶段，其具体时间安排如表 13.1 所示：

表 13.1 保险公司前期准备阶段安排表

时间	学生主要工作	指导教师主要工作
第一周	相关专业学生参加经济管理项目组安排的动员、宣传和培训（具体时间和地点安排由经济管理仿真综合实验信息系统发布）	对参加经济管理仿真综合实验的学生进行项目实施动员、宣传和培训，明确经济管理仿真综合实验实施的目的、方式和进度安排
第二周	1. 保险学、金融学、市场营销等专业学生按照学生组队规则完成组队工作，并在经济管理仿真综合实验信息系统中进行注册，选择保险公司角色，组成保险公司团队； 2. 参加保险公司计划书撰写指导培训	指导学生按组队规则进行自主组队；对学生提交的自主组队申报表进行审核；对计划书撰写进行培训
第三、四周	1. 完成商业计划书（模板详见第 1 章）和市场分析，提出本公司的业务战略； 2. 参考国内保险公司险种产品，制定本公司财产保险产品及条款； 3. 产品范围主要是企业财产保险和机动车辆保险，学生可适当扩展。实验暂不扩展至责任保险和人身保险； 4. 根据贵州省实际环境、气候及其他情况，做出一年的风险事件及其预测概率	指导学生进行资料收集、计划书的撰写、回答资料收集中遇到的问题
第五周	完成保险公司商业计划书的撰写。要求涵盖： 1. 公司人员安排及职责； 2. 预测风险事件表，包含对风险事件的预测概率风险事件，要求 10 件以上； 3. 本保险公司产品及条款	对商业计划书撰写以及相关内容进行撰写指导
第六周	提交商业计划书并将业务办理所需相关法律法规、办事指南、业务办理表格整理完毕，上传至各小组的网页，以备分管企业咨询、下载	指导教师对商业计划书进行审核、评分；经济管理仿真综合实验信息系统技术人员为参加模拟经营阶段的每轮次各家保险公司开通网站

说明：本表中的第三周至第五周为计划书准备及撰写的时间，本时间段一般安排在暑期进行。

13.6.2 保险公司答辩及经营实战阶段安排

保险公司经营实战阶段分为场景布置、实战经营、总结三个阶段的内容，具体安排如表 13.2 所示：

表 13.2 保险公司经营答辩及经营实战阶段安排表

时间		学生主要工作	指导教师主要工作
第一周		分批次按保险公司答辩标准进行答辩，每家公司答辩时间 40 分钟	对学生的计划书进行审阅、答辩、考评，发布成绩
第二周	第一天	1. 保险公司环境布置； 2. 保险实务系统准备	组织指导学生布置工作场地，指导学生准备保险实务系统，并对相关注意事项进行说明
	第二天、第三天	1. 等待教师进行工作场地布置评比，查缺补漏； 2. 了解保险公司竞赛及评分规则。竞赛主要评分内容为：保费收入、产品线丰富程度、产品条款规范、业务完成情况、客户评价、其他加分项等； 3. 相关保险资料输入保险实务系统； 4. 业务推介。可利用学校平台自行开展。该项为选做项	1. 场地评分，发布成绩； 2. 检查保险公司岗位设置及人员岗位设置情况； 3. 指导学生运用保险实务系统软件
	第四、五天	保险公司业务推介及投保： 1. 按经管综合实验要求开展业务； 2. 在保险实务系统中完成投保业务； 3. 进行业务推介记录相关材料及文档	1. 指导实践进行； 2. 检查公司营运情况，为公司成员提供答疑和指导建议
第三周至第六周第一天		1. 根据系统不定期随机产生风险事件，每天上午公示风险事件发生的相关情况，包括遭受风险的企业名称、风险事件描述、估计风险损失等； 2. 银行账户体现发生风险事件企业的相关损失； 3. 在实务系统中完成相关投保和查勘理赔业务； 4. 接受客户报案理赔申请； 5. 查勘理赔业务相关记录文档； 6. 如符合保险赔付条件，赔付款打入企业银行账户	1. 指导实践进行； 2. 检查公司营运情况，为公司成员提供答疑和指导建议
第七周	第一天	1. 对本公司的经验及不足做出总结； 2. 参加综合实训总结会，对工作情况进行交流总结对经管综合实验的意见建议	1. 组织综合实训总结会； 2. 根据提交的业务产生相关文档、表格对各小组进行评分
	第二天至第五天	对经营实战材料进行汇总，各成员撰写总结报告，根据系统发布的时间提交总结材料	根据材料考核标准进行评分，并最终核算成绩
第八周至第十七周		第二轮次实战，内容同第一轮； 第三轮次实战，内容同第一轮，但本轮次无答辩环节	

说明：周数时间安排会根据实际学期的教学计划调整安排。

13.7 保险公司考核

13.7.1 工作场地评分

指导老师按照标准给出相应分数，这部分分数占团队成绩的 5%。工作场地布置评分标准如表 13.3 所示：

表 13.3 工作场地布置评分标准

评价指标	评价内容	分值
工作场地布置	工作场地布置能体现创新、办事机构的特色	20 分
	相关业务流程及办事流程张贴有序、清晰	25 分
	信息发布及时、规范、准确	20 分
	相关业务资料准备充分	25 分
	工作场地环境整洁、规范	10 分

13.7.2 模拟经营过程考核

指导老师会从文档完整性、服务质量和创新三个方面对在模拟经营阶段的表现进行评分，这一部分占总成绩的 35%，其具体评分细则如表 13.4 所示：

表 13.4 保险公司模拟经营评分标准

评价指标	评价内容	分值
文档内容完整性	内容完整	10 分
产品条款规范性	产品服务条款规范	10 分
产品线丰富程度	产品线较丰富	10 分
保费收入	保费收入较高、客户量多	40 分
业务处理熟练程度	业务熟练，流程清晰	10 分
工作态度及顾客投诉	服务热情、周到，受到企业好评	10 分
教师制定并公开的其他加分项	产品具有特色，服务独到，工作状态好等	10 分

13.7.3 总结及实战材料考核

模拟经营实战结束后，指导老师将组织学生召开总结大会，各参加实战的团队将借助 PPT 对实战环节的表现及工作成果进行展示与总结，指导老师根据展示情况及内容给出总结部分的评分。

总结一周后，各角色向指导老师提交经营实战材料。指导老师根据提交材料的完整性和质量给出该项评分，这一部分占总成绩的 10%，详细的评分标准如表 13.5 所示：

表 13.5　总结及实战材料评分标准

评分环节	评价指标	所占分值
总结	PPT 制作美观、规范、全面	5 分
	总结汇报表述清晰、流畅、完整	15 分
	角色经营、运作情况	10 分
	角色服务情况	10 分
	模拟经营成果	10 分
实战材料		50 分

13.7.4　组织间互评

在模拟经营结束后，外部服务机构会对所服务的各家企业在业务办理过程中的资料准备情况、参与实验的积极性和体现的专业、敬业精神进行评价。各团队的此项得分占其团队总成绩的 5%。外部服务机构对企业的评分标准如表 13.6 所示：

表 13.6　外部服务机构对企业的评分标准

机构信息	机构名称		
	负责人姓名		
公司名称：			
序号	评测内容		分值
1	业务办理的及时性：企业是否在规定的时限内到我机构办理相关业务		20 分
2	业务资料的规范性和完整性：在业务办理中，能否按照我行的要求提供规范和完整的申报表格、财务报表、合同等		40 分
3	参与实验的积极程度		20 分
4	实验过程中体现的专业、敬业精神：企业在办事过程中，工作态度是否体现了严肃、认真、负责的专业精神		20 分
总分			100 分

说明：每家机构依据以上评分表格对所服务的每家企业进行评分，并将各个企业的评分表格随同机构其他资料一起提交。

13.8　保险公司模拟经营部分内容示范

13.8.1　示范内容说明

（1）模拟内容：保险的购买、保单的变更、保险的理赔。

（2）保险公司方为：2013 贵财经实同协财产保险有限责任公司。

（3）模拟产品：公共责任险（产品质量保证保险）。

13.8.2　保险的购买

1. 公司的注册

（1）浙科软件系统学生端，登录账号，创建保险公司。

注册号为：杨超

（2）信息如下：保险公司的信息均按经管实验中本保险公司的真实信息填写，具体如下：

2013 贵财经实同协财产保险有限责任公司（以下简称公司）成立于 2013 年，总部设在贵州财经大学。公司经营区域仅限于贵州省范围内，主要经营海洋货物运输险，工程团体意外险，产品质量保证保险，种猪养殖险等。

法人：王楠

联系电话：1879804****

公司地址：贵州财经大学实验楼

公司类型：财产保险公司

公司名称：贵财经实同协财产保险有限责任公司

13.9　保险公司所需文档附件

附表 1

20XX 贵财经实保险公司组建名单表

序号	公司名称	负责人及电话	主要成员及电话	其他成员名单
1	2011 贵财经实保险公司			
2	2011 贵财经实保险公司			
3	2011 贵财经实保险公司			
4	2011 贵财经实保险公司			
5	2011 贵财经实保险公司			
6	2011 贵财经实保险公司			

附表 2

20XX 贵财经实保险公司人员安排及职责

填报日期：

姓名	性别	角色或职责	专业年级	电话

附表 3

20XX 贵财经实保险公司预测风险事件表

调查填表人：　　　　　20×× 贵财经实保险公司　　　　　填写日期：

风险事件名称：

栏目	内容	资料来源
风险事件描述		
风险事件相关数据（国内、省内等地区该风险事件的发生概率、危害损失等的统计数据）		
建议对策措施（非保险类）		
可以转移该风险的保险产品简介		

附表 4

20XX 贵财经实保险公司产品一览表

联系人及电话：

产品名称	说明	产品模本	随表报送的产品模本电子文档名称
		公司 险种	
		公司 险种	
		公司 险种	

讨论与思考

1. 在国外，一个家庭买保险是很正常的事情，为什么在中国较为困难？

2. 保险行业的发展，应该重点强化销售人员，还是应该在产品的硬性营销上下功夫？

3. 随着人们生活方式日趋个性化，你认为还能够新增哪些险种？

第14章 电子商务企业模拟经营

> 必须先去了解市场和客户的需求，然后再去找相关的技术解决方案。
>
> ——马云

在本章，你将了解到以下内容：

——什么是电子商务企业

——经济管理仿真综合实验电子商务企业模拟经营流程

——电子商务企业分类

——电子商务企业平台建设

——经济管理仿真综合实验中电商企业如何实现第三方交易平台

14.1 电子商务企业概述

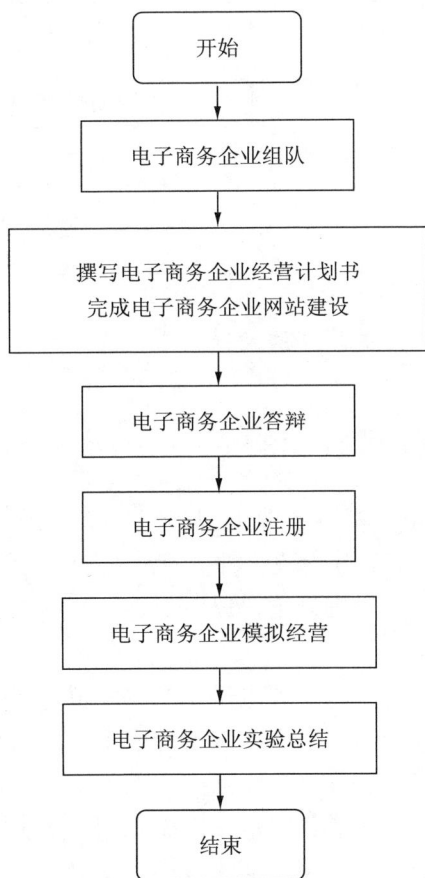

电子商务，涵盖的范围很广，一般可分为企业对企业（B2B），企业对消费者（B2C），个人对消费者（C2C），企业对政府（B2G），线上对线下（O2O），商业机构对家庭消费（B2F）等模式。随着国内 Internet 使用人数的增加，利用 Internet 进行网络购物并以银行卡付款的消费方式已日渐流行，市场份额也在迅速增长，电子商务网站也层出不穷。

电子商务是一个不断发展的概念。经济管理系统仿真综合实验环境中的电子商务企业由电子商务专业学生组成，每轮综合实验包含 2 ～ 3 个电子商务企业，该企业由 6 ～ 9 人组成。企业在统一的平台上，为参与综合实验的各公司、政府、银行等角色提供电子商务服务。电子商务企业提供的服务包括平台维护、信息收集与发布、网络广告、企业网页设计与制作、企业特色服务（该服务为学生自创性服务，为加分项）等。电子商务企业经营总体流程图如图 14.1 所示：

图 14.1 电子商务企业经营总体流程图

14.2　电子商务企业模拟经营流程

电子商务企业在经济管理仿真综合实验中属于外部服务机构，一般来说本实验每 2 天为一个季度，总共进行 6 个季度，共计 12 天（具体时间分配以指导教师给定的规则为准）。表 14.1 是电子商务企业一个轮次中每天需要完成的工作示例。

表 14.1　电子商务企业每季度工作示例

时间	学生主要工作	指导教师主要工作
第一季度	完成电子商务企业注册	解答相关疑问
第二季度	维护公司网站 进行公司业务推广和营销 签订电子商务服务合同	解答相关疑问，检查公司平台搭建情况
第三季度	完成电子商务服务合同	解答相关疑问
第四季度	完成电子商务服务合同 提交电子商务企业岗位工作日记录表 与企业签订合同 合同跟踪表 创新电子商务内容手册	解答相关疑问，检查电子商务企业相关业务和文档
第五季度	完成电子商务企业评分 1. 教师进行电子商务企业业务总体质量评分（基础业务分＋创新业务分） 2. 企业内部互评 3. 合同企业评分	根据考核标准汇总最终成绩并发布
第六季度	对上一轮工作进行总结	
第二轮次	内容同第一轮	

小贴士：注册等工作请参照政府及相关角色所提供的办理流程。

14.3　电子商务企业模拟经营背景

在经济管理仿真综合实验中，我们给予每家电子商务企业 10 万元的启动资金。由于模拟环境的局限性，在实验中电子商务企业所要上交的基本税费种类有：增值税、所得税、城建税等，具体的纳税规则由实验中的相关角色给予详细规定，以下对电子商务企业以及电子商务税收的相关概念做出简要解释。

电子商务及电子商务税收征管的概念：电子商务是指实现电子化的整个贸易活动，是一种网络化的新型经济活动，即基于互联网、广播电视网和电信网络等电子信息网络的生产、流通和消费活动，以实现整个商务过程的电子化、数字化和网络化，而不仅仅是基于互联网的新型交易或流通方式。其特点是无址化、无纸化、无形化、无界化。电子商务税收征管是税务机关依据有关法律法规的规定，对电子商务税款征收过程进行组织、管理、检查等一系列工作。其基本原则：一是以现行税收制度为基础，针对电子商务的特点，对现行税收制度做必要的修改和补充；二是确保公平、公正、公开，保持税收中性的原则；三是维护国家税收利益，谋求与国际接轨的原则。

14.4　电子商务企业平台建设要求

企业网站是企业展示自身形象、发布产品信息、联系网上客户的新平台、新天地，进而可以通过电子商务开拓新的市场，以极少的投入获得极大的收益和利润。企业网站建设分为四步：申请域名（域名备案）、申请空间、网站风格设计、网站代码制作。

一般企业网站建设包括：网站策划、网页设计、网站推广、网站评估、网站运营、网站整体优化，网站建设的目的是通过网站达到开展网上营销，实现电子商务的目的。网站建设首先由网络营销顾问提出低成本高回报的网络营销策划方案。通过洞悉项目目标客户群的网络营销策略，引发、借力企业与网民，以至网民与网民之间的互动，使企业以最小的营销投入，超越竞争对手，获得更高效的市场回报。营销网站前期策划作为网络营销的起点，规划的严谨性、实用性将直接影响到企业网络营销目标的实现。网站建设商以客户需求和网络营销为导向，结合自身的专业策划经验，协助不同类型企业，在满足企业不同阶段的战略目标和战术要求的基础上，为企业制定涵盖如下几个方面的网站规划方案：

（1）建立企业电子商务网站的目的；

（2）实现网络交易和业务；

（3）实现多点信息互动；

（4）建立完整的交易体系；

（5）以完整的仓储物流管理作为支撑；

（6）加强客户关系管理；

（7）企业电子商务网站的主要功能；

（8）品牌传播：企业宣传、企业新闻、品牌广告宣传；

（9）产品营销：商品展示、信息检索、在线预订商品、交易磋商、网上支付；

（10）客户服务：客户实时互动、客户留言反馈、增进客户关系、产品推送；

（11）信息管理与分析：及时地接收、处理、传递与利用相关信息并使这些信息有序和有效地流动起来。

14.5　电子商务企业模拟实战

1. 需要完成的项目

以供应商、制造商、政府、保险、银行等为对象，向其推广本企业的电子商务服务产品，给出产品的宣传资料（包括产品介绍、收费细则等）。一般来说，电子商务服务产品可包括以下几种，同学们可以选择完成（鼓励创新）。

（1）交易型电子商务服务产品。交易型电子商务服务产品为促进买卖双方交易的电子商务服务产品，如诚信通、买卖通等，如图 14.2 所示：

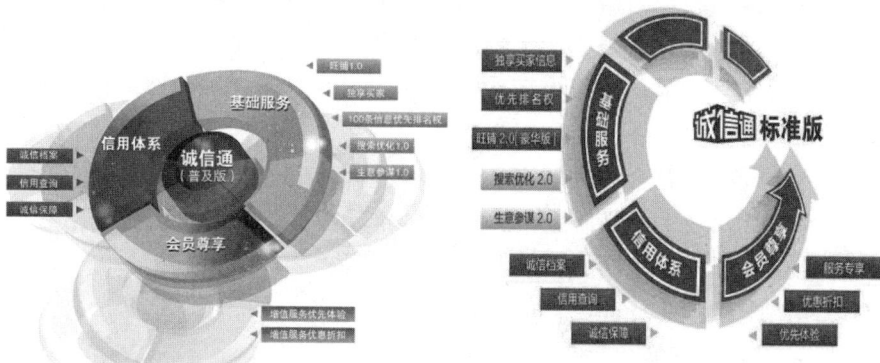

图 14.2　交易型电子商务企业示例

（2）服务外包型电子商务服务产品。服务外包型电子商务服务产品指企业以合同的方式委托专业电子商务服务商为企业提供部分或全部的信息技术、产品或服务功能，从企业在互联网上的"包装""宣传"和"销售"三个要点出发，提供以网站建设、网站推广和网上贸易为重点，相关服务为辅助的一系列服务。代表企业如图 14.3 所示：

成功案例

图 14.3　服务外包型电子商务企业示例

（3）技术服务型电子商务服务产品。代表企业如图 14.4 所示：

图 14.4　技术服务型电子商务企业示例

（4）支付型电子商务服务产品。代表企业如图 14.5 所示：

图 14.5　支付型电子商务企业示例

（5）物流快递型电子商务服务产品。代表企业如图 14.6 所示：

图 14.6　物流快递型电子商务企业示例

（6）认证型电子商务服务产品。代表企业如图 14.7 所示：

图 14.7 认证型电子商务企业示例

2. 提高电子商务服务质量途径

电子商务需求一直是驱动互联网发展的强大动力。互联网的未来在于电子商务，电子商务的未来在于电子商务服务。以电子商务服务为核心的电子商务将成为促进电子商务应用、创新和发展的重要力量。以下从电子商务交易过程来进行各阶段的服务分析。

（1）电子商务的交易前服务。在交易前阶段，实际上是买家对信息的收集及对多个卖家间进行比较的过程。比较内容包括卖家的服务态度、卖家的信用等级、产品价格、配送周期、售后服务措施等。

（2）交易平台服务——网站速度。这是顾客对网上商店的第一印象，往往影响顾客的购物心理，这其实也是所有网站应该具备的最基本的素质，谁也不愿意在一个速度极为缓慢的网站体验网上购物的折磨，正常情况下完成一个订单往往也要10分钟甚至更长，因此，网站的蜗牛速度是促使顾客走开的最大理由。无论是独立自营网站的企业还是借助于网络公司服务平台的企业，都有义务向顾客提供一个舒适、高效的商务环境。

（3）产品查询服务。网站吸引顾客只是第一步，然后能否产生商务活动还是由产品本身决定。让顾客更好更快更准确地找到产品就是从事电子商务的企业与个人必须做到的。网上购物者多为理智型的消费者，事先对所需商品特性、价格等有一定的了解，上网之后，一般会到合适的分类目录中查找，如果知道商品名称，也许会直接查询，如果找不到合适的目录或者查询没有结果的话，这个顾客也许很快会离开这个网站，他最有可能去的地方，就是竞争者的网站，相信这是网站经营者最不愿意看到的结果。产品进行正确的分类管理和提供方便的查询方式是卖家的重要竞争条件。让消费者找到你，找到他需要的东西就是找到我们的商务之门和成功之路。

（4）产品信息服务。当选定一件产品后，仔细查看说明是必不可少的一个步骤。电子商务上的产品说明更多的是靠图片、文字描述等，可依赖于网络传递的数据信息，即使是一本书，购物者也会看一下内容提要、作者简介、目录之类的介绍，如果是一件价值较高的产品，想必更希望了解详细的资料：外观、功能、体积、重量、品质等。并非每个网站都能满足消费者的要求，如果得不到详细的信息，这次购物也许不会成交。当然产品的描述应该是与实物相符而不应为了吸引顾客夸大事实，欺骗消费者。

（5）提供服务条例。卖家应在交易前做好详细的相关声明，明确权责，确保沟通无障碍，描述无歧义，理解无偏移。同时帮助消费者进行很好的产品及服务定位，避免出现消费者期望过高，心理落差大导致的消费者对服务质量不满意现象。

3. 完成电子商务服务合同

严格按照合同内容执行，并且要求企业高管有检查激励机制，教师根据合同执行情况评分。在签订合同后，须将合同送至指导教师处登记，如遇到违约违规等情况，将按合同签订方案进行相应的赔偿。电子商务服务合同模板请见合同范本一，以供同学们参考。

小贴士：经济管理仿真综合实验的模拟实战过程是按照事先制定的一套体系，在高仿真的环境中进行的，与之前同学们所撰写的计划书是独立的两个部分。

14.6　第三方交易平台运作过程

在经济管理仿真综合实验中，制造商可以在电子商务企业投放企业宣传项目，如产品广告（图片，文字等），视频，企业网站建设等，根据投放资金及所签订合约的电子商务企业最终做出的效果，由指导教师按照一定的系数计算，得到一个营销系数加成的百分比，放入制造商的当季营销系数中。

电子商务企业是作为供应商及制造商企业的第三方交易平台而存在，实验将每一轮的供应商、制造商、电子商务企业划分为三个区域（A、B、C），每个区域的三种企业数量相等，具体的运作过程如图 14.8 所示：

经济管理综合仿真实验中，供应商及制造商双方线下交易是通过订货会完成的，订货会仅限在同一区域的供应商和制造商参加，由当地的电子商务区域来组织举办本区域的订货会。当地电商企业需要在教师的指导下提前准备好供销合同，并对在订货会上谈判成功达成协议的制造商、供应商双方进行登记，最后电商企业还要将订货会的数据整理汇总后进行信息公布（挂网）。

对于不同区域的制造商和供应商要进行买卖交易时，则必须通过电子商务企业。供应商可以在 3 家电子商务企业中任意选择一家，将其要销售的产品数量及定价以及一些产品广告要求告知电子商务企业，由电商将其放入第三方销售平台（电商网站），制造商通过电商平台来采购自己认为合适的产品，电子商务企业会收取一定的服务费用。

小贴士：具体的供应商及制造商的买卖规则可参见对应角色的模拟实战部分内容。电子商务企业的具体收费方案由指导教师根据实际的情况制定规则，企业的初始资金及所需支付的运营成本（如行政管理费，租金等）也会在实验之前具体给出。

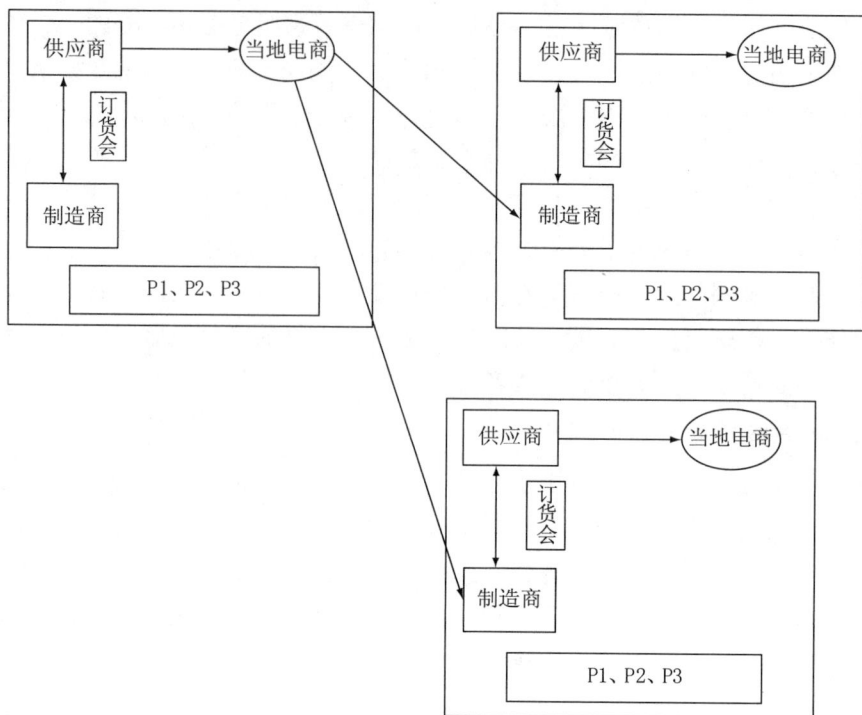

图 14.8　第三方交易平台结构示意图

经济管理综合仿真实验中，供应商及制造商双方线下交易是通过订货会完成的，订货会仅限在同一区域的供应商和制造商参加，由当地的电子商务区域来组织举办本区域的订货会。当地电商企业需要在教师的指导下提前准备好供销合同，并对在订货会上谈判成功达成协议的制造商、供应商双方进行登记，最后电商企业还要将订货会的数据整理汇总后进行信息公布（挂网）。

对于不同区域的制造商和供应商要进行买卖交易时，则必须通过电子商务企业。供应商可以在 3 家电子商务企业中任意选择一家，将其要销售的产品数量及定价以及一些产品广告要求告知电子商务企业，由电商将其放入第三方销售平台（电商网站），制造商通过电商平台来采购自己认为合适的产品，电子商务企业会收取一定的服务费用。除此以外，电商企业还可以拉广告推广业务，收取一定的广告费用。

小贴士：由于制造商平台和电商平台尚未融合，加之电子商务平台无法在线交易，所以，需要由电子商务企业组织供应商与制造商的交易线下完成，并在确认钱货两清后，在制造商平台录入制造商购买的原材料数量，为其原材料入库。

14.7　电子商务成绩考核

电子商务企业准备阶段指导教师会从场地的布置，信息的发布，业务资料准备及工作环境等方面进行评判，评分标准如表 14.2、表 14.3 所示：

表 14.2　电子商务企业准备阶段评分标准

评价指标	评价内容	分值
工作场地布置	工作场地布置能体现创新、办事机构的特色	20 分
	相关业务流程及办事流程张贴有序、清晰	25 分
	信息发布及时、规范、准确	20 分
	相关业务资料准备充分	25 分
	工作场地环境整洁、规范	10 分

表 14.3　电子商务企业团队考核评价体系

评价指标	所占比重
组队成绩	5%
计划书撰写	15%
计划书答辩	15%
实战环节——场地布置	5%
实战环节——模拟经营实战情况	35%
总结及实战材料	10%
组织间评价	5%

指导老师会从岗位设置、电子商务服务质量和创新三个方面对电子商务企业在模拟经营阶段的表现进行评分，详细的评分标准，如表 14.4 所示：

表 14.4　电子商务企业模拟经营评分标准

评价指标	指标要求
岗位设置合理（30 分）	分工明确，工作高效，团队协作强
电子商务服务质量完整（30 分）	与客户保持良好的沟通，提供令客户满意的服务
创新强（40 分）	为企业制作的电子商务相关产品设计新颖、具有独创性

14.8　电子商务相关文档

合同范本 1：

电子商务运营合作协议

贵财经实 *** 电子商务公司

甲方：_____（以下简称甲方）

乙方：贵财经实 *** 电子商务公司 （以下简称乙方）

甲乙双方经平等、友好协商，根据《中华人民共和国合同法》的规定，就双方合作建立官方电子商务网上商城淘宝第三方电子商务销售渠道（以下简称网上合作平台）的运营外包服务达成如下协议，并愿意在此基础上双方共同遵守，精诚合作，互相支持，共同发展。

第一章 总则

1．合作内容：甲方是拥有包括 ×××_品牌、设计、生产、经销及零售实体。乙方是一家专注于从事面向消费者的电子商务（B2C）外包运营的公司，乙方以自身的技术实力和在电子商务方面的运营经验和能力，双方合作运作以销售甲方拥有的品牌商品为目的的电子商务平台。

2．合作条件：甲方品牌在互联网上的商标使用权，商标使用权再授权，以及产品的分销权、零售权。乙方拥有建设并运营面向最终消费者的电子商务网上商城（B2C）的能力。

3．合作方式：甲方通过互联网等非线下实体店铺的形式向最终消费者销售可授权的品牌商品，乙方为甲方该项业务提供外包运营服务，该外包运营服务包括网店建设、网店运营、广告推广、客户服务、收款结算等服务。乙方负责，物流配送，甲方授权乙方在淘宝、拍拍平台的网络销售经营权，甲方授权乙方开立 ××××_品牌淘宝、拍拍的专卖店。除上述甲方明确授权的网站外，乙方不得在其他网站经营甲方的品牌。双方建立电子商务战略合作关系。甲方并按本协议第三章的约定向乙方支付建设及运营服务费。

4．双方约定：淘宝商城专卖店上线时间为： _____ 年 ____ 月 ____ 日。

淘宝旺铺： _____ 年 ____ 月 ____ 日。

5．双方约定：拍拍旗舰店上线时间为：2010 年 4 月 1 日。

6．合作区域：中国大陆。

7．合作及授权期限：自本协议签订之日起至 _____ 年 ____ 月 ____ 日。

第二章 权利及义务

A．甲方权利及义务

1．甲方保证在互联网上所销售商品的合法性，并对所提供的所有产品承担所有责任，包括并不限于知识产权、产品质量等。

2．甲方制定网上合作平台的产品零售指导价格。乙方承诺不以低于甲方零售指导价的价格出售。甲乙双方共同制定面向会员的促销原则，乙方可在该原则下制定促销计划，经甲方书面同意后方可执行具体促销计划。

3．甲方负责提供网上合作平台所售商品并保证稳定的库存。

4．甲方应向乙方提供为建设网上合作平台所需要的有关产品图片、信息、介绍、市场及宣传等文档内容；甲方负责协助办理网上合作平台经营许可的各种资质。

5．甲方有义务依照双方共同制定的客户服务规范对网站销售的产品进行退换货处理。

B．乙方的权利及义务

1．乙方拥有非甲方提供的网上合作平台的后台信息系统、操作规范等的知识产权。

2．乙方应确保乙方运营的网上合作平台的信息系统性能满足合作需要的技术规范。

3．乙方不得在线下销售甲方提供的货品。

4．乙方保证妥善保管代销货品。在乙方保管期间发生的货物灭失或毁损（不包括不可抗力造成的）由乙方承担全部的损失。

5．乙方负责网上合作平台的网店设计、网店建设、网店运营、网店推广、电话客服。

6．乙方应于每周结束的次日，每月结束的 3 日内，每年结束的次月 10 日前向甲方提供每周、月、年的销售报表、销售分析、退换货分析、当前库存数据分析以及客户浏览记录和购买习惯分析。

7．乙方应在甲方书面批准的市场推广方式内开展推广活动。

8．乙方负责第三方网上商城的日常推广、节庆等特殊促销活动的策划及实施，但需得到甲方书面批准。

10．除本合同明确授权外，乙方不得在其他场合使用　××××　品牌，不得再授权其他单位网络经营　××××　品牌。乙方不得销售任何假冒或仿冒　××××　品牌的产品，不得做出任何侵害　××××　品牌的知识产权的行为，否则甲方有权立即单方解除本合同，乙方应承担相应的违约及侵权责任并赔偿甲方由此所遭受的实际损失。

11．乙方在销售活动中不得损害国家利益、社会公共利益、消费者权益和他人合法权益，也不得损害甲方权益，不得做出有损　××××　品牌形象的行为，否则由此产生的责任概由乙方自行承担，并且甲方有权单方解除本合同。

第三章　网店建设费及收益分配

1．甲方须向消费者开具商品销售发票。

2．甲方因在合同签订日支付 10000 元给乙方，作为网店平台建设费（图片拍摄、图片优化、网店整体设计等）。

3．甲方同意乙方提取甲方产品的销售差额和佣金作为收益。

3.1　佣金：甲方同意乙方从实际销售出去的甲方产品零售指导价格中提取一定比例的佣金作为乙方的外包服务报酬。佣金＝实际销售出去的产品的零售指导价格 ×5% 的佣金比例。

3.2　销售差额：甲方允许乙方在甲方批准的产品零售指导价格的基础上上浮一定比例销售，并将该销售差额作为乙方的收益。销售差额＝产品实际销售价格—产品零售指导价格。产品实际销售价格指产品实际销售给终端客户的价格；产品零售指导价格是甲方制定并与乙方结算的价格。

4．配送与结算

4.1　关于商品的物流配送方式双方约定：由甲方负责仓储和对消费者的发货。产品的所有权在销售给消费者之前均属于甲方所有，乙方不享有产品的所有权。

4.2　乙方在客户服务时接到客户反映发现有甲方多发、错发的货物的，应做好详细记录，同时应立即通知甲方。

4.3　甲方将按照《中华人民共和国产品质量法》、《中华人民共和国消费者权益保护法》及其他法规、部门规章和国家强制性标准的规定，对存在质量问题的售出商品提供无条件退换货服务，对非商品质量问题（商品不影响二次销售）的售出商品提供 7 日内可退换货服务、15 日内可换货服务。甲方通过乙方售出的商品，由乙方代表甲方为购买用户完成上述售后服务。

4.4　淘宝商城网店申请时，乙方按照淘宝商城规定交纳所需费用，保证金＝10000 元（用于交易纠纷的赔付），服务费＝实时划扣技术服务费 + 技术服务费年费。

4.4.1　实时划扣技术服务费＝支付宝成交额（不含邮费）× 商品对应的技术服务费率。

4.4.2　技术服务费年费：6000 元 / 年（商户需在入驻时一次性交纳）。

4.5 双方以自然月为对账结算周期，乙方财务人员应于每月 10 日前向甲方出具上一对账周期实际发生的结算金额对账通知单，甲方在收到乙方对账通知单 5 个工作日内将对账通知单回执返回至乙方。如甲方对乙方提供的对账单有异议，双方可通过对账方式进行核对。双方对结算对账单确认无误后 3 个工作日内，乙方应在每月 15 日至 20 日期间向甲方账户汇入上月的货款（扣除当月的佣金）。

5. 乙方向甲方快递对账及相关资料等快递费用及运输费由甲方承担。

第四章 业务运行与客户服务

1. 市场推广包含以下方面：

1.1 互联网推广：乙方可以通过各种合法的网上推广方法进行业务推广。

1.2 呼叫中心：乙方可以通过语音交互平台、传真、电话中心客服人员进行电话外呼销售。

1.3 媒体推广：包括报刊广告、邮购目录、宣传手册、海报张贴、小礼品等。

1.4 其他推广：包括与移动运营商、互补品牌合作推广、与有关商家合作推广、登门访问、参加展示会、客户服务见面会等。

乙方提交相应的推广提案给甲方，在获得甲方的书面批准及相应的支持下进行以上各种推广方式。甲方可视乙方的销售业绩，给予乙方相应的市场推广费用及促销支持，具体由甲方制定。

2. 甲乙双方应当建立项目执行小组，该小组包括：

2.1 项目经理：项目经理负责合作期间的项目协调与沟通。

2.2 编辑：乙方负责制定官方网上商城推广计划、广告页面以及投放，甲方负责相关产品文案及推广时所用礼品等。

2.3 技术：乙方技术人员负责向甲方提供甲方进行业务运营分析所必要的运营数据。甲乙双方技术人员对此数据进行定期维护。乙方按照双方商定的官方网上商城技术规范负责运营，甲方负责监督。

2.4 仓存：甲方负责向乙方定期提供所有可销售商品的详单，并根据补货清单安排配货。

2.5 财务：乙方财务人员负责定期对官方网上商城所售商品对账、结算，确认乙方佣金金额。

2.6 客服：甲乙双方共同制订官方网上商城的客户服务规范。乙方负责执行，甲方负责监督。

3. 客户退换货服务

3.1 甲方应负责为用户提供合格的商品。

3.2 甲方应对官方网上商城用户提供退换货服务。

第五章 商业保密条款

1. 商业秘密：任何一方公开或未公开的任何技术信息和经营信息，包括但不限于：产品计划、销售计划、奖励政策、客户资料、财务信息等，以及非专利技术、设计、程序、技术数据、制作方法、资讯来源等，均构成该方的商业秘密。

2. 保密：双方对在本协议下知悉的另一方的任何商业秘密均负有保密义务，任何一方在任何时候均不得向第三方披露另一方的商业秘密，非经另一方书面许可不得向任何第三方泄露。任何一方违反本条规定的，应全额赔偿另一方因此遭受的全部直接和间接损失。如果损失难以计算，则按 1 万元计算。

3．本协议终止后至少 3 年内，双方仍然负有本条款项下规定的保密义务。

第六章　违约责任

1．甲乙双方任何一方严重违反本协议，造成本合同约定的合作业务无法经营或由于一方不履行本协议规定的义务、经通知纠正后 15 日内仍未纠正的，视做根本违约，守约方有权解除本协议。如双方同意继续合作，违约方仍应赔偿守约方的经济损失。

2．乙方保证所提供的技术设备的正常运作，如完全因乙方技术设备原因给消费者造成相关损失，由乙方承担所有责任。

3．如因为不可抗力导致技术故障，进而影响服务的不能履行或履行延误，从而导致消费者理解错误而造成的任何损失，双方均不负责任。

4．不可抗力：在合作期间，由于地震、台风、水灾、火灾、战争或其他不能预见并且对其发生和后果不能防止和避免的不可抗力事故，致使协议的履行直接被影响或者不能按约定的条件履行时，遇有上述不可抗力事故的一方，应立即将事故情况电报通知对方，并应在 15 天内提供事故的详细情况及协议不能履行、或者部分不能履行、或者需要延期履行的理由的有效证明文件。按照事故对协议的履行的影响程度，由双方协商决定是否解除协议、或者部分免除履行协议的责任、或者延期履行协议。

5．乙方逾期支付货款的，应承担逾期付款金额每日千分之三的违约金，超过 15 日仍未支付的，甲方有权解除本协议。但因为对方过错所致支付延迟，则支付方不承担此违约责任。

第七章　争议解决方式

1．一切由执行合同引起或者与合同有关的争议，均应友好协商解决，协商不成时应向乙方所在地人民法院起诉。

2．本合同未涉及的部分，均按《中华人民共和国合同法》及其他相关法律法规的有关规定执行。

第八章　协议的生效、终止及其他

1．本协议自双方授权代表签字、盖章之日起正式生效，有效期 1 年。协议期满前 1 个月若双方均未以书面形式提出异议，则本协议自动延期 1 年，延期期数没有限制，直到双方提出异议为止。

2．若本合同终止或解除后双方不再续签新的合同的，则乙方应在合同终止后的 7 日内清除完毕网站上的所有 ×××× 品牌标志和广告宣传，并将甲方产品和其他属于甲方的财产完好地归还甲方。

3．对本协议内容做出的任何修改和补充应为书面形式，由双方授权代表签字后成为协议不可分割的部分。

4．本协议及其附件为中文本，共肆份原件，均具同等法律效力，双方各执两份为凭。

5．本协议未尽事宜，须经双方另行协商并签署书面文件，与本协议具有同等法律效力。

6．对协议及附件的任何变更或修改均以书面形式确认，并需甲乙双方代表签字方为有效。

甲方（盖章）：　　　　　　　　乙方（盖章）：贵财经实×××电子商务公司

授权签字：　　　　　　　　　　授权签字：

签署时间：　年　月　日　　　　签署时间：　年　月　日

地址：　　　　　　　　　　　　地址：

电话：　　　　　　　　　　　　电话：

传真：　　　　　　　　　　　　传真：

联系人：　　　　　　　　　　　联系人：

邮编：　　　　　　　　　　　　邮编：

开户银行：　　　　　　　　　　开户银行：

账号：　　　　　　　　　　　　账号：

账号名称：　　　　　　　　　　账号名称：贵财经实×××电子商务公司

合同范本 2：

电子商务合同

合同编号：＿＿＿＿＿＿＿＿＿＿

卖方：＿＿＿＿＿＿＿＿＿＿＿＿＿＿＿＿＿＿＿＿＿＿＿＿＿＿

法定住址：＿＿＿＿＿＿＿＿＿＿＿＿＿＿＿＿＿＿＿＿＿＿

法定代表人：＿＿＿＿＿＿＿＿＿＿＿＿＿＿＿＿＿＿＿＿

职务：＿＿＿＿＿＿＿＿＿＿＿＿＿＿＿＿＿＿＿＿＿＿＿＿＿＿

委托代理人：＿＿＿＿＿＿＿＿＿＿＿＿＿＿＿＿＿＿＿＿

身份证号码：＿＿＿＿＿＿＿＿＿＿＿＿＿＿＿＿＿＿＿＿

通讯地址：＿＿＿＿＿＿＿＿＿＿＿＿＿＿＿＿＿＿＿＿＿＿

邮政编码：＿＿＿＿＿＿＿＿＿＿＿＿＿＿＿＿＿＿＿＿＿＿

联系人：＿＿＿＿＿＿＿＿＿＿＿＿＿＿＿＿＿＿＿＿＿＿＿＿

电话：＿＿＿＿＿＿＿＿＿＿＿＿＿＿＿＿＿＿＿＿＿＿＿＿＿＿

传真：＿＿＿＿＿＿＿＿＿＿＿＿＿＿＿＿＿＿＿＿＿＿＿＿＿＿

账号：＿＿＿＿＿＿＿＿＿＿＿＿＿＿＿＿＿＿＿＿＿＿＿＿＿＿

电子信箱：＿＿＿＿＿＿＿＿＿＿＿＿＿＿＿＿＿＿＿＿＿＿

买方：＿＿＿＿＿＿＿＿＿＿＿＿＿＿＿＿＿＿＿＿＿＿＿＿＿＿

法定住址：＿＿＿＿＿＿＿＿＿＿＿＿＿＿＿＿＿＿＿＿＿＿

法定代表人：＿＿＿＿＿＿＿＿＿＿＿＿＿＿＿＿＿＿＿＿

职务：＿＿＿＿＿＿＿＿＿＿＿＿＿＿＿＿＿＿＿＿＿＿＿＿＿＿

委托代理人：＿＿＿＿＿＿＿＿＿＿＿＿＿＿＿＿＿＿＿＿

身份证号码：＿＿＿＿＿＿＿＿＿＿＿＿＿＿＿＿＿＿＿＿

通讯地址：_____

邮政编码：_____

联系人：_____

电话：_____

传真：_____

账号：_____

电子信箱：_____

买卖双方本着公平、自愿、互惠互利的原则，根据《中华人民共和国合同法》，经协商一致，就_____电子商务签订本协议。

第一条　商品基本状况

1．商品名称：_____

2．品质／规格：_____

3．单位：_____

4．数量：_____

5．产地：_____

第二条　商品价款

商品单价为_____，总价为_____×_____＝_____（元）。

共计：_____（大写）元。

第三条　支付条款

1．付款程序选择以下第_____种：

（1）先付款后发货；

（2）先发货后付款。

2．双方商定选择以下第_____种付款方式：

（1）银行汇款

买方开户行：_____

账号：_____

（2）邮局汇款

收款地址：_____

收款人：_____

3．根据上述选择的付款方式，买方应承担汇款发生的相关银行、邮局费用。

第四条　装运

1．装运时间：_____

2．装运地：_____

3．最终目的地：_____

4．货运单位：_____

5．买方应承担货运发生的一切费用。

第五条　包装

1．卖方须用_____包装。以宜于长途海运／邮寄／空运及适应气候的变化，并具备良好的防潮抗震能力。

2. 由于包装不良而引起的货物损伤或由于防护措施不善而引起货物锈蚀，卖方应赔偿由此而造成的全部损失费用。

3. 包装箱内应附有完整的维修保养、操作使用说明书。

4. 卖方应在每个货箱上用不褪色油漆标明箱号、毛重、净重、长、宽、高并书以"防潮"、"小心轻放"、"此面向上"等字样。

第六条 发货通知

卖方应在发货后 _____ 工作日内向买方或委托 _____ 向买方发出发货通知。

第七条 退货

1. 买方在到货日两天内有权利提请退货，但必须承担退货产生的一切费用，此外还将提取货款的 _____% 支付卖方作为赔偿。到货日以运输单位到货凭据为准。

2. 买方在到货日两天后不得退货，到货日以运输单位到货凭据为准。

第八条 迟延交货

如果卖方因自身原因未能按合同规定按时交付所有或部分货物（包括达成一致的文件），则应向买方支付罚金、罚金应按迟发货物每 3 天收取迟交货物总金额的 _____% 计算，少于 3 日应视为 3 日。

第九条 终止合同

除非另有规定，本合同在下述任一情况下终止：

（1）通过双方共同书面协议；

（2）如果另一方完全因其责任在合同规定的时间期限内未履行其义务，程度严重，并且在收到未违约方的书面协议后 _____ 日内未能消除违约影响或采取补救措施，在此种情况下，非违约方应给另一方书面通知来终止合同。

第十条 产品质量责任

1. 卖方销售的商品质量必须是符合质量标准（国家标准）的合法商品（产品）。

2. 卖方承诺承担由于其产品质量出现问题时给买方所造成的全部损失。

第十一条 赔偿费

因人力不可抗拒而推迟或不能交货者除外，如果卖方不能交货或不能按合同规定的条件交货，卖方应负责向买方赔偿由此而引起的一切损失和遭受的损害，包括买价及／或买价的差价、空舱费、滞期费，以及由此而引起的直接或间接损失。买方有权撤销全部或部分合同，但并不妨碍买方向卖方提出索赔的权利。

第十二条 声明及保证

卖方：

1. 卖方有权签署并有能力履行本合同。

2. 卖方签署和履行本合同所需的一切手续 _____ 均已办妥并合法有效。

3. 在签署本合同时，任何法院、仲裁机构、行政机关或监管机构均未做出任何足以对卖方履行本合同产生重大不利影响的判决、裁定、裁决或具体行政行为。

买方：

1. 买方有权签署并有能力履行本合同。

2. 买方签署和履行本合同所需的一切手续 _____ 均已办妥并合法有效。

3. 在签署本合同时，任何法院、仲裁机构、行政机关或监管机构均未做出任何足以对买方履行本合同产生重大不利影响的判决、裁定、裁决或具体行政行为。

第十三条　保密

双方保证对在讨论、签订、执行本协议过程中所获悉的属于对方的且无法自公开渠道获得的文件及资料（包括商业秘密、公司计划、运营活动、财务信息、技术信息、经营信息及其他商业秘密）予以保密。未经该资料和文件的原提供方同意，另一方不得向任何第三方泄露该商业秘密的全部或部分内容。但法律、法规另有规定或双方另有约定的除外。保密期限为 _____ 年。

第十四条　通知

1. 根据本合同需要一方向另一方发出的全部通知以及双方的文件往来及与本合同有关的通知和要求等，必须用书面形式，可采用 _____（书信、传真、电报、当面送交等）方式传递。以上方式无法送达的，方可采取公告送达的方式。

2. 各方通讯地址如下：_____。

3. 一方变更通知或通讯地址，应自变更之日起_____日内，以书面形式通知对方；否则，由未通知方承担由此而引起的相关责任。

第十五条　合同的变更

本合同履行期间，发生特殊情况时，任何一方需变更本合同的，要求变更一方应及时书面通知对方，征得对方同意后，双方在规定的时限内（书面通知发出 _____ 天内）签订书面变更协议，该协议将成为合同不可分割的部分。未经双方签署书面文件，任何一方无权变更本合同，否则，由此造成对方的经济损失，由责任方承担。

第十六条　合同的转让

除合同中另有规定外或经双方协商同意外，本合同所规定双方的任何权利和义务，任何一方在未经征得另一方书面同意之前，不得转让给第三者。任何转让，未经另一方书面明确同意，均属无效。

第十七条　争议的处理

1. 本合同受中华人民共和国法律管辖并按其进行解释。

2. 本合同在履行过程中发生的争议，由双方当事人协商解决，也可由有关部门调解；协商或调解不成的，按下列第 ___ 种方式解决：

（1）提交 _____ 仲裁委员会仲裁；

（2）依法向人民法院起诉。

第十八条　不可抗力

1. 如果本合同任何一方因受不可抗力事件影响而未能履行其在本合同下的全部或部分义务，该义务的履行在不可抗力事件妨碍其履行期间应予中止。

2. 声称受到不可抗力事件影响的一方应尽可能在最短的时间内通过书面形式将不可抗力事件的发生通知另一方，并在该不可抗力事件发生后 ____ 日内向另一方提供关于此种不可抗力事件及其持续时间的适当证据及合同不能履行或者需要延期履行的书面资料。声称不可抗力事件导致其对本合同的履行在客观上成为不可能或不实际的一方，有责任尽一切合理的努力消除或减轻此等不可抗力事件的影响。

3. 不可抗力事件发生时，双方应立即通过友好协商决定如何执行本合同。不可抗力事件或其影响终止或消除后，双方须立即恢复履行各自在本合同项下的各项义务。如不可抗力及其影响无法终止或消除而致使合同任何一方丧失继续履行合同的能力，则双方可协商解除合同或暂时延迟合同的履行，且遭遇不可抗力一方无须为此承担责任。当事人迟延履行后发生不可抗力的，不能免除责任。

4. 本合同所称"不可抗力"是指受影响一方不能合理控制的，无法预料或即使可预料到也不可避免且无法克服，并于本合同签订日之后出现的，使该方对本合同全部或部分的履行在客观上成为不可能或不实际的任何事件。此等事件包括但不限于自然灾害如水灾、火灾、旱灾、台风、地震，以及社会事件如战争（不论曾否宣战）、动乱、罢工，政府行为或法律规定等。

第十九条　合同的解释

本合同未尽事宜或条款内容不明确，合同双方当事人可以根据本合同的原则、合同的目的、交易习惯及关联条款的内容，按照通常理解对本合同做出合理解释。该解释具有约束力，除非解释与法律或本合同相抵触。

第二十条　补充与附件

本合同未尽事宜，依照有关法律、法规执行，法律、法规未做规定的，双方可以达成书面补充合同。本合同的附件和补充合同均为本合同不可分割的组成部分，与本合同具有同等的法律效力。

第二十一条　合同的效力

1. 本合同自双方或双方法定代表人或其授权代表人签字并加盖单位公章或合同专用章之日起生效。

2. 本协议一式 ＿＿＿＿＿＿ 份，买卖双方各 ＿＿＿＿＿＿ 份，具有同等法律效力。

3. 本合同的附件和补充合同均为本合同不可分割的组成部分，与本合同具有同等的法律效力。

卖方（盖章）：＿＿＿＿＿＿＿　　　买方（盖章）：＿＿＿＿＿＿＿

法定代表人（签字）：＿＿＿＿＿　　法定代表人（签字）：＿＿＿＿＿

委托代理人（签字）：＿＿＿＿＿　　委托代理人（签字）：＿＿＿＿＿

签订地点：＿＿＿＿＿＿＿＿　　　　签订地点：＿＿＿＿＿＿＿＿

＿＿＿＿年＿＿＿月＿＿＿日　　　＿＿＿＿年＿＿＿月＿＿＿日

讨论与思考

1. 在模拟实战中，能够做出哪些创意电商产品来吸引顾客？

2. 你认为该如何为中国的中小企业提供最恰当的电子商务服务？

3. 电子商务企业是不是只需要搭建网站？

4. 在电子商务领域，是"大而全"还是专业化经营，你认为哪种模式更好？

5. 你认为未来的电子商务会变成什么样？

第 15 章 人力资源公司模拟经营

> 操千曲而后晓声，观千剑而后识器。
>
> ——刘勰《文心雕龙·知音》

在本章，你将了解到以下内容：

—— 在本实验中人力资源公司的主要工作职责

—— 在本实验中猎头顾问是如何招聘到 CEO

—— 在本实验中人力资源部成员是如何协助 CEO 完成团队成员的招聘

—— 招聘过程中需要签订哪些类型的合同

15.1 人力资源公司模拟经营概述

在经济管理仿真综合实验中，由人力资源管理专业同学组建的人力资源公司所需完成的工作是在人员招聘与企业组队阶段。一个优秀的团队是后续工作得以顺利开展的基本保证，而如何组建一个优秀的团队又是人力资源公司所应解决的问题，所以人力资源公司在本实验中有相当重要的职责。它不仅需要在众多报名参加竞聘 CEO 的同学中选择出优秀的团队领导者，而且需要协助团队领导者完成自己团队成员的配置工作，为后续的实战打下坚实的基础。本实验中人员招聘与企业组队环节增强了人力资源管理专业同学的就业实践经验，提升了其专业技能，让其理论知识的学习和现实工作的实践有一个很好的融合。

15.2 工 作 职 责

在经济管理系统仿真综合实验过程中，人力资源管理专业的同学要求扮演两类角色：第一是猎头顾问，履行的主要职责是组织实施领导人招聘。学生自行组成若干团队扮演多家猎头公司，帮助仿真市场中的企业进行管理者的招聘，此次招聘面向参加综合实验的其他经管类专业的同学，从中选择出仿真市场中各家企业的 CEO；第二是人力资源部成员，在 CEO 招聘完毕后为每名 CEO 配备一名人力资源经理，其履行的主要职责是协助领导人完成公司人员的招聘与配置。具体工作职责如下：

15.2.1 猎头顾问工作职责

（1）负责目标行业客户信息分析，研究客户需求；

（2）负责市场拓展，与客户建立委托招聘协议，并维系良好的客户关系；

（3）从客户端收集、分析招聘需求的详细信息并实施有效的招聘行动；

（4）从客户的招聘需求中确认职位的所需能力及资历，分析市场并确立搜寻的方向及目标；

（5）有效利用各种工具，有计划地进行搜索、筛选候选人；

（6）准确地传达客户的招聘需求，为候选人做面试、评估，通过有效的匹配工作来确定合适的候选人；

（7）进行人选的薪资协调及谈判工作；

（8）跟踪服务所有已成功结束的项目，后期的跟踪服务主要目的是一方面让已推荐的人选更好融入企业，另一方面也希望通过这种和企业内部人士沟通更好了解该企业，使后续的其他岗位推荐更到位。

15.2.2 人力资源部成员工作职责

（1）根据公司战略规划，制定人力资源需求规划，向部门领导汇报，并定期调整；

（2）收集应聘人员资料，辨别真伪；

（3）通过规范程序，为公司各部门招聘所需人员；

（4）为新进人员办理入职手续，并将资料及时转交给档案管理人员；

（5）总结招聘费用、招聘效果、招聘渠道优劣，提出建议；

（6）与培训人员协调，及时安排新进员工入职培训；

（7）规范相关招聘工作程序。

15.3 工作流程及相关内容安排

表 15.1 工作流程

	所需时间	任务步骤分解	工作成果	其他说明
项目一CEO招聘	1 天	1. 组建猎头公司： 1）指导教师发布组队信息，公布组队要求（自由主队，3 人一组）； 2）参与学员提交组队情况说明； 3）指导教师审核学生组队； 4）未能完成组队人员，由指导老师分派组队	完成组队	1. 规定日内完成组队，以该环节分数为基准，奖励 5%； 2. 成立的猎头公司有公司基本信息、相关工作流程、规章制度和公司章程，以该环节分数为基准，奖励 10%
	2 天	2. 发布招聘信息，签订委托招聘协议： 1）指导教师发布招聘需求及要求； 2）猎头公司提交 CEO 招聘项目解决方案； 3）指导教师审核方案，发布中标情况，与猎头公司签订委托招聘协议	1. 招聘项目解决方案 2. 签订猎头招聘协议书	1. 指导教师审核猎头公司提交的招聘项目解决方案，决定招聘委托数量； 2. 备选方案：如工作量较大，改为由指导教师直接委托招聘
	2 天	3. 制订招聘计划书： 1）充分需求分析，制定招聘标准； 2）猎头公司制定相关人员的招聘计划； 3）教师审核学生招聘计划	招聘计划书	CEO 招聘数量按 1:1.2 的比例挑选候选人

	所需时间	任务步骤分解	工作成果	其他说明
项目一 CEO 招聘	5 天	4. 启动 CEO 招聘工作： 1）启动针对企业与人才寻访方案； 2）想应聘者者在系统中提交应聘简历； 3）回收招聘简历，对入围人信息分析、验证； 4）职业顾问实施面试与评价，撰写评估报告； 5）职业顾问利用专业技术，出测评报告； 6）小组会审讨论候选人推荐意见； 7）确认候选人； 8）签订聘用合同； 9）落选人员中，条件适合人员可列入公司后备人才库	1. 面试题目和面试评价表设计； 2. 人才测评报告	1. 进行招聘宣传； 2. 形成客观的候选人推荐意见； 3. 备选方案：实施步骤可根据猎头公司招聘计划书要求来实施招聘工作
	1 天	5. 猎头公司解散： 1）统计各猎头公司实际招聘人员数； 2）人员数量达到招聘需求，猎头公司解散； 3）人员数量未能满足招聘需求，从后备人才库中选择 CEO，满足需求后，猎头公司解散		招聘人员数量、招聘人员质量作为评价猎头公司工作效果的重要指标
项目二 员工 招聘	1 天	1. 成立招聘小组，筹备人员： 1）指导教师安排，为每家公司配备 1 名人力资源部经理； 2）成立招聘小组，由 CEO 负责，人力资源经理实施公司人员招聘	招聘小组成立	人力资源经理在此环节中其工作职责是负责实施招聘工作
	2 天	2. 制订招聘计划书： 1）充分需求分析，制定标准； 2）公司制定相关人员的招聘计划	招聘计划书	教师审核招聘计划
	5 天	3. 启动公司人员工作： 1）在系统中发布招聘信息，吸引候选人； 2）回收招聘简历，对入围人信息分析、验证； 3）招聘人员实施面试； 4）招聘人员利用专业技术，给出测评报告； 5）招聘小组审核讨论并确认候选人； 6）签订聘用合同	1. 面试题目和面试评价表设计； 2. 人才测评报告	1. 进行招聘宣传； 2. 形成客观的候选人评价意见； 3. 备选方案：实施步骤可根据招聘计划书相关步骤实施
	2 天	4. 完成公司人员配置： 1）各公司招聘负责人提交人员招聘情况说明； 2）指导教师统计分析各公司人员招聘完成情况； 3）对未能完成招聘小组与未能应聘成功的人员由教师协调安排		顺利完成公司人员招聘将成为评价此环节工作有效性的重要指标

15.4　人力资源公司考核

实训过程中，指导教师会根据招聘工作的绩效对人力资源管理专业同学的表现进行评价。招聘工作绩效评价项目含态度、能力和结果。为保证考核结果的客观性、准确性，考核成绩分为指导教师评分和团队成员互评。

表 15.2　相关招聘方案书质量的五级评价标准表

招聘计划书质量	分值范围	说明
非常有价值	80～100 分	计划构思严谨，表达形式准确；所采用的招聘方式恰当，有很强的针对性；招聘小组成员构成恰当；人员选拔流程正确，能保证有效的招聘工作实施
比较有价值	70～79 分	计划构思严谨，表达形式良好；所采用的招聘方法比较恰当；招聘小组成员符合要求；人员选拔流程能够正常执行
可以接受	50～69 分	计划构思尚可，表达形式一般；所采用的招聘方法有一定的合理性；招聘小组成员基本符合要求，仅需略微调整；人员选拔流程可以部分采纳
有一点价值	20～49 分	计划构思较差，表达形式较差；所采用的招聘方法部分合理，需进行调整；招聘小组成员安排存在不合理，需调整；人员选拔流程操作性较差，需调整
几乎没有价值	0～19 分	计划构思很差，表达形式很差；所采用的招聘方法存在较大问题，缺乏可操作性；招聘小组成员安排存在不合理，需重新设计；人员选拔流程操作性无操作性，没有任何价值

表 15.3　招聘工作绩效评价指标

考核项目	考核指标	指标说明	权重	评分等级				
				不合格	合格	良好	好	优秀
工作绩效	招聘计划完成率	实际招聘到岗的人数 / 计划招聘人数 ＝100%	10%					
	招聘人员适岗率	反映招聘管理的水平	15%					
	招聘计划书质量	指导教师满意度评分（见表 3）	15%					
工作态度	纪律性	出勤率、迟到率	10%					
	工作主动性	自觉地完成本职工作，无需他人监督	5%					
	责任感	有较强的责任感，能按时完成工作任务，可放心交代工作	5%					
	服务性	具有良好的服务意识	5%					
工作能力	专业知识	达到岗位要求，胜任本职工作	5%					
	计划性	对工作时间、内容、程序等安排的合理性，有效性	5%					
	团队协作	善于与人沟通，能有效地协调各方面关系	5%					
奖励	规定日内完成组队，奖励 1 分；成立的猎头公司有公司基本信息、相关工作流程、规章制度和公司章程，奖励 2 分；按时提交招聘计划书，奖励 1 分		20%					
合计			100%					

15.5　人力资源公司所需文档模板

在参考文档模板之前，请特别注意，本模板仅仅是参考，综合实验的整个过程，强调学生的创新能力和自主学习能力的培养。因此本参考模板并非唯一的格式，你也会发现在模板中有些部分并非必需，而是由项目的特定内容决定的，所以各小组（公司）应大胆地根据招聘项目设计确定自己的框架和格式，总的原则在上面的内容中已有说明，而不应受到本参考模板的过多限制与影响。

模板一　猎头招聘协议书

猎头招聘协议书

甲方：

乙方：

双方经友好协商就甲方委托乙方进行人才招聘一事达成如下一致协议：

一、猎头委托

甲方委托乙方进行人才招聘服务，甲方应将招聘_____岗位描述和工作职责以书面形式（附件）告知乙方，并向乙方提供企业营业执照副本复印件。

乙方应详细了解人选的情况，分析背景资料，并在此基础上，对人选进行面谈和查证后向甲方提交候选人的个人资料。

二、人选确定

乙方自接受委托之日起__个工作周内，应提供候选人推荐报告给甲方，待甲方确认其符合招聘职位有关条件后，甲乙双方共商面试的时间及地点。若候选人令甲方不满意，乙方应继续寻找其他候选人直至甲方满意为止。

三、面试

甲方对候选人面试后，应在__周内通知乙方面试结果，便于乙方向面试人员通知有关情况并开展下一步的工作。如面试不能选出合格录用者，则乙方继续提供候选人。

四、聘用

若甲方经过面试及评审等工作后，录用乙方所提供的人选，乙方应协助甲方和候选人签订聘用协议。

五、收费标准及支付方式

1. 委托猎头推荐服务费为：设定该候选 1 个职位的年收入约合计_____万元人民币（大写：_____），服务费为年收入的_____%，即人民币_____元。

2. 乙方与甲方签订委托招聘协议的同时，甲方向乙方支付定金人民币_____元整，候选人到岗一周内，甲方向乙方一次性支付该岗位人员的推荐服务费余额，即该岗位的猎头推荐服务费扣除定金后的费用。如试用不合格，乙方将继续推荐。如后续的人选一直没能通过甲方的试用期并且甲方要求解除本协议，在乙方收清全额服务费的情况下，则乙方退还甲方全额服务费的一半。

六、其他规定

1. 乙方保证向甲方提供的候选人资料的真实性及推荐人员的聘用的合法性。

2. 因乙方未在约定的期限内，推荐符合甲方职位描述的人才，并认为无需再继续推荐，要求解除协议，乙方必须返还甲方已支付的定金。

3．乙方在其服务期内有责任为甲方保守有关商业秘密。

4．如因甲方公司工作调整等原因不再需要该岗位或面试合格人员未被聘用，乙方不再退还已支付的费用。

5．试用期内，因甲方更改应聘人的待遇和职位，导致被推荐者辞职，乙方不再承担推荐的责任，并不再返还甲方已支付的费用。

6．甲方不得将乙方推荐的候选人或其背景资料推荐给第三方，否则视为违约。若甲方将乙方推荐的候选人安排在其他职位，本协议仍然有效。

7．乙方推荐给甲方的人才因故未被聘用，甲方在二年内不得录用（含兼职或任何形式的工作介入），否则将视同乙方推荐成功，并参考协议支付猎头推荐费用。

七、违约责任

甲乙双方应严格遵守本协议之条款，一方如有违约行为，须向守约方支付委托推荐费两倍的违约金。

八、其他

1．本协议一式两份，双方各执一份。

2．本协议自双方签字盖章后生效，未尽事宜由双方友好协商解决；如协商不成，则向协议签订地法院提起诉讼。

甲方（章）：　　　　　　　　　　　　乙方（签章）：

代表：　　　　　　　　　　　　　　　代表：

日期：　　　　　　　　　　　　　　　日期：

模板二　招聘计划模板

招 聘 计 划

一、招聘目标（人员需求）：

职位名称	人员数量	基本要求
软件工程师	5	本科以上学历，35 岁以下
销售代表	3	本科以上学历，相关工作经验 3 年以上
行政文员	1	专科以上学历，女性，30 岁以下

二、信息发布时间和渠道

1．×× 日报　　　　　　1 月 18 日

2．×× 招聘网站　　　　1 月 18 日

三、招聘小组成员名单

组长：王岗成（人力资源部经理）对招聘活动全面负责

成员：赵刚（人力资源部薪酬专员）具体负责应聘人员接待、应聘资料整理

　　　刘雾英（人力资源部招聘专员）具体负责招聘信息发布，面试、笔试安排

四、选拔方案及时间安排

1．软件工程师

资料筛选　　　　　负责人：开发部经理　　截至 1 月 25 日

初试（面试）　　　负责人：开发部经理　　　1 月 27 日

复试（笔试）　　　负责人：开发部命题小组　1 月 29 日

2．销售代表

资料筛选　　　　　负责人：销售部经理　　截至 1 月 25 日

初试（面试）　　　负责人：销售部经理　　　1 月 27 日

复试（面试）　　　负责人：销售副总　　　　1 月 29 日

3．行政文员

资料筛选　　　　　负责人：行政部经理　　截至 1 月 25 日

面试　　　　　　　负责人：行政部经理　　　1 月 27 日

五、新员工的上岗时间：

预计在 2 月 1 日左右

六、费用招聘预算

1．×× 日报广告刊登费　　　　4000 元

2．×× 招聘网站信息刊登费　　800 元

合 计：4800 元

七、招聘工作时间表

1 月 11 日：起草招聘广告

1 月 12～13 日：进行招聘广告版面设计

1 月 14 日：与报社、网站进行联系

1 月 18 日：报社、网站刊登广告

1 月 19～25 日：接待应聘者、整理应聘资料、对资料进行筛选

1月26日：通知应聘者面试

1月27日：进行面试

1月29日：进行软件工程师笔试（复试）、销售代表面试（复试）

1月30日：向通过复试的人员通知录用

2月1日：新员工上班

人力资源部

××××年××月××日

模板三　员工招聘启事模板

×××××××× 有限公司招聘启事

××××××××× 有限公司是 ×××××× 红酒销售平台商，主要经营 ××× 系列高端红酒。公司除提供较好的薪酬待遇，同时也为公司员工提供持续的学习机会。本公司为了业务发展需要，现特招聘以下职位：

销售主管

主要岗位职责：

1. 区域市场开拓、了解市场动态、制定并执行销售策略。

2. 做好销售人员指导和管理工作。

3. 区域市场客户的维护和服务。

4. 执行被批准的或上级下达的开发计划，定期做出开发报告。

岗位要求：

1. 本科及以上学历，有酒水行业相关知识和 2 年从业经验，愿意在此行业长期发展的有志之士。

2. 具有较强的市场开拓能力，较强的谈判能力。

3. 吃苦耐劳、责任心强，有较强的学习能力和团队合作精神。具有一定的管理领导能力。公司提供良好的发展平台，有相关工作经验者优先。

待遇：××××× ＋提成＋奖金＋保险（转正后）

销售专员

主要岗位职责：

1. 根据部门总体市场策略编制自己的销售计划及目标。

2. 负责公司的产品销售工作和完成各项指标。

3. 管理开发好自己的客户，拓展与老客户的业务。

4. 与客户保持良好沟通，实时把握客户需求，提高客户满意度。

岗位要求：

1. 热爱销售工作，有市场开拓精神，具有独立的分析和解决问题的能力。

2. 工作认真、积极、有高度的责任心，具有敏锐的市场眼光和良好的职业操守，有明确的个人职业规划。

3. 成熟的沟通技巧及良好的团队合作精神。

待遇：××××× ＋提成＋奖金＋保险（转正后）

推广主管

主要岗位职责：

1. 利用各种有效的推广策划方案，提高产品的知名度。

2. 有一定的文案策划能力，更好地引导客户了解公司产品。

3. 协助团队规划产品推广策略，制订推广计划并推进实施。

4. 对各项产品数据进行分析，评估推广效果并提出更有效的方案。

岗位要求：

1. 有 2 年以上实际推广经验，对各种类型推广有一定的经验。

2．熟悉产品运营推广，精通低成本营销推广方式并有成功经验，有一定客户资源。

3．熟悉商超、餐饮、团购等各种推广渠道，了解最新动态。

4．善于沟通，具备很强执行能力。

5．具备良好的团队协作精神，责任感强。

6．有较强的写作能力、口头表达能力及交际能力。

待遇：×××××＋奖金＋保险（转正后）

推广专员

主要岗位职责：

1．负责所辖区域内市场推广工作的落实、执行和跟踪，并对后期工作进行分析和汇报。

2．完成所负责产品的推广计划，完善和拓展市场推广网络。

3．保持良好的渠道联系，维护与合作伙伴的关系。

岗位要求：

1．本科及以上学历，1年以上相关工作经验者优先。

2．具有出色的沟通谈判能力，较强的组织、策划、协调能力，有敏锐的市场洞察力和优秀的预测、决策能力。

3．具有良好的职业道德、积极进取的工作热情与较强的承压能力，善于独立分析问题解决问题，具备吃苦精神，责任心强。

4．市场执行力强，能协助主管进行市场推广方案的策划、组织和实施。

待遇：××××＋奖金＋保险（转正后）

工作时间：×××××××××××××××××××

联系人：××××××　电话：×××××××××××

公司地址：×××××××××××××

邮箱：××××××××××××××

模板四　员工聘用合同书
员工聘用合同书

甲方（用人单位）名称：_____

法定代表人：_____

乙方（受聘人员）姓名：_____

性别：_____ 出生年月日：_____

民族：_____ 文化程度：_____

居民身份证号码：_____

家庭住址：_____

邮政编码：_____ 电话：_____

根据国家法律和有关政策，经甲、乙双方平等协商，自愿签订聘用书：

一、聘用合同期限

本合同为有一年期限的聘用合同。聘用期从 _____ 年 _____ 月 _____ 日至 _____ 年 _____ 月 _____ 日止。

二、工作性质和考核指标

乙方同意按甲方工作需要，在 _____ 部门工作，完成该岗位承担的本职工作任务。

三、劳动保护和劳动条件

1. 甲方根据国家有关安全生产、劳动保护、卫生健康的规定，为乙方提供必要的工作条件和劳动保护设施，保障乙方的安全与健康。

2. 甲方根据国家有关规定制定工时制度，因生产经营需要加班的，甲方应当依法安排乙方补休或支付加班工资。

3. 女职工在孕期、产期、哺乳期间以及未成年工，甲方按国家规定为其提供劳动保护。

四、劳动报酬

乙方在聘用期间的基本工资为月 _____ 元，奖金见甲方的奖金发放制度。

五、甲方的权利和义务

（一）甲方的权利

1. 依照国家的有关规定和甲方的规章制度对乙方行使管理权、考核权和奖惩权。

2. 聘用期间因工作需要，甲方有权调整乙方的工作岗位。

3. 具有下列情形之一的，甲方可以随时通知乙方解除聘用合同。

（1）在聘用期内发现乙方不符合聘用条件的；

（2）乙方严重违反甲方工作责任制或甲方规章制度的；

（3）不胜任现职工作，又不接受其他安排的。

（二）甲方的义务

1. 遵守国家的法律、法规、政策，尊重职工的主人翁地位，创造有利于职工发挥积极性和创造性的企业环境。

2. 负责对乙方进行政治思想、职业道德、专业技术、企业管理知识、遵纪守法和规章制度的教育与培训。

3．乙方具有下列情形之一，甲方不得解除聘用合同：

（1）乙方患职业病或因工负伤并被确认丧失劳动能力的；

（2）患病或者负伤，在规定的医疗期内的；

（3）乙方为女职工，在孕期、产期、哺乳期内的；

（4）法律、法规规定的其他情形。

六、乙方的权利和义务

（一）乙方的权利

1．有权享受国家和本企业规定的劳动保护、劳动保险、福利待遇。

2．因疾病治疗需要，有申请延长医疗期的权利。

（二）乙方的义务

1．必须按时、按质、按量地完成约定的工作任务或工作指标，并接受甲方的考核。

2．自觉保护甲方的形象和利益，不得实施有损甲方形象和利益的言行。

3．必须以甲方工作人员名义开展业务，并服从甲方统一管理。

本合同一经签订，双方必须严格执行。

甲方（盖章）：＿＿＿＿＿＿＿＿＿＿

代表：＿＿＿＿＿＿＿＿＿＿＿＿＿＿

＿＿＿＿年＿＿＿＿月＿＿＿＿日

乙方（签名）：＿＿＿＿＿＿＿＿＿＿

＿＿＿＿年＿＿＿＿月＿＿＿＿日

讨论与思考

1．一名优秀的人力资源管理者应具备哪些素质？

2．如何使招聘更高效？

3．如何设计员工的职业通途？

4．为什么人力资源要叫人力资源？为什么要把人当资源看？

5．你认为从事人力资源行业应该具有什么样的思维方式？

第16章 会计师事务所模拟经营

> 人们在一起可以做出单独一个人所不能做出的事业。
>
> ——韦伯斯特

在本章，你将了解到以下内容：

—— 会计师事务所模拟经营的流程

—— 会计师事务所实验中主要服务项目——验资与财务报表审计

—— 会计师事务所实战部分的考核方式

16.1 会计师事务所概述

会计师事务所是指注册会计师依法承办业务的中介服务机构。是由有一定会计专业水平、经考核取得执业会员资格的注册会计师组成的、受当事人委托承办有关审计、审阅、验资等鉴证业务和相关服务等方面业务的组织。在我国可分为有限责任制、普通合伙制和特殊合伙制三种形式。

一般情况下，在经济管理仿真综合实验的模拟经营阶段会计师事务主要由审计学专业和其他具有审计知识并想从事该行业的学生组成（具体组队规则由当年参加实验学生人数来确定），每名学生以注册会计师的身份担任所内主要的职位并履行其岗位职责。在每轮实验开展中，会计师事务所负责所有新设企业的验资和企业的年报审计等业务的开展。

16.2 会计师事务所模拟经营的流程

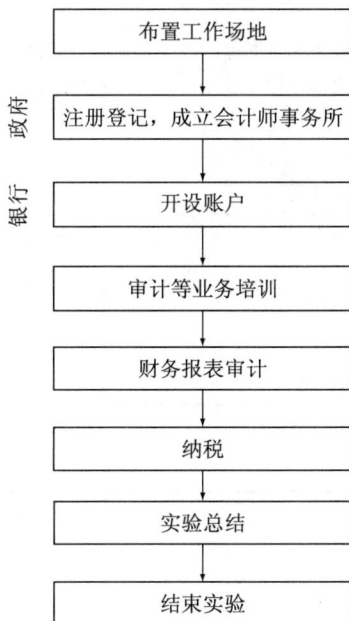

图 16.1 会计师事务所模拟经营总体流程图

16.3 会计师事务所模拟经营的进度安排

表 16.1 会计师事务所模拟经营进度安排

时间	学生的主要工作内容	指导老师主要工作
第一天	布置工作场地，各小组在公告栏张贴会计师事务所办理事项和业务流程，营造办公氛围	组织指导学生布置工作场地
第二天	1. 工作场地评比，同学们在老师的指导下进一步调整工作场地内容。 2. 业务培训，就开展模拟实验的流程进行咨询。 3. 到政府机构注册登记	1. 进行工作场地评分。 2. 进行上岗培训，了解经管综合实验流程，明确会计师事务所业务范围
第三/四天	1. 到银行开设账户。 2. 业务培训，就审计、审阅、验资等问题咨询	解答相关疑问，指导学生解决实验中存在的问题，检查实施程度
第五/六天	财务报表审计： 1. 初步业务活动，签订业务约定书等； 2. 设计总体审计策略和具体审计计划	指导实践进行
第七/八天	财务报表审计： 1. 初步业务活动，签订业务约定书等； 2. 设计总体审计策略和具体审计计划	1. 指导实践进行。 2. 根据业务办理情况、小组行业分析报告情况给予各小组评分，发布成绩
第九/十天	财务报表审计： 1. 初步业务活动，签订业务约定书等； 2. 设计总体审计策略和具体审计计划； 3. 风险评估； 4. 实施进一步审计程序； 5. 完成审计工作，编制审计报告	指导实践进行。
第十一/十二天	财务报表审计： 1. 初步业务活动，签订业务约定书等； 2. 设计总体审计策略和具体审计计划； 3. 风险评估； 4. 实施进一步审计程序； 5. 完成审计工作，编制审计报告	1. 指导实践进行。 2. 根据业务办理情况、全年行业分析报告情况给予各小组评分，发布成绩
第十三/十四天	财务报表审计： 1. 设计总体审计策略和具体审计计划； 2. 风险评估； 3. 实施进一步审计程序； 4. 完成审计工作，编制审计报告	对模拟运行状况进行总结，指导老师通知总结会的时间，要求各机构准备演讲内容及 PPT
第十五天	参加经济管理仿真综合实验总结会	1. 组织综合实验总结会。 2. 根据总结情况，给予各小组评分，发布成绩

16.4 财务报表审计

16.4.1 财务报表审计概述

财务报表审计的目标是 CPA 通过执行审计工作，对财务报表的下列方面发表审计意见：财务报表是否按照适用的会计准则和相关会计制度的规定编制（合法性）；财务报表是否在所有重大方面公允反映被审计单位的财务状况、经营成果和现金流量（公允性）。财务报表通常包括包括资产负债表、利润表、现金流量表、所有者权益（或股东权益）变动表以及财务报表附注。

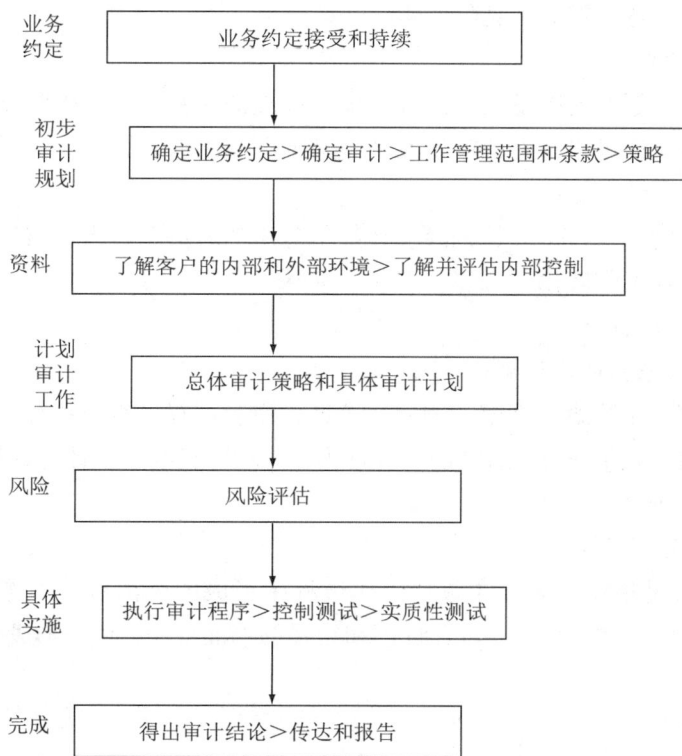

图 16.2 审计过程概览

16.4.2 审计所需提供材料和程序

在每轮模拟实验开展过程中，会计师事务所将对所有制造商、供应商随机抽查进行第一季度的报表审阅和年报审计。

1. 审计所需提供材料

（1）财务报表包括资产负债表、利润表、现金流量表；

（2）营业执照、组织机构代码证和公司章程；

（3）验资报告复印件；

（4）纳税相关资料（税务登记证、纳税申报表、税收缴款书等）；

（5）记账凭证和原始凭证；

（6）各科目总账和明细账；

（7）现金日记账及银行存款日进账；

（8）被审计单位的基本情况表；

（9）现金盘点表及银行对账单号；

（10）其他需要提供的资料。

2. 审计程序

1）签订审计业务约定书

（1）了解被审计单位；

（2）签订审计业务约定书（见附件4）。

2）编制审计计划

（1）编制审计计划前的准备工作，进一步了解被审计单位情况和调查内部控制；

（2）制定总体审计策略，配备审计人员，确定重要性水平等；

（3）制定具体审计计划；

（4）审计计划的审核，审计计划经会计师事务所的有关负责人审核后，应将审核与批准的意见记录于审计工作底稿。

3）内部控制制度评审

4）运用审计方法获取审计证据

在审计时，可运用检查、观察、询问、函证、重新计算、重新执行、分析程序等方法单独或综合地运用去收集充分、适当的审计证据，并对所获取的审计证据进行分析和评价，形成相应的审计结论。

5）编制审计工作底稿

审计工作底稿是指审计人员在审计工作过程中形成的全部审计工作记录和获取的资料。它是审计证据的载体，可作为审计过程和结果的书面证明，也是形成审计结论的依据。（见附件5）

（1）编制与复核。

一般来说，每张工作底稿必须同时包括以下基本内容：被审计单位名称；审计项目名称；审计项目时间或期间；审计过程记录；审计结论；审计标识及其说明；索引号及页次；编制者姓名及编制日期；复核者姓名及复核日期；其他应说明事项。建立审计工作底稿复核制度，明确复核内容与要求，制定明确的复核规则和要求。

（2）所有权和保管。

审计工作底稿按照一定的标准归入审计档案后，应交由会计师事务所档案管理部门进行管理。

（3）保密与查阅。

会计师事务所对审计工作底稿中涉及的商业秘密保密，建立健全审计工作底稿保密制度。拥有审计工作底稿的会计师事务所在接受其他部门或单位依法查阅时，应给予密切的协助，讲明查阅要求和限制，对于查阅人要求复印或外携审计工作底稿时，注册会计师应考虑审计工作底稿的内容、性质以及影响。

　　6）完成审计的外勤工作

　　7）出具审计报告

　　注册会计师应当在实施必要的审计程序后，以经过核实的审计证据为依据，形成审计意见，出具审计报告。审计报告应当说明审计范围，会计责任与审计责任，审计依据和已实施的主要审计程序等事项。

16.5　实战考核

　　实战考核部分的分值占总成绩的 55%，分值由场地布置评分（5%）、模拟经营实战情况（35%）、总结会（5%）、总结材料（5%）以及组间评价（5%）构成。

16.5.1　场地布置评分

表 16.2　会计师事务场地布置评分标准

评价指标	评价内容	分值
工作场地布置	工作场地布置能体现创新、办事机构的特色	20 分
	相关业务流程及办事流程张贴有序、清晰	25 分
	信息发布及时、规范、准确	20 分
	相关业务资料准备充分	25 分
	工作场地环境整洁、规范	10 分

16.5.2　会计师事务所模拟经营评分标准

　　指导老师会从业务流程、业务处理、文档规范和服务态度四个方面对会计师事务所在模拟经营阶段的表现进行评分，详细的评分标准，如表 16.3 所示：

表 16.3　会计师事务模拟经营评分标准

评价指标	指标要求
业务流程（30 分）	业务流程明确、清晰，方便企业办理
业务处理（20 分）	业务处理熟练，能解答企业提出的疑问，按各项规定办理业务
文档规范（30 分）	企业验资、审计过程中所需材料规范、齐全，符合相关业务管理规定
服务态度（20 分）	热情、周到、微笑服务，获得企业好评

16.5.3　总结会及实战材料

　　模拟经营实战结束后，指导老师将分别组织各个角色学生的总结大会，各参加实战的团队将借助 PPT 对实战环节的表现及工作成果进行展示与总结，指导老师根据展示情况及内容给出总结部分的评分。

　　总结一周后，各角色向指导老师提交经营实战材料。指导老师根据提交材料的完整性和质量给出该项评分，详细的评分标准如表 16.4 所示：

表 16.4 会计师事务所总结及实战材料评分标准

评分环节	评分指标	所占分值
总结	PPT 制作美观、规范、全面	5 分
	总结汇报表述清晰、流畅、完整	15 分
	角色经营、运作情况	10 分
	角色服务情况	10 分
	模拟经营成果	10 分
实战材料		50 分

16.5.4 组间评价

在模拟经营结束后，会计师事务所会对商业银行、政府机构、供应商、制造商和保险公司的服务质量进行主观评定。同时对所服务的各家企业在业务办理过程中的资料准备情况、参与实验的积极性和体现的专业、敬业精神进行评价。此项得分占团队总成绩的 5%。

16.6 会计师事务所相关文档

审计业务约定书

甲方：_____

乙方：_____

兹由甲方委托乙方对 20__ 年度财务报表进行审计，经双方协商，达成以下约定：

一、审计的目标和范围

1. 乙方接受甲方委托，对甲方按照_____编制的 20__ 年 12 月 31 日的资产负债表，20__ 年度的利润表、所有者权益（或股东权益）变动表和现金流量表以及财务报表附注（以下统称财务报表）进行审计。

2. 乙方通过执行审计工作，对财务报表的下列方面发表审计意见：① 财务报表是否在所有重大方面按照有关准则和制度的规定编制；② 财务报表是否在所有重大方面公允反映了甲方 20__ 年 12 月 31 日的财务状况以及 20__ 年度的经营成果和现金流量。

二、甲方的责任

1. 根据《中华人民共和国会计法》及《企业财务会计报告条例》，甲方及甲方负责人有责任保证会计资料的真实性和完整性。因此，甲方管理层有责任妥善保存和提供会计记录（包括但不限于会计凭证、会计账簿及其他会计资料），这些记录必须真实、完整地反映甲方的财务状况、经营成果和现金流量。

2. 按照有关准则和制度的规定编制和公允列报财务报表是甲方管理层的责任，这种责任包括：① 按照有关准则和制度的规定编制财务报表，并使其实现公允反映；② 设计、执行和维护必要的内部控制以使财务报表不存在由于舞弊或错误而导致的重大错报。

3. 及时为乙方的审计工作提供与审计有关的所有记录、文件和所需的其他信息（在20__ 年__月__日之前提供审计所需的全部资料，如果在审计过程中需要补充资料，亦应及时提供），并保证所提供资料的真实性和完整性。

4. 确保乙方不受限制地接触其认为必要的甲方内部人员和其他相关人员。

5. 甲方管理层对其作出的与审计有关的声明予以书面确认。

6. 为乙方派出的有关工作人员提供必要的工作条件和协助,乙方将于外勤工作开始前提供主要事项清单。

7. 按照本约定书的约定及时足额支付审计费用以及乙方人员在审计期间的交通、食宿和其他相关费用。

8. 乙方的审计不能减轻甲方及甲方管理层的责任。

三、乙方的责任

1. 乙方的责任是在执行审计工作的基础上对甲方财务报表发表审计意见。乙方根据中国注册会计师审计准则(以下简称审计准则)的规定执行审计工作。审计准则要求注册会计师遵守中国注册会计师职业道德守则,计划和执行审计工作以对财务报表是否不存在重大错报获取合理保证。

2. 审计工作涉及实施审计程序,以获取有关财务报表金额和披露的审计证据。选择的审计程序取决于乙方的判断,包括对由于舞弊或错误导致的财务报表重大错报风险的评估。在进行风险评估时,乙方考虑与财务报表编制和公允列报相关的内部控制,以设计恰当的审计程序,但目的并非对内部控制的有效性发表意见。审计工作还包括评价管理层选用会计政策的恰当性和作出会计估计的合理性,以及评价财务报表的总体列报。

3. 由于审计和内部控制的固有限制,即使按照审计准则的规定适当地计划和执行审计工作,仍不可避免地存在财务报表的某些重大错报可能未被乙方发现的风险。

4. 在审计过程中,乙方若发现甲方内部控制存在乙方认为值得关注的内部控制缺陷,应以书面形式向甲方治理层或管理层通报。但乙方通报的各种事项,并不代表已全面说明所有可能存在的缺陷或已提出所有可行的改善建议。甲方在实施乙方提出的改进建议前应全面评估其影响。未经乙方书面许可,甲方不得向任何第三方提供乙方出具的沟通文件。

5. 按照约定时间完成审计工作,出具审计报告。乙方应于20__年__月__日前出具审计报告。

6. 除下列情况外,乙方应当对执行业务过程中知悉的甲方信息予以保密:① 法律法规允许披露,并取得甲方的授权;② 根据法律法规的要求,为法律诉讼、仲裁准备文件或提供证据,以及向监管机构报告发现的违法行为;③ 在法律法规允许的情况下,在法律诉讼、仲裁中维护自己的合法权益;④ 接受注册会计师协会或监管机构的执业质量检查,答复其询问和调查;⑤ 法律法规、执行准则和职业道德规范规定的其他情形。

四、审计收费

1. 本次审计服务的收费是以乙方各级别工作人员在本次工作中所耗费的时间为基础计算的。乙方预计本次审计服务的费用总额为人民币__拾__万__仟__佰__拾__元。

2. 甲方应于本约定书签署之日起__日内支付__%的审计费用,其余款项于审计报告完成日结清,甲方支付方式为网银、支票等银行转账支付方式。

3. 如果由于无法预见的原因,致使乙方从事本约定书所涉及的审计服务实际时间较本约定书签订时预计的时间有明显的增加或减少时,甲乙双方应通过协商,相应调整本约定书第四条第1项下所述的审计费用。

4．如果由于无法预见的原因，致使乙方人员抵达甲方的工作现场后，本约定书所涉及的审计服务中止，甲方不得要求退还预付的审计费用；如上述情况发生于乙方人员完成现场审计工作，并离开甲方的工作现场之后，甲方应另行向乙方支付人民币_____元的补偿费，该补偿费应于甲方收到乙方的收款通知之日起____日内支付。

5．与本次审计有关的其他费用（包括交通费、食宿费等）由甲方承担。

五、审计报告和审计报告的使用

1．乙方按照中国注册会计师审计准则规定的格式和类型出具审计报告。

2．乙方向甲方致送审计报告一式____份。

3．甲方在提交或对外公布乙方出具的审计报告及其后附的已审计财务报表时，不得对其进行修改。当甲方认为有必要修改会计数据、报表附注和所作的说明时，应当事先通知乙方，乙方将考虑有关的修改对审计报告的影响，必要时，将重新出具审计报告。

六、本约定书的有效期间

本约定书自签署之日起生效，并在双方履行完毕本约定书约定的所有义务后终止。但其中第三项第6段、第四、五、八、九、十项并不因本约定书终止而失效。

七、约定事项的变更

如果出现不可预见的情况，影响审计工作如期完成，或需要提前出具审计报告，甲、乙双方均可要求变更约定事项，但应及时通知对方，并由双方协商解决。

八、终止条款

1．如果根据乙方的职业道德及其他有关专业职责、适用的法律法规或其他任何法定要求，乙方认为已不适宜继续为甲方提供本约定书约定的审计服务时，乙方可以采取向甲方提出合理通知的方式终止履行本约定书。

2．在本约定书终止的情况下，乙方有权就其于终止之日前对约定的审计服务项目所做的工作收取合理的费用。

九、违约责任

甲、乙双方按照《中华人民共和国合同法》的规定承担违约责任。

十、适用法律和争议解决

本约定书的所有方面均应适用中华人民共和国法律进行解释并受其约束。本约定书履行地为乙方出具审计报告所在地，因本约定书所引起的或与本约定书有关的任何纠纷或争议（包括关于本约定书条款的存在、效力或终止，或无效之后果），双方选择以下第____种解决方式；

（1）向有管辖权的人民法院提起诉讼；

（2）提交_____仲裁委员会仲裁。

十一、双方对其他有关事项的约定

本约定书一式两份，甲、乙方各执一份，具有同等法律效力。

甲方：　　　　　　（公司盖章）　　　乙方：　　　　　　　（盖章）
授权代表：（签名）　　　　　　　　　授权代表：（签名）
____年__月__日　　　　　　　　　　____年__月__日

附件 1：审计业务约定书

审计业务约定书

甲方：＿＿＿＿＿＿

乙方：＿＿＿＿＿＿

兹由甲方委托乙方对＿＿＿＿＿年度财务报表进行审计，经双方协商，达成以下约定：

一、业务范围与审计目标

1. 乙方接受甲方委托，对甲方按照企业会计准则和《＿＿＿＿＿＿＿＿会计制度》编制的＿＿＿＿＿年 12 月 31 日的资产负债表，＿＿＿＿＿年度的利润表、股东权益变动表和现金流量表以及财务报表附注（以下统称财务报表）进行审计。

2. 乙方通过执行审计工作，对财务报表的下列方面发表审计意见：（1）财务报表是否按照企业会计准则和《＿＿＿＿＿＿＿＿会计制度》的规定编制；（2）财务报表是否在所有重大方面公允反映甲方的财务状况、经营成果和现金流量。

二、甲方的责任与义务

（一）甲方的责任

1. 根据《中华人民共和国会计法》及《企业财务会计报告条例》，甲方及甲方负责人有责任保证会计资料的真实性和完整性。因此，甲方管理层有责任妥善保存和提供会计记录（包括但不限于会计凭证、会计账簿及其他会计资料），这些记录必须真实、完整地反映甲方的财务状况、经营成果和现金流量。

2. 按照企业会计准则和《＿＿＿＿＿＿＿＿会计制度》的规定编制财务报表是甲方管理层的责任，这种责任包括：（1）设计、实施和维护与财务报表编制相关的内部控制，以使财务报表不存在由于舞弊或错误而导致的重大错报；（2）选择和运用恰当的会计政策；（3）做出合理的会计估计。

（二）甲方的义务

1. 及时为乙方的审计工作提供其所要求的全部会计资料和其他有关资料（在＿＿＿＿＿年＿＿＿月＿＿＿日之前提供审计所需的全部资料），并保证所提供资料的真实性和完整性。

2. 确保乙方不受限制地接触任何与审计有关的记录、文件和所需的其他信息。

3. 甲方管理层对其做出的与审计有关的声明予以书面确认。

4. 为乙方派出的有关工作人员提供必要的工作条件和协助，主要事项将由乙方于外勤工作开始前提供清单。

5. 按本约定书的约定及时足额支付审计费用以及乙方人员在审计期间的交通、食宿和其他相关费用。

三、乙方的责任和义务

（一）乙方的责任

1. 乙方的责任是在实施审计工作的基础上对甲方财务报表发表审计意见。乙方按照中国注册会计师审计准则（以下简称审计准则）的规定进行审计。审计准则要求注册会计师遵守职业道德规范，计划和实施审计工作，以对财务报表是否不存在重大错报获取合理保证。

2．审计工作涉及实施审计程序，以获取有关财务报表金额和披露的审计证据。选择的审计程序取决于乙方的判断，包括对由于舞弊或错误导致的财务报表重大错报风险的评估。在进行风险评估时，乙方考虑于财务报表编制相关的内部控制，以设计恰当的审计程序，但目的并非对内部控制的有效性发表意见。审计工作还包括评价管理层选用会计政策的恰当性和做出会计估计的合理性，以及评价财务报表的总体列报。

3．乙方需要合理计划和实施审计工作，以使乙方能够获取充分、适当的审计证据，为甲方财务报表是否不存在重大错报获取合理保证。

4．乙方有责任在审计报告中指明所发现的甲方在某重大反面没有遵循企业会计准则和《＿＿＿＿＿＿＿会计制度》编制财务报表且未按乙方的建议进行调整的事项。

5．由于测试的性质和审计的其他固有限制，以及内部控制的固有局限性，不可避免地存在着某些重大错报在审计后可能仍然未被乙方发现的风险。

6．在审计过程中，乙方若发现甲方内部控制存在乙方认为的重大缺陷，应向甲方提交管理建议书。但乙方在管理建议书中提出的各种事项，并不代表已全面说明所有可能存在的缺陷或已提出所有可行的改善建议。甲方在实施乙方提出的改善建议前应全面评估其影响。未经乙方书面许可，甲方不得向任何第三方提供乙方出具的管理建议书。

7．乙方的审计不能减轻甲方及甲方管理层的责任。

（二）乙方的义务

1．按照约定时间完成审计工作，出具审计报告。乙方应于＿＿＿年＿＿＿月＿＿＿日前出具审计报告。

2．除下列情况外，乙方应当对执行业务过程中知悉的甲方信息予以保密：（1）取得甲方的授权；（2）根据法律法规的规定，为法律诉讼准备文件或提供证据，以及向监管机构报告发现的违反法规行为；（3）接受行业协会和监管机构依法进行的质量检查；（4）监管机构对乙方进行行政处罚（包括监管机构处罚前的调查、听证）以及乙方对此提起行政复议。

四、审计收费

1．本次审计服务的收费是以乙方各级别工作人员在本次工作中所耗费的时间为基础计算的。乙方预计本次审计服务的费用总额为人民币＿＿＿＿＿＿＿元。

2．甲方应于本约定书签署之日起＿＿＿日内支付＿＿＿%的审计费，其余款项于审计报告草稿完成日结清。

3．如果由于无法预见的原因，致使乙方从事本约定书所涉及的审计服务实际时间较本约定书签订时预计的时间有明显的增加或减少时，甲乙双方应通过协商，相应调整本约定书第四条第 1 项下所述的审计费用。

4．如果由于无法预见的原因，致使乙方人员抵达甲方的工作现场后，本约定书所涉及的审计服务不再进行，甲方不得要求退还预付的审计费用；如上述情况发生于乙方人员完成现场审计工作，并离开甲方的工作现场之后，甲方应另行向乙方支付人民币＿＿＿＿＿＿元的补偿费，该补偿费应于甲方收到乙方的收款通知之日起＿＿＿日内支付。

5．与本次审计有关的其他费用（包括交通费、食宿费等）由甲方承担。

五、审计报告和审计报告的使用

1．乙方按照《中国注册会计师审计准则第 1501 号——审计报告》和《中国注册会计师审计准则第 1502 号——非标准审计报告》规定的格式和类型出具审计报告。

2．乙方向甲方致送审计报告一式____份。

3．甲方在提交或对外公布审计报告时，不得修改乙方出具的审计报告及其后附的已审计财务报表。当甲方认为有必要修改会计数据、报表附注和所做的说明时，应当事先通知乙方，乙方将考虑有关的修改对审计报告的影响，必要时，将重新出具审计报告。

六、本约定书的有效时间

本约定书自签署之日起生效，并在双方履行完毕本约定书的所有义务后终止。但其中第三（二）2、四、五、八、九、十项并不因本约定书终止而失效。

七、约定事项的变更

如果出现不可预见的情况，影响审计工作如期完成，或需要提前出具审计报告，甲、乙双方均可要求变更约定事项，但应及时通知对方，并由双方协商解决。

八、终止条款

1．如果根据乙方的职业道德及其他有关专业职责、适用的法律法规或其他任何法定的要求，乙方认为已不适宜继续为甲方提供本约定书约定的审计服务时，乙方可以采取向甲方提出合理通知的方式终止履行本约定书。

2．在终止业务约定的情况下，乙方有权就其于本约定书终止之日前对约定的审计服务项目所做的工作收取合理的审计费用。

九、违约责任

甲、乙双方按照《中华人民共和国合同法》的规定承担违约责任。

十、适用法律和争议解决

本约定书的所有方面均应适用中华人民共和国法律进行解释并受其约束。本约定书履行地为乙方出具审计报告所在地，因本约定书所引起的或与本约定书有关的任何纠纷或争议（包括关于本约定书条款的存在、效力或终止，或无效之后果），双方选择以下第____种解决方式：

（1）向有管辖权的人民法院提取诉讼；

（2）提交_____仲裁委员会仲裁。

十一、双方对其他事项的约定

本约定书一式两份，甲、乙方各执一份，具有同等法律效力。

甲方：　　　　　　　　　　乙方：

（公司盖章）　　　　　　　　（盖章）

授权代表：（签章）　　　　　授权代表：（签章）

____年____月__日　　　　____年___月___日

附件2：会计师事务所工作底稿目录

××会计师事务所审计工作底稿目录

永久性审计工作底稿目录

被审计单位名称：

索引号	内容	是否具备	页码
Y100	1. 审计项目管理		
Y110	（1）被审计单位基本情况表		
Y120	（2）参与项目的其他注册会计师或专家的姓名和地址		
Y130	（3）审计业务约定书原件		
Y140	（4）各期审计档案清单		
Y200	2. 审计单位背景资料		
Y210	（1）组织结构		
Y220	（2）各投资方简介		
Y230	（3）管理层和财务人员清单		
Y240	（4）董事会成员清单		
Y250	（5）历史发展资料及业务介绍		
Y260	（6）关联方资料		
Y270	（7）会计手册（或内部财务会计制度等类似资料）		
Y280	（8）员工福利政策		
Y290	（9）其他		
Y300	3. 法律事项资料		
Y310	（1）有关设立、经营文件的复印件		
Y320	（2）验资报告		
Y330	（3）历次董事会会议纪要		
Y340	（4）影响财务报表的合同、协议等文件的复印件（如所得税减免批准证明、银行借款合同和批准文件等）		
Y350	（5）有关土地、建筑物、厂房和设备等资产文件的复印件（如资产评估报告、土地使用权证、房产证等）		
Y360	（6）分支机构的资料		
Y370	（7）所投资企业的资料		
Y380	（8）其他		

当期审计工作底稿目录

被审计单位名称：   审计期间：

索引号	内容	是否具备	页码
A	沟通与报告阶段工作底稿		
A100	1. 报告签发单		
A200	2. 审计报告和经被审计单位盖章确认的财务报表		
A300	3. 与主审注册会计师的沟通和报告		
A400	4. 与治理层的沟通与报告		
A500	5. 与管理层的沟通与报告		
A600	6. 管理建议书		
A700	7. 其他		
B	完成阶段工作底稿		
B100	1. 审计工作完成核对表		
B200	2. 业务质量复核记录		
B300	3. 咨询记录		
B400	4. 审计总结		
B500	5. 试算平衡表、错报汇总和被审计单位未审财务报表		
B600	6. 现金流量表工作底稿		
B700	7. 合并会计报表工作底稿		
B800	8. 未完成要点清单		
B900	9. 管理层声明书原件		
C	审计计划阶段工作底稿		
C100	1. 审计项目风险评价核对清单		
C200	2. 总体审计策略		
C300	3. 具体审计计划		
C310	（1）风险评估程序		
C320	（2）了解被审计单位及其环境（不包括内部控制）		
C330	（3）了解内部控制		
C340	（4）对风险评估及审计计划的讨论		
C350	（5）评估的重大错报风险		
C360	（6）计划的进一步审计程序		
C370	（7）其他程序		
C400	4. 被审计单位提交资料清单		

续表

索引号	内容	是否具备	页码
C500	5. 主审注册会计师的要求和提示		
C600	6. 前期的审计报告和经审计的财务报表		
C700	7. 预备会会议纪要		
C800	8. 其他		
D	特定项目		
D100	1. 对舞弊的考虑		
D200	2. 持续经营		
D300	3. 财务报表审计中对法律法规的考虑		
D400	4. 关联方及其交易		
D500	5. 期后事项		
D600	6. 首次接受委托时对期初余额的考虑		
D700	7. 或有事项		
D800	8. 财务报表审计中对环境事项的考虑		
D900	9. 考虑内部审计工作		
D1000	10. 对被审计单位使用服务机构的考虑		
D1100	11. 利用其他注册会计师的工作		
D1200	12. 前后任注册会计师的沟通		
D1300	13. 电子商务对财务报表的影响		
D1400	14. 利用专家的工作		
D1500	15. 债务重组		
D1600	16. 借款费用		
D1700	17. 租赁		
D1800	18. 股权支付		
D1900	19. 比较数据		
D2000	20. 会计政策、会计估计变更和前期会计差错更正		
D2100	21. 对含有已审计财务报表文件中的其他信息		
	进一步审计程序工作底稿		
E	销售与收款循环		
E100	1. 进一步审计程序表		
E200	2. 控制测试程序表		
E300	3. 实质性测试工作底稿		
E311	（1）应收票据		
E312	（2）应收账款		

续表

索引号	内容	是否具备	页码
E313	（3）长期应收款		
E321	（4）预收款项		
E322	（5）应交税费		
E341	（6）营业收入		
E342	（7）营业税金及附加		
E343	（8）销售费用		
F	采购与付款循环		
F100	1．进一步审计程序表		
F200	2．控制测试程序表		
F300	3．实质性测试工作底稿		
F311	（1）预付款项		
F312	（2）固定资产（含累计折旧、固定资产减值准备）		
F313	（3）工程物资		
F314	（4）在建工程		
F315	（5）固定资产清理		
F316	（6）无形资产		
F317	（7）开发支出		
F318	（8）商誉		
F319	（9）长期待摊费用		
F321	（10）应付票据		
F322	（11）应付账款		
F323	（12）长期应付款		
F341	（13）管理费用		
G	存货与生产循环		
G100	1．进一步审计程序表		
G200	2．控制测试程序表		
G300	3．实质性测试工作底稿		
G311	（1）存货		
G341	（2）营业成本		
H	投资循环		
H100	1．进一步审计程序表		

索引号	内容	是否具备	页码
H200	2．控制测试程序表		
H300	3．实质性测试工作底稿		
H311	（1）交易性金融资产		
H312	（2）应收股利		
H313	（3）应收利息		
H314	（4）其他应收款		
H315	（5）其他流动资产		
H316	（6）可供出售金融资产		
H317	（7）持有至到期投资		
H318	（8）长期股权投资		
H319	（9）投资性房地产		
H321	（10）交易性金融负债		
H341	（11）资产减值损失		
H342	（12）公允价值变动损益		
H343	（13）投资收益		
J	资金管理与其他循环		
J100	1．进一步审计程序表		
J200	2．控制测试程序表		
J300	3．实质性测试工作底稿		
J311	（1）货币资金		
J312	（2）递延所得税资产		
J321	（3）递延所得税负债		
J341	（4）营业外收入		
J342	（5）营业外支出		
J343	（6）所得税		
K	筹资循环		
K100	1．进一步审计程序表		
K200	2．控制测试程序表		
K300	3．实质性测试工作底稿		
K311	（1）短期借款		
K312	（2）应付利息		
K313	（3）应付股利		
K314	（4）其他应付款		

续表

索引号	内容	是否具备	页码
K315	（5）其他流动负债		
K316	（6）长期借款		
K317	（7）应付债券		
K318	（8）专项应付款		
K319	（9）预计负债		
K320	（10）其他非流动负债		
K321	（11）实收资本（股本）		
K322	（12）资本公积		
K323	（13）盈余公积		
K324	（14）未分配利润		
K325	（15）财务费用		
L	职工薪酬循环		
L100	1．进一步审计程序表		
L200	2．控制测试程序表		
L300	3．实质性测试工作底稿		
L321	应付职工薪酬		

注：具体的工作底稿模板可以通过网络和其他书籍查阅。

讨论与思考

1．我们的团队是否有共同的职业目标，技术上是否互补，能有效沟通吗？

2．通过本次实验，你对会计师事务所有哪些认识？

3．如何控制审计成本，规避审计的职业风险？